趣民国

黄强 著

社会科学文献出版社
SOCIAL SCIENCES ACADEMIC PRESS(CHINA)

自　序

民国，是一个颇具争议的时代，一个我们既熟悉又陌生的时代。对于民国控来说，它是一个充满吸引力的时代，富有创造性的时代，出现了文化的辉煌，有一大群可爱可敬的人们。

抗战时期，由三所大学临时组建的西南联合大学，教学硬件和居住条件都极为简陋，师生们经常吃含有沙子的杂粮。为了上课，老师们每天要走几十里的山路，却从不迟到。下大雨时，破旧的铁皮屋顶教室，雨点如豆，仿佛一曲交响乐。联大的教授们穿着各异，戴礼帽的，披旧毡的，穿破皮鞋的，不管穿什么，都不改名士风范。教书育人，一丝不苟；刻苦学习，废寝忘食。昆明的茶馆曾经是师生们的第二课堂，他们在茶馆里批改作业，撰写论文，谈论时局，那是当年昆明的一道风景。

民国美食，让人垂涎欲滴，会吃的大家不少，但仅仅会吃是不能成为美食家的。一盘鸭胰如何成为名菜？取个什么样的佳名？"美人肝"与美人无关，却与教授有关。

时光倒流，到东兴楼这样的大饭店就餐，千万不能敲盘盆，敲盘盆表示对服务的不满，饭店掌柜听到就会过来赔不是，当班的跑堂就要卷铺盖走人。跑堂有跑堂的殷勤，食客有食客的风度。

鲁迅喜欢美食，他在北京时吃遍天下鲜，最爱广和居；大名鼎鼎的教授胡小石会坐在路边吃臭豆腐；季羡林常端坐街头饭摊的长板凳上品美食；王世襄爱到常三小馆借灶，自己当厨子……

民国的时尚，至今仍被人们津津乐道。宋美龄一生钟爱旗袍，她的衣柜中有上百件旗袍，依据季节和场合变化，选择不同面料、不同色彩、不同款式的旗袍。她从不穿裤装，家中有专门为她制作旗袍的裁缝。林徽因才华横溢，穿衣打扮也可圈可点，那张穿着培华女校校服的照片，彰显了她清雅的气质；那套流苏头饰的东方式婚服，竟是她亲手设计、制作的，令人刮目相看。文艺范儿的张爱玲更是一位服装控，喜欢在服饰上标新立异，欣赏她的服饰，品读她的书，就仿佛欣赏一件放置在箱底已久的旗袍，轻轻抚去浮尘，烫平褶皱，依旧靓丽。南方交际界领袖唐瑛，向来不在街上买衣服，她的衣裳都是"私人定制"，是独一无二的。陈云裳的烫发，阮玲玉的义乳，徐来的连衣裙，是明星们引领的社会潮流。朱自清的披毡，闻一多的长衫，夏丏尊的帽子，老舍的中山装，徐志摩的洋装，则是民国文人的标志，彰显文人的精神与风骨。

中国人向来讲究居有定所，民国人也不例外，无奈家国有难，流离失所是常有的。杭州的风雨茅庐，见证了郁达夫与王映霞的爱情传奇。只是茅庐禁受不住风雨的侵袭，风雨之后未必都有彩虹。南京傅厚岗的危巢，正如徐悲鸿落成时的预测，无枫堂无枫而有风。境由心造，傅抱石栖身在重庆金刚坡下的农舍，光线极暗，他推门遥望自然山林，泼墨挥毫，巴山蜀水，雨雾迷蒙，演绎出独创的"抱石皴"，"山色空蒙雨亦奇"。

驴友是当下时髦的名词，其实民国时期就有"驴友"了，骑毛驴游玩就是自助游，悠闲自在，沿途的风景自有独特之美。"你站在桥上看风景，看风景的人在楼上看你。"三五结伴的马车游也很潇洒，老马旧车铃铛响，颇有"疲车羸马招摇过"的意境。

当高铁拉近了城市的距离，一路车轮哐当响、一夜到天明的乘坐慢车的感觉正在远去；江上枕波听雨眠的乘船体验也会慢慢消失。快与慢，哪个更好，确实不能用非此即彼的方式来评判。

玩虫遛鸟驯鹰，容易使人联想到八旗子弟的形象。民国时期，有一位玩家，热衷于捉蛐蛐、养蝈蝈、架鹰捉兔等所谓"没正经"的事，却玩出了学问，玩出了文化，他就是被誉为"京城玩家"的王世襄。

书画、收藏界，更是大腕云集，处处故事。丰子恺为恩师绘《护生画集》，张大千退王府收名画，张伯驹为保国宝散尽家财还险些丢了性命……他们的情怀为后人慨叹。

曲艺电影在民国时迎来了黄金期，戏曲界、电影界的名角名旦，至今人们仍记得他们的名字，怀念他们的音容，演绎他们的故事。

民国时期，社会动荡，国难当头，普遍来说物质生活条件不佳，但是文人学者的生存空间比较宽松，社会地位很高。他们对物质生活并不苛求，可是精神世界却很丰富。胡小石经常被学生冒名签单蹭饭，月底发现饭馆记账超标了，他一笑而过；秦淮河上的画舫时常载着吴梅与他的学生随波逐流，吴梅吹着洞箫，让学生们在十里秦淮的氛围中感受曲调，或者在酒家设宴一桌，让学生们填词谱曲打牙祭。遇到寒门才子，教授们会竭力提携、帮助，不求回报。罗尔纲对胡适、钱穆对顾颉刚的知遇之恩，始终念念不忘……

民国，离我们似近似远，如佳人穿着旗袍款款而来，风韵无尽……

书中所记录的生活百态，尽管只是琐言细事，却希望可以折射出一个时代的风貌，成为民国趣与雅的注脚。

黄　强

二〇一五年八月七日

炎热酷暑，时逢暴雨倾盆，于南京文津桥畔

目 录

饮食

一　饕餮

传说中龙生九子，各有所好。饕餮排行老五，好吃，因为他太能吃，把自己的身子都吃掉了，只剩了一个大头和一张大嘴。因为饕餮好吃的本性，古人将他立于鼎盖之上。对于精于美味的美食家，也称之为"老饕"。民国时期善吃会吃的"饕餮"还真不少。鲁迅喜欢吃，进过许多大小餐馆，居住在北京时常在广和居等知名餐馆宴请朋友。喜欢品螃蟹的李瑞清一日吃蟹数十只，赢得"李百蟹"美名。国民党政坛要员谭延闿，善于书法，也精于美食……

饕餮谭延闿

在民国大美食家中，要数谭延闿官做得最大。谭延闿是国民党元老，政府高官，做过湖南都督、国民政府主席、第一任行政院院长。他的书法也非常了得，尤其以楷书著称，与吴稚晖（篆书）、胡汉民（隶书）、于右任（行、草书）并列民国四大书法家。谭延闿有"谭三法"之称，即诗法、书法、枪法，其实还应加上食法，称其为"谭四法"似乎更准确。

谭延闿会吃，好吃，大概也因为他太喜欢美食，日积月累，对健康产生了影

谭延闿

响，谭延闿寿命并不长，50多岁时就去世了。

谭延闿精擅食法，享有盛名的"谭家菜"就是湘菜和官府菜中的重要组成部分。谭延闿好美食的逸闻很多，有一则轶闻说，谭延闿好食鱼翅，几乎每餐必进，非鱼翅不饱，几乎成癖。有一次赴某君宴请，席间主人大谈鱼翅不可食，因为没有什么营养，味同嚼蜡，谭延闿点头认可。可是酒至半酣，却未见鱼翅上席，谭延闿有点按捺不住了。这时候主人客气，邀请宾客随意点菜，宾客也是客气，说菜看够了，吃得很好。当问及谭延闿时，他莞尔一笑，说："如蒙不弃，请赐嚼蜡如何？"

谭延闿是书法名家，曾经主持三江师范学校的李瑞清也是书法名家，死后安葬于南京牛首山。惺惺惜惺惺，北伐后谭延闿出任行政院院长之职，某年清明，他以120元一席的粤菜，送至牛首山李瑞清墓地，祭拜故人。参与祭拜的皆为当时的文人名士。祭后谭延闿与诸位就着这些丰盛的粤菜，高谈阔论（参见石三友，《金陵野史》）。当时一担上熟米不到8元，谭延闿治办的一桌酒席就达到了120元，可以买米15担，足够三四十号人吃上一年。

私房祖庵菜

中国八大菜系中，湘菜算一支，湘菜（湖南菜）的特点是酸辣，湖南人喜欢吃辣，湖南人不怕辣，湖南人就怕辣不够。毛泽东除了喜欢红烧肉，还喜欢吃辣椒，辣椒就是下饭的最佳菜看。谭延闿是湖南人，对于湘菜自然是熟悉不过，他创制的私房菜——祖庵菜，属于湘菜中的一支。

谭延闿爱研究美食，遇到精美的菜看，都要向厨师讨教一番，回家后就琢磨如何制作。他的厨房就是他研制私房菜的后场，家里还有几个厨艺高超的师傅，为他试验菜肴，在家请客时负责掌勺。谭延闿根据自己多年的美食经验，结合湘菜特点，制作出了一套私房菜——谭家菜，谭家菜有两家，北方的谭家菜（北京谭宗浚、谭啄青父子）和南方的谭家菜（湖南谭延闿）。谭延闿字祖庵，因此南方谭家菜又称祖庵菜。

祖庵菜属于名人菜，在烹饪方面，祖庵菜也很有特点。

第一，对于食材的挑选非常考究，追求极致，只用上等之料、珍品之料、时鲜之料。

第二，刀工精妙。菜肴制作按照不同的要求，食材切割也很讲究，"发丝百叶"细如银发，"梳子百叶"形似梳齿，"溜牛里脊"片同薄纸，"鳝丝蒜苔"细如火柴梗。

第三，擅长调味。上等的食材，有其独特的滋味，厨子要善于发挥食材的滋味，既保持本源滋味，又有所变化和提升，这就是厨师创造出的新滋味。祖庵菜注重食材主味的突出，加入调料烹饪之后，锁住原味，却又不同于原味，味感的调摄精细入微。祖庵菜口味独特，其他人想模仿，可以得其形，却难以得其味。

第四，技法多样。根据菜肴的设计，组合羹、炙、脍、濯、熬、腊、濡、脯、菹等多种烹饪技法，急火起味用"溜"，慢火浸味用"煨"，调味用"烤"，边入味边烹制用"蒸"等。祖庵菜的煨也不是一成不变的，在色泽变化上分为"红煨""白煨"，在调味上则分为"清汤煨""浓汤煨""奶汤煨"，采用小火慢焖，保持汤的原汁原味。

据说祖庵菜有 200 多个品种，其经典菜有祖庵鱼翅、红煨熊掌、透汁鹿筋、鸡汁鱼唇、糖心整鲍、麻仁鸽蛋、龙凤鸡丝、祖庵豆腐、邵芽白心等。其中鱼翅又分为羔汤鱼翅、红煨鱼翅、蟹黄鱼翅、红烧鱼翅等多种烹调方法。

谭府经常宴请，每次设宴，谭延闿对于菜肴搭配都要亲自过问，交代家厨注意事项，把控菜肴品种，对于厨师提出的方案，也要进行斟酌，宴请的菜单也由他来确定。

看一下谭延闿某次宴请用的乳猪鱼翅席的菜单，对于祖庵菜的搭配，可以知道个大概：

四冷碟：云威火腿、油酥银杏、软酥鲫鱼、口蘑素丝

四热碟：糖心鲍脯、番茄虾仁、金钱鸡饼、鸡油冬菇

八大菜：祖庵鱼翅、羔汤鹿筋、麻仁鸽蛋、鸭淋粉松、清蒸鲫鱼、祖庵豆腐、冰糖山药、鸡片芥蓝汤

席面菜：叉烧乳猪（双麻饼、荷叶夹随上）

四随菜：辣椒金钩肉丁、烧菜心、醋熘红菜苔、虾仁蒸蛋

点心：鸳鸯盒

席尾：水果四色

谭延闿妙取菜名

中国菜肴讲究色香味形，精致的菜肴，不仅给人美的享受，还可以刺激人的食欲。同样，一个好的名称，也会成为美味佳肴的组成部分，提升菜肴的知名度、美誉度。

原中央大学名教授胡小石、胡翔冬就给南京马祥兴菜馆的若干菜肴取了令人叫绝的名字，如"美人肝"、胡先生豆腐；历史上的东坡肉、东坡肘子也都是名人佳肴。谭延闿是美食家，对于菜肴的取名，也是很独到的。

湖南长沙曲园酒楼有一道菜，鳝鱼脱皮切丝爆炒，按照一般的套路就叫炒鳝鱼，江苏淮安对于鳝鱼菜，取名软兜。谭延闿联想到三国战将赵云，万马军中救幼主刘禅的故事，脱下袍子将幼主包裹，挥枪杀入，单骑突围成功。于是取名"子龙脱袍"。长沙玉楼东酒家也有一道菜，老鳖炖鸡，菜虽然大补，可总不能直呼其名，老鳖鸡汤或者王八炖鸡，太直白，也不雅。1920年，原来的谭家主厨谭奚庭离开谭府，在主持玉楼东酒家，谭奚庭请谭延闿赐名。谭延闿想起秦末楚霸王项羽与汉王刘邦交战，兵败垓下（今安徽灵璧南），突围至乌江（今

安徽和县乌江镇）边自刎而死，上演了一出西楚霸王别姬的故事，于是大笔一挥，给这道菜肴取名——霸王别姬。至今各家酒楼、饭店的老鳖炖鸡汤，都叫"霸王别姬"。

贪吃的悲剧

谭延闿曾对朋友说："吃喝嫖赌四件事，嫖赌与我无缘，吃喝在所不辞。"谭延闿为官很圆滑，在美食上却从不含糊，政客谭延闿与美食家谭延闿判若两人。

湘菜口味重，偏辣，祖庵菜在湘菜的基础上，偏重高蛋白的食材，而谭延闿又嗜好鱼翅这样的菜肴，每顿必有大鱼大肉，长期吃，摄取了过多的高蛋白、高脂肪、高油脂的食物，对健康有影响，尤其对心脑血管的刺激很大。谭延闿吃成了一个胖子，行动不是很灵活，但是他仍然管不住自己的嘴，见到美食就迈不动步，必须大快朵颐。医生多次劝他控制饮食，少吃荤腥，多吃蔬菜。肚子里的馋虫却控制着他的大脑，让他欲罢不能。医生说多了，谭延闿也嫌烦了，干脆辞掉医生，耳边少了唠叨。他继续海吃，管不住嘴的结果就是体重又上去了，时不时地觉得身子重，走一会路就喘粗气，肚子大，低头看不到脚面。他去医院检查，医生说："依你的身体状况，将来有两个死法：一是得急病，脑溢血而死；二是半身不遂而死。"谭延闿遇到胡汉民就说："这个医生如果说的是真的，那我宁愿选择第一个，如果半身不遂几年，未免太使我难堪了。"谁知一语成谶，1930 年 9 月 22 日，谭延闿突发脑溢血，在南京逝世，享年 51 岁。

祖庵菜的外传

民国第一美食家谭延闿因为贪吃，壮年辞世，谭氏楷书从此成绝书。不过谭延闿创制的祖庵菜并没有成绝学。谭家原先有两个家厨谭奚庭与曹敬臣，在谭延闿指导下，善于烹饪谭家菜（祖庵菜）。祖庵菜原本是私房菜，只有在谭府才能吃到，但 1920 年谭奚庭从谭家辞职，经营玉楼东酒家之后，玉楼东就推出了祖庵菜，这样不到谭府也可以品尝到祖庵菜了。此外，谭延闿颇具商业头脑，与另一位湖南军阀、国民政府二级上将何键投资开设了曲园酒家，鼎盛时期曲园酒家在北京有曲园酒楼、在南京有曲园酒家，主要经营湘菜及祖庵菜。1930年谭延闿去世，曹敬臣回到长沙，在坡子横街开设健乐园，便将这些菜肴以祖庵菜的名牌烹制应市，并大肆宣传。抗战期间，国民政府主席林森由南京乘汽车去四川，路过长沙，当时市商会的左学谦便在健乐园设宴以祖庵菜为其洗尘，获得佳誉，健乐园与祖庵菜名噪一时。

民国时期，有南北两家谭家菜，北谭指北京谭宗浚家的私房菜，南谭指湖南谭延闿的私房菜。这两支谭家菜，原先都不对外，因为家道中落，谭宗浚后人开设了饭店，北谭私房菜得以在社会生存；南谭因为家厨经营饭店，谭延闿自己也投资开酒楼，祖庵菜也对外开放。两家私房菜都不再局限于私房，而成为面向社会的特色菜肴。这样也使得南北谭家菜，得以为社会所认识，并至今流传。

张大千

大胃张大千

张大千是书画大家，也是一位美食大家。他痴迷绘画，除绘画之外，最钟情于美食，品尝美食，动手操作，乐此不疲。

张大千是四川人，川菜重口味，味道麻辣，做工细致。他对饮食很挑剔，死物绝对不上餐桌，蔬菜更不能过夜。他对美食，不仅重视口味，亲手烹制，而且对美食理论也有一套看法。

点评中国美食

张大千说："百人百口，各有各的喜好，要依照各人的喜爱自由选择，会炒菜的人，该用油的时候用得多而菜的表面又不浮油，给人清爽之感，就要凭经验了，烹饪全靠日积月累，眼观手临鼻闻得来的经验。满天下菜谱有的是，名厨师屈指可数，就是这个道理。我炒菜不喜欢用粉，掌握好火候，菜自然鲜嫩，我也不喜欢用味精，人工的味精哪里比得上自然的味道。"

张大千说得很有道理，天然的食材有其独特的鲜味，是大自然赐予的，百种食材有百种鲜味，各不相同。而且各具独特鲜味的食材搭配之后，其滋味互相渗透，其味又岂是人工合成的味精可以调制出来的。

设计菜品，书写菜谱

张大千的斋号大风堂，在他的宅院中有自己的厨师，张大千经常在家设宴，招待朋友。多数情况是张大千安排菜单，家厨操办，因此，张大千选择的家厨也不普通。遇到尊贵宾客，大千对某道菜看有兴趣时，就会亲自下厨。每次请客，张大千都亲自写菜谱，还要写上主要客人的名字，以示尊重。来看几份张大千的食单。

食单一：

辛亥四年十五日，恕人乡兄自华府重来"可以居"，命家人治具欢宴，并邀亲家亲家母作陪。

菜品：干烧鳇翅、香糟蒸鸭、葱烧乌参、成都狮子头、鸡油芦笋、鸡蓉椒乳饼、茶腿晚菘、豆泥糍饭、西瓜盅。

食单二：

辛酉元宵后一日，命家人治具邀汉卿、一荻兄嫂（即张学良、赵一获），屏秋副院长及其夫人同进屋藏。岳军大兄（张群，字岳军，曾任国民政府外交部部长、行政院副院长）与其哲嗣夫妇亦惠然莅临，近半日之欢。是日小园垂柳，海棠盛开，宾主欢欣，汉兄命记食单如下：干贝鸭掌、红油豚蹄、菜苔腊肉、蚝油肚丝、干烧鳇翅、六一丝、葱烧乌参、干烧明虾、清蒸晚菘、粉蒸牛肉、鱼羹烩面、伞黄瓜肉片、煮元宵、豆泥蒸饺、西瓜盅。

食单三：

乙巳年冬初一日摩诘山园玩宴，钟烈表弟伉俪相邀。菜单有：炒虾球、糖醋背柳、白汁鱼唇、红煨大乌参、清汤缠回手抓鸡、糯米鸡、冬菇豆腐、炒六一丝、葛仙米羹。

喻钟烈系黄花岗七十二烈士喻培伦之子，柏林自由大学经济学博士；其妻系德国人，曾获著名的瑞士格特尔文学奖。张大千亲自下厨炒菜，片刻功夫，菜肴依次上桌，造型之美，口味之鲜，令人叫绝。

广征博采，自作主张

张大千的口味偏重麻辣，做出的菜是地道的川菜风格。他做菜的秘诀是八个字"广征博采，自作主张"。

鱼翅与肉是张大千的最爱，他对这两道食材的操作也得心应手，可以烹调出多种口味，如鱼翅干烧、肉做狮子头。

1937年"七七事变"之后，张大千携家眷到成都，住在藏书家严谷孙的贲园书库侧院。某日严谷孙尽地主之谊，设宴招待张大千，张大千闻听成都的笼蒸牛肉很有名气，就提出品尝要求。严老安排下人在三倒拐铁路公司附近的一家小店购买了一笼蒸牛肉，请大千品尝。看品相尚可，大家品尝之后也觉得不错，但是张大千却吃出了不一样，因为牛肉中的牛筋没有剔除，与牛肉混搭，肉质显得粗糙，没有蒸肉的粉嫩感。于是严老又安排人去长顺街治德号店铺，买回一笼蒸牛肉。与前面的一比较，肉质较嫩，不过张大千觉得火候还欠缺，川菜的麻辣味不足。于是他对此菜进行了加工，先让人去东牛市口德胜街 1 号购买椒盐叶锅魁（这家最有名、最正宗）备用，将治德号烹制的蒸牛肉，加入自炕自舂的辣椒面、花椒面，增加麻辣味；再加入少许芫荽，取其鲜味。吃蒸牛肉时，用椒盐叶锅魁夹入肉中，热中透鲜，而且蒸肉很烫，汁浓，蘸了椒盐，其滋味浓厚，香气四溢，咸咸的味道，混搭着麻辣，吃到嘴里很有快感。麻辣烫鲜香五味俱全，全部包裹在蒸牛肉之中。原先平淡的蒸牛肉，经过张大千的加工，顿时口味得到提升，浓香酥麻，辣味劲道。

张大千喜欢川菜的麻辣香，也喜欢重口味的菜肴。鸡屁股俗称松子香，因为不卫生、含有致癌物，很多人不吃，但张大千却好这口。张大千居上海时，喜好冬菇烧鸡、冬菇鸡翅汤，也常用冬菇烧鸡尾（鸡屁股）。南迁成都后，他很久没有吃到鸡屁股，时常与家厨说及，心里痒痒。中央银行的行长杨孝慈闻听此消息后，就留意了此事。某次中央银行聚餐，杨行长就交代厨房，留了一些鸡尾，交给张大千的家厨。

于是张大千邀请了几位记者来到住所，说请大家吃一道特别的、平时不容易吃到的菜，记者们很好奇。问究竟吃什么？大千卖关子，就是不说，只是告诉他们，吃了就知道。

他亲自下厨，烧制了几道拿手菜。记者们品尝后觉得确实与餐馆的菜肴口感不一样，但是并没有大千说得那么特别。究竟是什么菜特别呢？在大家期待中，主打菜上桌了，一个直径 47 厘米的白瓷圆盘，满满的一盘，一块块的肉，还没搞清楚是什么，就闻到一股特别浓厚的香气。

三大菌烧鸡尾，是张大千的拿手菜。夹起一块肉放进嘴里，汁浓味鲜，菌菇的鲜味已经渗入鸡尾之中，鸡香与菌鲜交织在一起，爽滑可口，大家都齐声叫好。

记者们赞扬张大千的烹调手艺，张大千也特别高兴，比别人赞美他的画还要高兴。世人都知道张大千是绘画大家，而能够品尝到张大千厨艺的人却很少，非熟悉的朋友，对张大千的厨艺并不清楚。张大千亲自下厨，一展身手，也让人们知道了他对美食的驾驭能力，不亚于绘画。

吃蟹美谈

螃蟹尽管长相不雅，张牙舞爪，横行霸道，但是不影响它的美食大名。中国人吃蟹的历史悠久，《逸周书·五会解》《周礼·天官·庖人》中均有记载。螃蟹味道鲜美，但是蟹肉性寒，吃蟹时，应佐以生姜、醋等调料。蟹富含蛋白质，高胆固醇、高嘌呤，食多易痛风，不宜多食。很多人一餐吃一两只蟹，尚可承受，三四只以上就会肠胃不适。然而螃蟹的美味，却让饕餮们忍不住十指大动。

李瑞清雅号"李百蟹"

李瑞清，清光绪年间进士，曾任江宁布政使兼两江师范学堂（南京大学前身）监督（即校长），民国时期寓居上海卖字鬻书的教育家、书法家，是一位嗜食螃蟹的饕餮。

李瑞清生活简朴，饮食上并没有特别挑剔，唯对螃蟹情有独钟。每年"秋风起，蟹脚痒"，螃蟹上市了。李瑞清肚里的馋虫也蠢蠢欲动，品尝"无肠公子"是必需的。民国初期的螃蟹价格不高，也就是普通食物，到了20世纪七八十年代，螃蟹也是很普通的食物，大概就几角钱一斤，工薪家庭也可以吃得起。只是螃蟹吃的是味，做菜的实用性差些，因此吃螃蟹的家庭并不多。

李瑞清好螃蟹，吃螃蟹不加限制，他的肠胃似乎很特别，对于寒性极大的螃蟹有很强的承受力。李瑞清吃螃蟹很讲究，不是囫囵吞枣，而是慢慢品味。吃螃蟹讲究五大步，即掰、吮、挖、夹、捅。先掰开蟹，一掰尾盖、二掰蟹壳、三掰蟹身。力道一定要拿捏得恰到好处，手劲不能太重，重了，蟹壳易碎，蟹黄流失；太轻蟹壳剥不开，要反复几次，失去雅兴。吮，对于蟹黄流汁要吮吸，鲜美无比，满口流芳。挖，吮吸完蟹黄之后，就要对蟹肉进行分离，专业吃蟹者会用上蟹腿钳、扁平小勺，挖蟹体中的肉；如果没有专业工具，也可以用牙签，耐心是必需的。夹，是针对螃蟹的大肉钳，壳子坚硬，牙齿咬嚼不慎就将牙齿崩掉，因此借助工具效果很好。捅，坚硬的蟹钳、蟹壳被夹碎之后，就要小心翼翼地捅蟹肉，肥嫩的蟹腿肉就一块块挑出来。"无肠公子任横行，自恃双栖介甲兵。不识人间真况味，何怜佐酒待君烹"。

蟹肉浇上浸泡了生姜的香醋，喝上一口酒，品上一口蟹肉，那真是人间美味。有言道：大碗量酒，呲蟹当肴，神仙不换！

李瑞清吃螃蟹吃得细致、耐心，而且数量也是一只接一只，一天可以吃上几十只之多，让人惊叹，因此得了"李百蟹"的雅号。李瑞清因中风，于1920年8月去世，年仅54岁，是否与他吃蟹太多有关？

施今墨的吃蟹经

民国时期，还有一位吃螃蟹的行家，他觉得喜欢吃就吃，不要顾忌那么多，在吃螃蟹方面并不逊色李瑞清，他就是京师四大名医之一施今墨。

施今墨（1881~1969）早年加入中国同盟会，以医疗为掩护，随黄兴奔走革命。1912年参加孙中山就职大总统典礼，并以客卿身份协助陆军总长黄兴制定陆军法典。出任过湖南教育厅厅长，后因看不惯社会腐败、官场倾轧，理想难以实现，愤而辞职，弃政从医。1925年孙中山病重期间，曾延请施今墨诊病。1930年他应邀赴陕西为杨虎城将军治病，药到病除，当时报纸传为佳话。何香凝、溥仪、载涛、李宗仁、郭德洁等社会名流多次延请他看

施今墨

病。1932 年中央国医馆成立，施今墨任副馆长。

每年深秋时节，施今墨必定南下行医，主要到苏州和南京，行医是幌子，食蟹才是目的。苏州的阳澄湖、南京的固城湖的大闸蟹乃是蟹中珍品，需现场品尝才能享受美味。施大夫吃螃蟹有别常人，不用姜醋，不饮老酒，蘸点酱油即可。

施今墨对于食蟹还有满腹经纶的蟹经。他把各地出产的螃蟹划分为六等，每等又分两级。一等湖蟹，江苏阳澄湖、浙江嘉兴湖为一级，江苏邵伯湖、高邮湖为二级；二等江蟹，安徽芜湖为一级，江西九江为二级；三等河蟹，清水河为一级，浑水河为二级；四等溪蟹；五等沟蟹；六等海蟹。对于海蟹也不能一概而论，福建福州的海蟹，从内河随水流出，先天条件好，品质颇佳，可列入四等；此外，阳澄湖中的一级蟹出自双羊潭的更是高人一等，可列为特级。施今墨辨证施治有一套，说起蟹经也颇为幽默，他说无肠公子因为出生的血统不同，也如官场等级，一等者为特任官，二等者为简任官，三等者为推荐官，四等者为委任官，其他的都是不入流的芝麻绿豆官（参见石三友，《金陵野史》）。

吴白陶爱川菜

剧作家吴白陶是戏曲大家吴梅教授的弟子，以戏曲研究著称。吴白陶足迹遍及全国多地，尝遍川、粤、湘、鲁、闽、苏、浙、徽八大菜系，对四川美食和南京佳肴情有独钟。

遍尝成都小吃

抗日战争初期，吴白陶随金陵大学南迁入川，也曾执教于四川白沙国立女子师范学院。居住在成都期间，喜爱美食的吴白陶，有机会就遍尝成都小吃，也应邀参加宴请，惠顾大餐佳肴。

吴白陶本是江苏扬州人，惯吃淮扬菜，初尝川菜的麻辣，有些不习惯。因为居住在成都，不吃川味几乎不可能，于是就静下心来，细细品尝，渐渐觉得川味的麻辣并不是那么浓烈、凶猛。大概是居住在四川，受到当地气候的影响，身体渐渐适应，需要摄取适量的辣椒、花椒驱湿的缘故。花椒的麻与海椒的辣，互相配伍，相互渗透，产生的浓郁香气，可以增加食欲。吴白陶的体会是："海椒虽然火爆，终究不是毁掉一切的火；花椒虽麻，也不是使舌头失去知觉的麻醉剂。它们都是食品，是舌头上可以接受的味道。……再细加咀嚼，则不仅是鸡鸭鱼肉的原味依然可以分辨，而且会感到味道更厚了，最奇怪的是咽下去以后，回味却是清而甜的。"

再来碗陈麻婆豆腐

吴教授入川第二年的春天，品尝了当地名菜陈麻婆豆腐。豆腐很烫，看着就有些冒汗，真的不清楚为什么成都人可以吃下如此烫的豆腐。俗话说，心急吃不了热豆腐，似乎成都人不受此话的影响，偏偏喜欢吃滚烫的豆腐。吴白陶想自己已经进入四川一年了，吃了不少川菜系的小吃、佳肴，肠胃已经适应了川菜的麻辣，也算半个四川人了。就照成都人的方法，也来一碗烫豆腐。说来奇怪，吃下一勺，再吃第二勺，就不感觉那么烫了，似乎温度正好，但却开始冒汗，是烫得还是辣得，说不清楚。陈麻婆豆腐口味真好，嫩嫩的豆腐，入口即化，辣中带麻的滋味，刺激着口腔。一口下去，想吃第二口，接着第三口，就这样一勺一勺，勺子舀得很快，片刻工夫，碗就见底了。食欲好像被调动起来了，一碗不过瘾，于是乎，吴白陶对着店小二喊道："伙计，再叫一碗。"

又是一碗热气腾腾的烫豆腐，一勺又一勺，香辣麻爽，吃得满头大汗，好像刚从浴室出来，却烫得痛快，全身舒畅。没想到一碗烫豆腐，会带来如此酣畅淋漓的快感。

南迁四川，吴白陶居住在成都有三年半的时间，教书之余，就是逛街、下馆子，寻找当地的美食。他品尝过南门大桥枕江楼的醉虾，吃过荣乐园的金钩玉笋；成都有名的馆子如川味的四五六、大三元，北味的宴宾楼，粤味的冠生园、津津酒家，都留下了吴白陶的足迹。因此，在成都的大街小巷中，经常可以看到吴白陶的身影。

亲手做川菜

吴白陶也经常去市场采购食材,亲手尝试做川菜,以此比较与饭店、店铺的川菜有什么差别,是手艺差别,还是调料不同,或是火候不足?只有比较才知道川菜原料与烹饪技艺的重要性。他发现,同是辣味,回锅肉比盐煎肉辣,但是如果回锅肉不放豆瓣酱、辣椒,只放京酱,那么辣味就会淡许多,比盐煎肉还淡,可见川味中调料对辣味的影响很大。做法不同,菜肴的口味也有差别,盐煎肉是生爆肉,生肉直接在锅中爆炒,下调料,装盘;回锅肉要先煮熟,切片后再回锅爆炒,放佐料、调料,装盘,一生一熟,技法上不同,口味上就不同,可见川菜"百菜百味"名不虚传。

旅居成都三年半,吴白陶遍尝四川美食,他不仅喜欢上了川菜,而且对川菜有了更深的认识。吴白陶说:"品尝川味,凡是经过实践,习惯成自然,品尝川菜非到成都不可。"他举白油苦笋为例,"笋子本身有一种苦涩味,先煮后才去水,去涩留苦,这苦味中有一种回味,有如橄榄回甘,真是大有诗意……我见过唐代大书法家怀素的《苦笋帖》,读过宋代大诗人黄庭坚的《苦笋赋》,闻名已久,当然要多尝几次……在理论指导下去寻食,实地品尝经验,有利于在比较中说出好坏,这样就避开了主观片面性"。(参见吴白陶,《谈鲜》)

吴白陶评出川味中上品是汤,汤的汁子是佐菜,以原汤做菜,当然是不同凡响。民间也流传有"川戏的腔,川菜的汤"的说法。

二 文人和美食

中国文人自古会吃，是吃的行家里手，苏东坡、李渔、袁枚，个个都是美食家，他们能从吃中挖掘出文化的内涵。民国时期的文人中也不乏这样的美食家。

擅吃的胡小石

胡小石，原籍浙江嘉兴（古称秀州），生长于南京。其父胡季石系晚清举人，因候补道，移居南京。因此胡小石落户南京，在南京居住了半个世纪，对南京有深厚感情。胡小石国学功底深厚，又擅长书法。对于美食也有颇多感受。胡小石自说："平生有三好，一好读书，二好赋诗挥毫，三好东坡肉。今天生肠病，或嗜东坡肉之过。"（参见郭维森编《学苑奇峰》）

在南京期间，胡小石主要在中央大学、

胡小石

南京大学任教，同时兼任金陵大学教授。1938年他成为国民政府教育部的部聘教授，按照教育部的规定，部聘教授薪水500元左右，加上兼职，收入可观。

授课之余，他经常与朋友文人雅集，或者邀请学生外出游玩，或者品尝美食。马祥兴、六华春、永和园等餐馆、茶楼，都能经常看到胡教授的身影。从老板到厨师、跑堂，都与胡先生很熟。胡小石还为六华春餐馆、马祥兴餐馆、永和园题写过店招牌。胡小石品尝美食，不拘一格，不仅会正襟危坐在马祥兴菜馆里，宴请亲朋好友，品尝大餐；也会撩起长衫下摆，与学生坐在夫子庙小摊上，有滋有味地吃油炸臭豆腐，全无教授的派头；还时常与好友、学生登上清凉山扫叶楼喝上一壶茶，边品茶边赏景。

胡小石与胡翔冬是同学、诗友。胡翔冬，名俊，字翔冬，人称胡三太爷，名士风度，不拘小节。某次，胡小石写作《甲骨文例》用功良苦，时值岁暮，接连数日与胡翔冬作近郊之游，并在马回回酒肆（马祥兴之前身）小饮。胡小石不抽烟，也不善饮酒，而胡翔冬虽有酒量，但是贪杯，与朋友喝酒喜欢畅饮，往往喝醉。"城南胡三世所笑，一醉天地同昏昏。"胡小石作了一首五言古诗，调侃这位与他同称为"胡教授"的同学。诗末云："连连对覆杯，梦梦对吐呓。吾生不解饮，观饮亦成醉。归去复不寂，九城翻夜吹。"

关于吃，胡小石还有个故事，那是在北京女高师教书时，通常到每月发薪水日子，胡小石会将所发薪水寄往家里，用于家庭的生活。有一次竟然分文未寄，家人很是纳闷，薪水到哪里去了？其实那次胡小石的薪水都用于还欠饭店包伙的伙食费了。原来胡小石每月都在校外包伙，先吃饭挂账，到发薪水时再结算。大概学生晓得了这个"窍门"，有的学生生活拮据，吃饭困难，就假冒胡小石之名，将饭钱记在胡先生账上。这时候学生以吃饱为主，并不追求美食。到了发薪时，胡先生的薪水都贴到伙食费上了。胡小石自然不追究是哪些学生签账的，他也理解学生的生活不易，付之一笑。就是那一个月家人的生活紧张了些。

梁实秋雅舍谈吃

梁实秋的《雅舍谈吃》，很有名气，那是梁实秋在台湾时，将刊发在《联合报》副刊、《中华日报》副刊的有关谈吃的文章汇编后出版的著作。所涉及的事大多是民国时期发生的。而雅舍则是梁实秋抗战时期在重庆的寓所，当时成为文人们聚会的场所。

梁实秋

火腿食后齿颊留香

梁实秋对火腿情有独钟。1926年冬季某日，戏曲大家吴梅在南京老万全宴请东南大学同人，梁实秋也在座。席间的一方清蒸火腿，让梁实秋印象深刻。二三十块半寸高的火腿，盛放在高边大瓷盘中，由醇酿花雕蒸制熟透，味道之鲜美无与伦比。

抗战期间，张道藩在重庆的云南馆子留春坞请客，上了一道菜叉烧火腿，火腿采用的是云腿，云腿脂多肉厚，香味较金华火腿稍逊。不过大厚片烤熟后，夹在面包中间，丰腴适口。品尝之后，梁实秋感觉比湖南馆子的蜜汁火腿还略胜一筹。

蒸熟的火腿切成薄片，肥肉依稀透明，瘦肉鲜亮似火，香浓爽口，食过之后齿颊留香，是佐酒下饭的无上妙品，梁实秋说想起来，就会觉得嘴馋。

围着八仙桌烤羊肉

北京的烤羊肉很出名，据说"烤"字原先没有，是齐白石老人造出来的，大家觉得这个"烤"字很形象，于是就有了"烤"字一说，烤山芋、烤鱼、烤羊排、烤羊肉，等等。

中秋一过，羊肉就开始走上餐桌了，羊肉火锅、烤羊肉都是北京的流行菜肴。

梁实秋喜欢吃羊肉，但是家里不让羊肉进门，解馋只能上馆子，去店铺。北京的烤羊肉以前门肉市正阳楼的最出名。大概是为了招揽客人，正阳楼安排师傅在柜台表演切肉的技艺，这种做法现在的名称叫明档，就是让食客看到后场的操作，证明食材货真价实。如此看来，民国时期已经有明档操作了。

要切的肉一部分被布盖着，师傅一手按住肉，一手持刀，但见刀片飞快，片刻工夫，一片片羊肉就切好了，肉片很薄。

正阳楼烤羊肉就在院子里，四张八仙桌，桌子旁是四把条凳。烤肉的支架就架在八仙桌上，直径约二尺，羊肉挂在支架上，点起下面的松树枝子，就开烤了。经过松树枝烧烤的羊肉，散发出羊肉的焦香和松树的清香，很诱人。食客们就围在八仙桌旁，边烤边聊。参与露天烤羊肉的主要是男食客，女食客一般不参与烧烤，而是在正阳楼的餐厅，等着伙计将烤熟的羊肉送进来。（参见梁实秋，《烤羊肉》）

正阳楼的烤羊肉，让梁实秋吃得满嘴流油。若干年后，他在山东青岛任教，时常想起北京的烤羊肉，垂涎欲滴。

东兴楼的奢侈宴

东兴楼是北京的大馆子，芙蓉鸡片是他们的拿手菜。1926 年夏天，时昭瀛从美国归来，在东兴楼宴请同学吴文藻、谢冰心、瞿菊农、谢奋程、孙国华、梁实秋。当时小学教师的月薪不过 30 多元，东兴楼的燕翅席 16 元，一桌酒席抵上小学教师半月薪水。时昭瀛委托梁实秋经办，指定要 30 元一桌的酒席。订餐时，东兴楼的伙计说："16 元的燕翅席已经足够吃了，菜肴够档次，分量够足，包管吃好吃饱，何必多花钱？"梁实秋执意要 30 元的标准。民国时期，一般饭店一桌菜，5 元就可以搞定，东兴楼 16 元的标准已经算贵的，至于 30 元可以算奢华的大餐了。开筵之时，菜肴丰盛，珍错杂陈。

芙蓉鸡片是筵席少不了的一道菜肴。芙蓉就是蛋白，取鸡胸肉细切成泥，以蛋白搅和，入温油锅摊成片状，片大而薄，薄而不碎，熟而不焦。东兴楼的芙蓉鸡片盛放在中小盘中，一片片白嫩的形状，上面洒上数根嫩绿的豆苗，翠绿点缀在雪白的芙蓉上，煞是好看；起锅时洒上的几滴鸡油，在芙蓉片的温热下，激发出鸡香；吃进嘴里，鸡肉泥与蛋白交融，非常嫩滑。

最让梁实秋满意的是东兴楼珍藏的十年花雕。坛盖一打开，一股醇香就飘溢出来，斟在大口浅底的细瓷酒碗里，酒香更浓，醇香扑鼻，酒的色泽光润，喝在嘴里，醇厚香浓，梁实秋说这是生平品过的酒中最好的。

李劫人掌勺小雅馆

对于李劫人的文名，当下的读者恐怕有些陌生。李劫人于 20 世纪 60 年代初期就去世了，知道他的，多半是研究现当代中国文学的人。

李劫人是写有《死水微澜》《暴风雨前》《大波》等名作的四川籍作家，也许他没有想到，数十年之后，会以美食家的身份走进这本书中，成为读者了解他的一扇窗口。

生活磨砺烹饪手艺

烹饪，是李劫人在生活中培养出的一门手艺。小时候李劫人随父亲宦游，经历多种场面，品尝多种食物，渐渐培育了味蕾，让他对味道有独特的鉴别能力。味蕾也刺激了他的其他感官，当一道美食上来，不仅仅是品尝味道，李劫人丕观察菜肴的色泽搭配、造型，探究制作的方式。如此关注菜肴的方法，与他关注人生、剖析社会的作家眼光是一致的。

后来李劫人留学法国，美食之国的生活费昂贵，何况异国他乡的饮食，对于法国人而言是美味，对于吃惯了中式菜肴的李劫人来说，就不对胃口了。红酒、面包，太单一，哪有中国菜肴变化多样，法国的饮食吃不惯，价格也贵，那就自己动手做饭烧菜，李劼人的烹饪绝活就这样锤炼出来了，后来真的派上用场，成为养家糊口的一门手艺。

1924年归国后，李劼人在成都出任《川报》主笔，撰文抨击军阀，不到3个月，报纸被军阀杨森查封。1926年他被聘为公立成都大学教授，后又任文科主任兼预科主任。

开办小雅菜馆

1930年李劼人愤于军阀、政客蹂躏大学教育，迫害进步师生，毅然辞去大学教授职务，借了300元，在成都租了一个门面房，开了一家名小雅的小菜馆。"小雅"之名出自《诗经·小雅·鹿鸣》："我有旨酒，以燕乐嘉宾之心。"意思是"我有美酒香而醇，宴请嘉宾心中乐陶陶"。他与妻子亲自下厨操作。教授不执教，摇身一变成为个体餐馆的老板，在1930年秋，成为轰动成都的新闻，有的报纸标题做出了《成大教授不当教授开酒馆，师大学生不当学生当堂倌》。

小雅菜馆的门面不大，前后两间，前店后场，后面小间是厨房操作间，前面是餐馆雅座。店面虽小，收拾得却干干净净。留法学者、教授厨师的影响力，让"小雅"虽小，却成为人们瞩目的焦点。很多教育界人士频频关顾"小雅"，包括原成都师大校长张澜也曾在小雅菜馆就餐。

小雅菜馆的菜品并不奢华，都是普普通通的家常菜，每周更换一次菜单。经济实惠，普通菜也同样做得精致，这就是特色，也是李劼人的手艺。

菜肴主要有：酒煮盐鸡、干烧牛肉、青笋烧鸡、怪味鸡、厚皮菜烧猪蹄、肝丝炒绿豆芽、粉蒸苔菜、黄花猪肝汤、夹江腐乳汁蒸鸡蛋、泡水黄瓜、豆豉葱烧鱼、干煸鱿鱼丝、板栗烧鸡、香糟鱼、沙仁肘子，还有西式菜肴卷心白菜、奶油沙士菜花、蟹羹等。

小雅地小，也很简陋，可是菜肴却不简陋，也不会偷工减料。菜馆没有菜谱，但是菜谱就在李劼人的肚子里装着。除了主要菜肴，客人点了就可以上；小雅菜馆没有的，客人提出要求，大厨李劼人也可以现场烹制。让客人满意，是小雅菜馆的经营之道。

小雅菜馆的菜肴价格不高，但是烹调用料却不含糊，豆豉葱烧鱼所用的豆豉比其他餐馆用的潼川豆豉、永川豆豉的颗粒都大，味厚浓香；干烧牛肉用料，不用茴香、八角，而用黄酒做料酒再加姜块，干烧，入味。李劼人说茴香、八角有一种草药味，冲淡了牛肉的原香味，也显示不出厨师的真功夫。原始的食材，加上原味的烧法，才能发挥出食材自身的鲜香，少用调料，也就是保持食材的本源滋味。

小雅菜馆遭难关门大吉

口味好，价低廉，菜馆不时地推出家常菜新品，很受顾客的欢迎。教授下厨也让顾客好奇，因此小雅菜馆的生意颇为红火，每天来买泡菜的人都排起了长队，社会上也有传闻，说李劼人的菜馆发财了。

因为生意好，小雅菜馆让歹人惦记上了，土匪绑架了李劼人3岁的儿子李远岑。土匪绑票，无非求财，为了儿子的生命安全，李劼人没有报警，经过中间人的交涉，李劼人借钱凑齐了绑匪索要的1000块银圆，27天后，儿子安全回来了。

1940年李劼人一家

开小雅菜馆投资不过 300 元，因为赎人花费千元，小雅菜馆已经是债台高筑，李劫人也无心经营菜馆，最后关门大吉。

小雅菜馆关掉了，从此成都少了一家店虽小、菜却精致的大众菜馆。为生活所迫，李劫人奔波于几家中学讲课，非常辛苦。

开餐馆的经历告一段落，李劫人也无意在餐馆上东山再起，不过李劫人对美食的研究兴趣仍然保持着，他提出了烹饪是艺术、烹饪美学的观点。对美食的经历与认识，也融入他的创作中。李劫人对美食有很多论述，如"无论文火武火，而要紧者端在火候，过与不及皆不可；其次则在调味用盐，如何先淡后浓，如何急挥缓送，皆运用于心，不可言宣。"然而可惜的是精于美食、善于烹调、懂得搭配，也有过开餐馆实战经验的他，没有像清代的袁枚那样，写成一部流传后世的《随园食单》。

三 下馆子

民国时期的文人中，爱下馆子、喜欢美食的不少，他们不仅会吃，甚至还可以指导厨师开发菜品，为菜肴取上一个颇有文采的名字。

鲁迅吃遍天下鲜

鲁迅喜欢下馆子，在《鲁迅日记》中有很多或独自或与朋友一起下馆子的记录。1912 年 5 月 5 日晚 7 时，鲁迅坐火车抵达北京，住在长发店，晚上至宣武门外南半截胡同的山会邑馆（即绍兴会馆）拜访许铭伯，大概是商谈进驻会馆事宜。

第二天上午鲁迅搬进山邑会馆，由此开始了他在北京安营扎寨的生活。到北京的第三天也就是 5 月 7 日，鲁迅"夜饮广和居"。广和居是北京著名的饭店，就在绍兴会馆对面，就餐很方便。

偏爱广和居

鲁迅对广和居情有独钟，经常到广和居就餐，1912 年 5 月，就有 4 次在广和居吃饭。5 月 11 日晚，朋友董恂人、张协和到绍兴会馆拜访鲁迅，相谈甚欢，顺便在广和居吃了晚饭。5月18日，董恂人、张协和又到会馆拜访鲁迅，鲁迅邀请许寿裳、蔡国亲同去广和居，蔡国亲比他们先一步到了饭店。5月31日，谷清在广和居请鲁迅与许寿裳吃晚饭。6月13日傍晚，下小雨，蔡国亲在广和居设宴，鲁迅、许铭伯、许寿裳、俞英崖应约前往。

广和居是鲁迅就餐最多的一家，靠绍兴会馆近，很方便。朋友来会馆拜访鲁迅，到了吃饭时间，通常就去广和居。鲁迅一人独居时，也常去广和居，广和居成了他在绍兴会馆的食堂。广和居的菜肴确实做得好，著名的有潘鱼、江豉。鲁迅刚到北京时，薪水一部分要寄回老家，寄给二弟周作人，还要购买书籍、小古玩、文具，因此在广和居几乎不点潘鱼这样的名贵菜肴，而是随便炒几个菜，就可以了。

除了名菜，广和居的花费并不高，三人吃一桌丰盛的酒席，约花费3元。《鲁迅日记》1912年8月22日记载，鲁迅被教育部任命为佥事，晚上钱稻孙、

广和居

许寿裳来祝贺,鲁迅约两位好友去广和居,本来鲁迅要做东,两位朋友不允,说:"我们为你祝贺,怎么能让你破费?"鲁迅说:"我被任命为金事,是喜事,应该我请二位。"最后,僵持不下,采取了 AA 制,大家出资,每人花费 1 元,快乐地喝了一顿酒,吃了一顿佳肴。酒到半酣,不觉时间已晚。彼此搀扶着走出广和居,抬头见月亮一轮,月光如水,在街头要了三匹骡子,骑在骡子上逛街。

广和居服务质量上乘。每天一开张,伙计就精神饱满地站在门口,笑容可掬地接待四方宾客,热情地引进客堂,询问:"几位吃点什么?"再根据客人的需求,推荐店里的菜肴,让客人满意,吃得开心,是广和居的服务宗旨。

广和居的伙计记忆力特别好,对于熟客及其口味喜好,都了如指掌。见是熟客,就知道今天订的是什么筵席,在几号桌。"周大先生,你来了,里面请。"伙计热情地将鲁迅引进包间。"钱先生你来了,周大先生在 × × 包间等着你呢,请往里面走。"

不限广和居

后来,鲁迅在北京约饭由广和居逐渐扩大至其他饭店,因为客人口味不同,宴请的目的不一样,他会选择不同的饭店。根据《鲁迅日记》的记载,鲁迅在北京宴请过的饭店有 60 多家,有前门外肉市的便宜坊、前门外陕西巷的醉琼冰、五道庙的京华春、西四牌楼的同和居、西河沿劝业场的小有天、东四牌楼隆福寺街的福全馆、东安门大街的东兴楼、西长安街的龙海轩、东长安街的东安饭店、中山公园的四宜轩等。

1912 年 7 月 28 日是休息日,早上钱稻孙来绍兴会馆拜访鲁迅,交谈了一上午,午饭鲁迅与钱稻孙、许寿裳就近解决,去了广和居。这边刚招待完朋友,鲁迅还有个饭局,又匆匆赶去吴兴馆,参加第二场。晚上又与朋友在便宜坊吃饭,一天中三次下馆子。

鲁迅也经常参加同事聚餐。1914 年正月初二,晚上教育部社会教育司同人在劝业场小有天聚餐，这是单位的公干，用公款。出席者十人，鲁迅、钱稻孙都到场了，许寿裳和胡子方因为有事没来。1914 年 12 月 31 日教育部社会教育司同人晚上在西珠市口金谷春聚餐，又是公款。在《鲁迅日记》中记录的公款吃喝并不多，早年鲁迅在教育部任职，有机会参加，后兼职高校教授，就很少了。后来迁居上海，他自己放弃了公职，以自由撰稿人身份赚稿酬维持生活，更是远离了公款吃喝。

1912 年 7 月，蔡元培离开教育部，教育部的同事为蔡元培钱行，22 日晚上在陈公猛家设宴，天公不作美，下起了大雨，蔡谷青、俞英崖、王叔眉、许寿裳、鲁迅冒雨来到陈公猛家，菜肴没有荤腥，全是素菜，也就是素席。

鲁迅下饭店，几乎不选素菜馆，尽管鲁迅的母亲信佛，他也曾为母亲捐资刻印佛经《百喻经》，但是他不信佛，也不吃素。就其去的馆子而言，都是荤腥菜肴。鲁迅还多次去吃西餐，主要就是位于西单大街的益锠，1913 年 11 月 4 日的午饭，鲁迅与钱稻孙是在益锠吃的，点了牛肉、面包，又喝了少许酒。此后，鲁迅多次去益锠吃西餐。

吃不惯福建菜

鲁迅的口味以浙江菜、山东菜、河南菜、北京菜为主，广和居属于山东馆子；南味斋是淮扬菜，名菜有糖醋黄鱼、虾子蹄筋；厚德福做河南菜，以烧鱼著称，独门绝技萝卜鱼、糖醋瓦块。1912 年 12 月 31 日，许铭伯招待鲁迅，就选用了绍兴菜，"肴质而旨，有乡味也"，绍兴菜中烧肉、冷猪肉是有名的，油水足。绍兴菜不如花雕酒出名，也不如黄酒走得远，在北京喝上绍兴的花雕，并不困难，而绍兴菜馆就很少了。鲁迅居住在北京，品尝各地菜肴，唯独绍兴菜吃得最少，在《鲁迅日记》中有几次品尝绍兴菜的记录。许铭伯以绍兴菜来招待鲁迅，自然让他大饱口福，家乡的菜肴，让鲁迅思绪万千。

鲁迅偶尔也去粤菜馆、闽菜馆，对于广东菜倒是可以接受，唯独对福建菜不习惯。1912 年 9 月 29 日日记记载："晚饮于劝业场之小西天，董恂士（教育部次长）、钱稻孙、许季茀（许寿裳）在座，肴皆闽式，不甚适口，有所谓红糟者亦不美也。"小西天经营福建菜，在当年也是一家名菜馆，食客不少，只是鲁迅个人的口味不喜欢闽菜而已（参见邓云乡，《鲁迅与北京风土》）。

小馆成趣

民国时期的文人喜欢下馆子，泡茶馆。那时候的物价不高，大饭店十人规模的酒席，不过十几二十块钱；小酒家，三五块钱就可以吃上一桌像样的菜肴。不要说像胡适那样的知名文人，仅在北大任教的月薪就五百多元，收入颇丰，就是一些落魄的作家，一篇小说也能换上三五元稿费，足够下馆子吃上一顿。那时候重友情，文人拿到稿费，邀请朋友搓一顿，是常有的事。

张恨水小饭馆请客

张恨水在北京时，忙于办报，写小说，废寝忘食。在他家附近有条小河，小河拐弯处有一家小馆子，店面不大，只有三四张桌子。通常情况，张恨水写作至下午。上午来了客人，张恨水会中断写作，拉上客人走出家门，来到这家小馆子吃饭。

张恨水通常是不看菜单的，吃什么并无定式，也不按照小馆的菜单，而是让客人走进厨房，看有什么食材，现场搭配。店掌柜与张恨水很熟，知道他的请客之道，随客人要求，厨子按照客人的要求，现场烹饪，或凉拌，或热炒，片刻工夫，几道菜单上没有的菜肴就出锅了。

张恨水及其客人对菜肴的刀工、火候都不讲究，食材的搭配也不严格，客人想到什么，只要有食材就可以做，等于每次都是创新菜。价格不贵，吃这样一顿饭，三五个菜、七八个菜不等，花费也就八九毛钱。

张恨水爱下馆子、上茶楼喝茶，还有一个重要的原因，无论是办报，写社论、评论，写小说，都要了解社会，与客人吃饭、喝酒、聊天，可以观察社会动态，了解社会新闻。

季羡林路边尝美味

1946 年深秋，季羡林回国后在北大任教，红楼对面有一个小饭铺，极为狭窄，只有四五张桌子。然而老板手艺高，待客又特别和气。好多北大的教员都到那里去吃饭，季羡林也是座上常客。季羡林有时还会坐到红楼前马路旁的长条板凳上，同"引车卖浆者流"挤在一起，在小摊子上喝一碗豆腐脑，吃两个火烧，既廉且美，舒畅难言。在抗日战争前的黄金时期，大学教授社会地位高，工资优厚。到了季羡林当教授的时候，已经今非昔比，工资一天毛似一天。季羡林自嘲是天生的"土包子"，虽留洋十余年，而"土"性难改。于是以大学教授之"尊"而端坐在街头饭摊的长板凳上怡然自得，旁人谓之斯文扫地，他则称之源于天性。

季羡林经常光顾马神庙两个极小的饭铺，一个叫"菜根香"，只有一味主菜：清炖鸡。然而却是宾客盈门，川流不息，其中颇有些知名人物，不仅是北大的教授们，连马连良、杜近芳等京剧名家，也会挤进这小小的饭铺。马神庙路南有一个四川饭馆，门面更小，然而名声更大，季羡林就见到过外交官的汽车停在门口。当年北京的私家车是稀罕物，北大只有胡适校长有一辆。这两个饭铺，对季羡林来说是"山川信美非吾土"，价钱较贵。当时通货膨胀骇人听闻，纸币上每天加一个 0，也还不够。季羡林吃不起，只是偶尔去一次而已。

王世襄借灶常三小馆

燕京大学东门外有常三小馆，是燕大师生常去的饭馆。常三小馆是一座长方院，四周有房，院内带住家。门道以南是灶房，门道以北是散座，北面三间是雅座，西南角设杂货铺。

常三小馆本无店名，因为店掌柜姓常排行三，因此被燕大师生称为常三小馆。店掌柜、伙计随和，经营的品种是大众化的鸡肉、猪肉，用料地道、新鲜，口味也不错，尤其是价格不高，师生们都能接受，加上小馆就在燕大东门，就餐很方便。许地山在燕大任教时，王世襄在燕大读本科、研究生时，是常三小馆的常客。许地山传授店掌柜印度饼的做法，被大家命名为"许地山饼"。王世襄想吃爆炒的菜时，也会自备原料，借常三小馆的灶具，自己上去做一回厨子，颠几下菜勺，满足自己的口腹之需。

据王世襄说，对虾上市时，常三小馆也进些对虾，烹调的口味不亚于大饭店的大厨，民国时期的对虾并不是稀罕食材，普通人也能吃起，新鲜便宜，口感好。

店掌柜常三与燕大师生们相处得很融洽。师生们有拿手的菜肴，也会传授给常三小馆，店掌柜与厨师也乐意接受，并按照传授者的要求烹制，让更多的顾客品尝。除了许地山饼之外，还有葛菜和卢鸡。王世襄为常三小馆写的第二副对联是："葛菜卢鸡，今有客夸长盛馆；潘鱼江豉，更无人问广和居。"下联中的"潘鱼江豉"是北京广和居的两道名菜，上联中的"葛菜卢鸡"就是燕大师生传授给小馆的两道招牌菜。葛菜是一位姓葛的学生传授给常三的，卢鸡是一位广东的女同学卢惠卿教给常三小馆的。卢鸡是用仔鸡和葱头丝烩烧的菜肴，作料有姜末、酱油、黄酒、白糖和胡椒粉，十分可口（参见王世襄，《许地山饼与常三小馆》）。

常三小馆的菜肴还有软炸里脊、肉末炒松花、糖醋溜松花、焦溜土豆丝、炒木须肉、海米白菜汤等。在王世襄印象中，肉末炒松花，皮蛋上佳，色深而软，姜味甚浓。

胡适题联海泉成

北京大学所在的沙滩、马神庙、汉花园等处，都有若干家小饭店，主要做师生们的生意，因为口感好，价格低，很受师生们欢迎，俨然成了北大师生们的第二食堂。有位 20 世纪三四十年代住在沙滩的老北大学生在回忆录中写到北大附近的小吃时说："北大的小吃是绝对的自由，爱怎么吃就怎么吃。"

北大红楼附近有多家小饭店，最出名的是东斋外海泉成，堪称北大附近小馆中的翘楚，以炒腰花著名。五四时期，胡适等北大学术名流，经常来此吃饭。一来二往，店掌柜与这些学界大佬熟悉了，就请胡适题字。胡适对海泉成的菜肴很是满意，爽快地就书写了一副对联："学术文章，举世咸推北大老；羹调烹饪，沙滩都道海泉成。"有了胡适先生的褒奖，海泉成名声大噪，来此宴请吃饭的师生就更多了。

四 老字号

老字号不仅是一种商业景观，也是一种历史文化景观。老字号是一个城市的名片，餐饮老字号少不了让人们垂涎欲滴的美味。北京民间歇后语就有东来顺的涮羊肉——真叫嫩、六必居的抹布——酸甜苦辣都尝过、砂锅居的买卖——过午不候等，生动地描述了这些老字号的品牌特色。

清真马祥兴

改革开放初期，一位上了年纪的台湾同胞来到南京，到马祥兴清真菜馆点名要美人肝、松鼠鱼等四大名菜，但是那时马祥兴尚未恢复四大名菜生产，台胞非常遗憾，他说："回到久别的故乡，就想品尝一下家乡名餐馆名菜肴的味道，了却怀乡之思。"

马祥兴是金陵首屈一指的清真菜馆。创办人马思发是河南人，回族，清道光二十年（1840）从河南孟县（今孟州市）逃荒来到南京，在南京花神庙摆一个饭摊，做些便宜的饭菜，维持生计，开始也很艰难，因为饭菜便宜、招呼殷勤，光顾的客人多了。小饭摊无名无牌，因为马思发是回民，当时通常称回民为回回，

C33

于是大家就叫马思发的饭摊为"马回回饭摊"。

因为经营有方，马回回饭摊迁到回回营时，就变成了一间小饭店。小饭店在马思发之子马盛祥接手后命名为马祥兴菜馆。"祥"取自马盛祥之名，"兴"寓意生意兴隆。当时有顺口溜说马祥兴的经营："要吃饭里面坐，小毛驴拴对过。大米饭香又白，牛肉煨得金黄色。要吃多，牛肉烧萝卜；要吃好，牛肉炒小吃。"

民国期间，马祥兴菜馆开在中华门外米行大街（今雨花路），主要经营清真菜，有熏牛肉、牛肚、牛肉汤（俗称牛八样），马盛祥去世后，其子马德铭继承父业，成为马祥兴的第三代掌门人。马祥兴发迹在此时期，1925年由熟食转向炒菜，更是上了一个台阶。宴席不再是价廉物美、大块肉食的风格，而转向追求菜肴的精致，讲究用料鲜活，注重口味独特，原料由以前主要面向回民的牛羊肉转向面向大众的鸡鸭鱼虾，形成清淡适口、雅静鲜美的菜肴风格。

北伐战争之后，国民政府还都南京，南京餐饮业进入兴盛时期，马祥兴菜馆的生意也蒸蒸日上。这时期的马祥兴也进入了有意识地创立名菜、品牌的时期，马祥兴的传人马德铭与厨师，注重菜肴的创新，多方听取美食家的意见，创制了闻名民国的四大名菜——美人肝、松鼠鱼、凤尾虾、蛋烧卖。

马祥兴名菜松鼠鳜鱼（现代仿制）

国民政府还都南京后的首任行政院院长谭延闿是美食家，在同样也有美食家之名的中央大学教授胡翔冬的引荐下，来到马祥兴。胡翔冬是马祥兴的熟客，谭延闿又是国民党元老，马祥兴不敢怠慢，精心烹制了拿手菜。谭延闿的嘴叼得很，吃遍天下鲜，想要让他赞好，可不容易。但是谭延闿相信胡翔冬推荐的馆子，菜肴肯定有独到之处。一道形神皆似、口味独特的松鼠鱼端上来，谭延闿品尝后，外脆里嫩，酸甜适中，果然不同凡响；又一道艳如凤尾、色彩鲜艳的凤尾虾上来了，谭延闿眼睛一亮，从色泽与造型上，就可以判断这道菜下了功夫，口感肯定好，品尝后确实咸香鲜嫩滑爽。马祥兴的几道名菜，让美食饕餮谭延闿，饱餐一顿，满意而归。

20 世纪 30 年代马祥兴的食客

四大名菜的创立，带来了品牌效应，慕名前来马祥兴尝鲜的食客多了起来，甚至国民政府五院八部的官员们也纷纷来此宴请。

在马祥兴菜馆还出现了金发碧眼大鼻子的老外食客，他们是住在南京的外国使馆的外交官和他们的夫人，汪精卫、张群、王世杰主政外交部时，多次以外交部的名义在马祥兴宴请外宾，吃惯了西餐的洋客人，品尝美味可口的马祥兴菜肴时，也竖起了大拇指。

1937 年南京沦陷，马祥兴毁于日军战火，片瓦不存。1945 年国民政府还都南京，马祥兴依赖其金不换的盛名，恢复经营，进入第二兴盛期。冯玉祥、李宗仁、于右任、张治中、邵力子等国民党军政要员，都是马祥兴的常客，推杯换盏，热闹非凡。1948 年，蒋介石竞选总统，李宗仁、孙科角逐副总统，马祥兴成为各门各派拉选票的宴请场所，桂系的白崇禧是回民，与马祥兴老板交情深，于是桂系做东在马祥兴设宴，宴请代表们，一时间马祥兴门前车水马龙，厅堂上交杯换盏，酒酣脸红。马祥兴菜馆名声在外，菜品上乘，有那么多达官贵人、学者教授喜欢马祥兴，喜欢四大名菜，马祥兴也算是"阅尽人间沧桑"了。

南京老万全

民国时期南京有很多著名的饭店，如马祥兴、江苏饭店、中央饭店等。夫子庙一带的饭店特别多，从利涉桥到贡院街附近的茶馆酒肆，有数十家，如问柳、老正兴、金陵春、第一春、六华春等，老万全酒家便名列其中，负有盛名。文人骚客喜欢到夫子庙的老万全酒家喝酒畅谈，欣赏美景。小说家张恨水，元曲一代宗师吴梅等都是老万全的常客。

老万全的老板章桂生，清末时到南京讨生活。在中华路 119 号，开办了老万全酒家，后来搬迁到夫子庙。章桂生是绍兴人，绍兴盛产黄酒，开店初期，老万全也以销售黄酒为主，辅以高粱酒。陈年花雕，上口佳、劲道足，深受酒友的欢迎；清冽的竹叶青，也让食客称赞；喜爱啤酒的，在老万全也能畅饮。老万全经营酒，除了购买来的陈年花雕、竹叶青，也自己酿酒，出产金波酒。民国时期出版的《南京游览指南》记载金波酒："味甘冽而有清香，色微黄，性甚平和，为夫子庙万全所酿。每斤价三角。"

因为经营得好，老万全渐渐有了名声，分店开到了夫子庙、新街口、大行宫、山西路、水西门，被称为"南京酒业大王"。老万全酒家颇有文艺范，深得民国文人的喜爱。南京词社、书画会、古琴演奏等文人活动，也经常安排在老万全举办，名曰"文酒会"。店老板爱结交文人，待客周到，画家、诗人、作家来此有宾至如归的感觉。

在老万全酒家的河厅上有一匾额——停艇听笛，此匾额系清代著名文人俞樾（俞平伯祖父）题写，为两江总督曾国藩涤生治理秦淮时所遗，代表着秦淮的景观与文化。匾额的两侧悬挂的对联系清末文人、惜阴书院山长薛时雨所写。

南京夫子庙老万全酒家

1936 年秋，闽侯陈石遗（陈散原）从上海来南京，同道借老万全酒家为其接风洗尘。因为原匾额"停艇听笛"年久，字迹漶漫，店主人久仰陈石遗文名，请求陈老丈书写新匾额。店家将陈老丈书写的书法装裱后，装在玻璃框中，悬挂在店堂，四周又配有文人书写的四条屏，一时满壁流韵，如同进入书香门第。这"停艇听笛"是秦淮河上的雅事，据称东晋时期，王羲之七子王徽之泊舟青溪，适逢永随侯桓伊路过河岸，王徽之便邀请桓伊为他吹笛。桓伊能文能武，又是显贵，从不轻易为他人吹笛。但因为仰慕王徽之大名，停车为王徽之吹奏三曲，后人便将桓伊吹笛处命名为"邀笛步"。"停艇听笛"成为秦淮一景。

1926 年冬，词曲大家吴梅在老万全设宴招待东南大学同人，梁实秋也陪同，席间上了一款清蒸火腿。吴梅击案高歌，唱的是他最擅长的昆曲，缠绵悱恻，余音绕梁。半个世纪之后，梁实秋还清晰地记得当年的吴梅微酡，击案放歌的情景，以及老万全那盘清蒸火腿的色泽与口味。

张恨水也有参与老万全宴请的经历：

秦淮河畔的夫子庙，我的朋友，几乎是"每日更忙须一至，夜深还自
点灯来"，总会有机会让你在这里会面，碰头的地点，大概常是馆子里的河
厅。有时候是新闻圈外的人作主，有时我们也自行聚餐，你别以为这是浪
费。在老万全喝啤酒吃的地道南京菜，七八个人不过每人两元的份子。酒醉
饭饱，躺在河厅栏杆边的藤椅上，喝着茶嗑着瓜子，迎水风之徐徐，望银河
之耿耿，桃叶渡不一定就是古时的桃叶渡，也就够轻松一下子的了。（张恨
水，《日暮过秦淮》）

老万全的菜肴以浙绍菜为主，店里的名菜还有素鱼翅、芦姜鸡脯、炖生敲、
熏白鱼等。以砂锅菜肴尤为著名，如白鹭瓢核、莲蓬豆腐、冻豆腐砂锅等，为其
他酒家所不及。

因为店开在南京，其菜肴也逐渐发展了南京本帮菜，后来来此就餐的，尤其
是文人雅集，点南京菜的居多。

金陵春中西餐馆

据 1935 年有关部门的统计，当时南京的酒家菜馆多达 1151 处，而近半数聚
集在夫子庙一带，一家挨着一家，酒旗风暖，入夜霓虹闪烁，一派繁华。

金陵春中西餐馆主营京苏大菜和西餐，位于繁华热闹的南京夫子庙贡院东
街，后厅紧靠秦淮河，3 层楼，是当时南京最大、最高级的一家菜馆。是最早经
营西餐的饭店，俗称番菜馆。

金陵春的招牌菜炖菜核、清炖鸡孚、金陵烤鸭，在民国时脍炙人口，制作的
燕菜席、鱼翅席、鲍鱼席、海参席、鱼肚席等高档筵席也是闻名遐迩。金陵春之
所以在民国南京 1000 多家饭店中脱颖而出，一方面在于经营有方，另一方面在

南京餐馆

于有一批名厨，擅长菜肴的创新，金陵名厨胡长龄便是其中之一。1930 年，19 岁的胡长龄来到金陵春中西餐馆司厨，由于勤奋好学，肯钻研，厨艺突飞猛进，很快就成为金陵春的名厨。

1935 年，少帅张学良因公务来南京，闻听金陵春的大名，私人订制了四桌"燕翅双烤席"，宴请邵力子、于右任、吴稚晖等国民党元老。掌勺的主厨就是胡长龄。当日下午 5 点许，少帅一行来到金陵春，在餐馆上等的大华厅就座。餐馆侍者奉上毛巾茶水和装有甜杏仁等干果的手碟。上菜的顺序是先果盘、冷盘，随后走热菜。其菜品有：四花盘、四鲜果、四三花拼、四镶对炒、一品燕菜、黄焖鱼翅、金陵烤鸭、麒麟鳜鱼、菊蟹盒、秘制山药、砂锅菜核、对镶盐子；萝卜丝酥饼、四喜蒸饺；枣泥夹心包、冰糖湘莲。

一道道金陵春的拿手菜肴上席，色、香、味俱佳，看菜肴的造型与色泽，就让食客胃口大开，这些官场的大佬，尝遍了天下美味，可是品尝到金陵春的菜肴，依然赞不绝口。最让大家叫绝的是金陵烤鸭，酥、香、脆、嫩。少帅品尝后，尤其满意。

宴会后少帅专门召见了艺高人胆大的主厨胡长龄，见到胡长龄只是一个二十多岁的年轻人，很吃惊。张学良是少帅，二十几岁时就是将军，那是因为有父亲张作霖的关系，他没想到的是金陵春的主厨胡长龄如此年轻就能做出这样高水平的菜肴。少帅夸胡长龄年少手艺高。少帅的赞许，让胡长龄的大名在金陵餐饮界和食客中名声大噪。"燕翅双烤席"也因此被称为"少帅宴"。当时的金陵春已经是国民政府招待重要宾客的场所，来的客人以达官贵人为多，他们宴请时，经常点名要胡长龄掌勺。国民党元老于右任有一次品尝了胡长龄的美食，第二天让秘书专程给胡长龄送来一幅"肴香"草书。而以胡长龄为代表的年轻一代厨师被后人称为京苏帮。

1937年南京沦陷前，金陵春中西餐馆一度关闭，后来餐馆毁于战火。

百年老店广和居

广和居位于北京宣武门外南半截胡同，是老北京饭馆中资格最老的一家，它历经清朝嘉庆、道光、咸丰、同治、光绪、宣统，一直到民国二十年（1931年）才封灶歇业。当时的北京名饭店有八大居和八大楼之说，八大居指广和居、同和居、和顺居、泰丰居、万福居、阳春居、恩承居、福兴居，八大楼指东兴楼、安福楼、致美楼、正阳楼、新丰楼、泰丰楼、鸿兴楼、春华楼。

广和居位居八大居之首，名菜与名人菜不少，名菜指有名的菜，名人菜指由名人创制、命名的菜，其中最著名的两道名菜是潘鱼和江豉，潘鱼即潘炳年鱼（清蒸鲤鱼），由晚清在京为官的闽人潘炳年（晚清翰林、四川某地知府）所创，原料用羊肉汤、活鱼；江豉由江树畇（晚清翰林）江某传授。

广和居店面并不大，路东的大门，临街三开间，院子很窄。磨砖刻花小门楼，黑漆大门，红油对联，进门迎面是一个磨砖影壁，转过影壁，是一个东西长、南北短的小院，是饭座，往东里面还有一个小院，隔成单间，是雅座。广和居鼎盛时期在晚清，很多王公贵胄，如两朝帝师翁同龢、封疆大吏张之洞等都来此宴请，进入民国名声尚在，生意已经不如晚清，也有可能是因为由达官贵人的公款吃喝变成了文人雅士的私人宴请，消费能力有所下降。

鲁迅喜欢广和居，当时鲁迅与周作人借住在南半截胡同的绍兴会馆，有时候来客人，谈兴正浓，时间到了吃饭的时候，不愿去饭店打断谈话，就差人去会馆斜对面的广和居定菜。一会儿，广和居的伙计便提着食盒，将饭菜送来。炸丸子、酸辣汤之类的大众菜肴，潘鱼、砂锅豆腐等广和居的招牌菜，相对价格高一些，周氏兄弟一般不会点。

广和居的看品尚有炒腰花、五柳鱼、三不粘、四川辣鱼粉皮、清蒸干贝、蒸山药等，同样脍炙人口。

八大楼之东兴楼

民国时期，山东饭庄在北京占有很大的比例，较大的有庆和堂、会贤堂、聚贤堂、福寿堂、万寿堂、聚寿堂、丰泽园、致美斋等，东兴楼是当时北京最大、最有名的山东饭庄，开在东华门大街路北。

王世襄年轻的时候，经常在京城寻吃，品尝各级饭庄的美味。东兴楼是他经常光顾的饭店。北京的美食很多，大饭庄、小吃店都有若干美食，为什么王世襄特别喜欢来东兴楼？因为烹饪口味和服务不一样。

迈步走进东兴楼，但见厅堂里坐满客人，堂倌忙得不可开交，吆喝声此起彼落。忙归忙，忙而不乱。客人一进饭庄，就有迎宾的堂倌跟上来问吃些什么，然后安排进空席的座位，如果客人爆满，会让你稍等。拿上菜单，向客人推荐东兴楼的招牌菜——酱爆鸡丁、芙蓉鸡片、烩两鸡丝、烩乌龟蛋割雏、扒三白、糟溜鱼片、糟煨冬笋、芫爆肚仁、醋椒鱼等。各种菜肴的特色也会介绍一二。无论是

东兴楼

定包间，要筵席，还是只要两三小炒，东兴楼的堂倌都会一视同仁，店大不欺客，小吃也善待。一进东兴楼，就有宾至如归的感觉，第一印象就很好。

王世襄到东兴楼，酱爆鸡丁、芙蓉鸡片、烩两鸡丝、烩乌龟蛋割雏、扒三白、糟溜鱼片、糟煨冬笋、芫爆肚仁、醋椒鱼都是他必点的菜肴，百吃不厌。酱爆鸡丁，使用的是甜面酱，而不是白糖，鸡丁很嫩，酱味已经渗入进很嫩的鸡丁里面，还有一丝丝淡淡的甜味。炒虾仁勾芡后芡衣较稠，炒后结壳薄，虾仁很嫩。吃过之后，齿颊留有余香，让食客还留着想头。

名馆如果没有几个叫得响、受欢迎的菜肴，那就配不上名馆的名声；名菜一定诞生在名馆之中，成为名馆的招牌菜，名馆与名菜是相得益彰的。名馆之所以有名，都要有点绝活，有独创的菜肴，比如马祥兴有头牌菜美人肝，曲园酒家有拿手菜东安鸡。

马祥兴的四大名菜

马兴祥的四大名菜——美人肝、松鼠鱼、凤尾虾、蛋烧卖远近闻名，深得顾客的喜爱，关于它们有讲不完的故事。

美人肝与美人无关

四大名菜之首是美人肝，听这菜名，就很有文化气息，让食客想到中国的四大美人。其实美人肝与美人无关，说起这美人肝的创制，是厨师无心插柳的结果。

南京是"鸭都"，南京人喜欢吃鸭子，招待客人最有地方风味的菜肴就

美人肝（现代仿制）

是鸭子。用鸭烹制的菜肴很多，如盐水鸭、板鸭、叉烧鸭、八宝珍珠鸭等。鸭子的内脏也用来做菜肴，如卤鸭心、鸭肫，但是鸭胰脏却是弃之不用的。有一次，一位医生在马祥兴菜馆预定了八大八小宴席，厨师在配菜时，发现少了一道菜，临时投料又来不及了。忽然间他看到厨房里丢弃在一边的鸭胰脏，灵机一动，用鸭胰脏配上鸡脯，爆炒，装盘，食客品尝后觉得口味出奇的好，大赞。因为鸭胰脏雪白肥美，俗称胰子白，于是就有了"美人肝"这个菜名。

于右任品尝美人肝之后，赞不绝口，题写对联：百壶美酒人三醉，一塔孤灯映六朝。横批：饶有风味。美人肝一时名声大噪。达官贵人纷纷慕名前来马祥兴品尝与美人无关的美人肝，李宗仁、白崇禧、邵力子、孔祥熙等高官都是马祥兴的常客，而且他们来了以后，无一例外都要点上一盘美人肝。一只鸭子只有一条胰脏，一盘美人肝至少需要四五十只鸭子的胰脏，因此收购鸭胰脏就成了此道美味的首要条件，客人点此菜也要预约，否则不能保证吃到。民国时期，南京全市鸭铺行业有 156 家商号、菜馆，鸭馔年销量高达 51 万只，平均每年吃掉鸭子 1400 只。全市餐馆很多，尽管很多餐馆的鸭子菜肴，不用鸭胰脏，也有鸭子加工点转向马祥兴送胰子白，每天采购到的胰子白也还是有限，因此这道菜不是凡来马祥兴就餐的客人都能品尝到的，要碰运气。美人肝的烹制讲究火候，用大火爆炒，现炒现吃，才能品尝出那个味道。因此，尽管也有熟客打包带走，然而知道其中玄妙的老食客，尤其是那些精于品尝美味的饕餮们，一般都亲自来马祥兴品尝。

民国时中央大学教授胡小石，是国民政府教育部部聘教授，声望很高，他也是马祥兴的常客，对美人肝非常推崇，有一种说法，美人肝的名字就是胡小石取的。

藏书家和记者黄裳 1946 年去南京采访，慕名来到马祥兴，点了美人肝，不巧鸭胰白原料不够。堂倌向他解释，店家每天都派人在市场上收购，收到收不到不一定，或者收到了，客人点得多了，后面的客人未必可以品尝到。店家的解释合情合理，黄裳没得话说，"每只鸭子只有一只胰脏，大小约一英寸吧？如果要拼成一盘菜，似乎非几十只鸭子不办。"然而没有品尝到马祥兴四大名菜中第一把交椅的美人肝，也不免有些遗憾，于是改点了其他菜肴。正吃着，胖胖的老板用荷叶包了一包鸭胰脏送了过来，脸上充满欣喜之情，对黄裳说："刚刚收到了这一些，就给你加一个美人肝吧。"没想到店家还记得，一有原料立马想到刚才没有点到菜肴的顾客，黄裳欣然接受了店家的好意，不免感叹：多质朴的"人情味"。后来黄裳先生出版《金陵五记》，其中一篇文章《美人肝》专门说到此事。

当时任行政院长的汪精卫，也好这口美人肝。他深夜吃夜宵，时常想起"美人"，那时候清真马祥兴菜馆还在中华门外，而每天夜间，按照规定，中华门要关门闭城。南京市档案局保存有"京市各城门开闭时间表"，20 世纪 30 年代由南京警备司令部制定，以南京市政府公报形式告知全体南京人。规定：

光华门、通济门，开门 5：30，闭门 24：00；

太平门，开门 5：30，闭门 22：00；

中山门、中华门、水西门、汉西门，开门 5：00，闭门 24：00；

玄武门、挹江门，开门 5：00，闭门凌晨 1：00。

通常情况下，城门关闭之后，就不允许人员进入了。城外进城的人要等到第二天清晨。那些乘坐津浦线、沪宁线火车，或坐轮船从长江上游抵达下关码头的乘客，如果时间不巧，没有在城门开放时进入，就只能在城外旅社住上一夜。但是汪精卫是国民政府的大员，城门落锁了，他派人出城门，还能受阻吗？汪府的司机拿着汪精卫的手书，开车到中华门。

守城官询问司机："夜深为什么要出城？"

司机回答："奉汪院长之命，有公事出城。"

守城官又问："什么公事？"

来人也不隐晦，直截了当地回答："购买美人肝。"

几个来回之后，守城官知道汪精卫司机夜深出城公干，就是去马祥兴菜馆采办夜宵，于是指挥手下放行"放美人肝过去"。

此事被好事人知道后，撰文刊登在报纸上，对汪精卫颇多讥讽，夜禁之后，堂堂行政院院长竟然公车出入中华门只做"亲吻""美人"的公"干"（肝）。媒体的讥讽让汪精卫一连几天都不敢派人出城"公干"。中央饭店闻听之后，便投其所好，专门让厨师学做美人肝，邀请汪精卫品尝。汪精卫品尝后，觉得与马祥兴的口味不相上下。中央饭店在城内大行宫，此后汪院长夜间置办夜宵就不需要出城了。

形似松鼠的鱼

中国菜肴讲究色香味形，松鼠鱼就因为形似松鼠而得名。松鼠鱼并非马祥兴菜馆的首创。在传统苏菜中，松鼠鱼就是招牌菜。清代《调鼎集》对于松鼠鱼有这样的记录："取季鱼，剖肚去骨，拖蛋黄，炸黄，作松鼠式。"

不过，马祥兴的松鼠鱼，与苏菜中的松鼠鳜鱼在口感上有所不同，有所创新。这道菜是马祥兴菜馆厨师马定松根据松鼠鳜鱼改制的一道菜。

主料还是鳜鱼，辅料有虾仁、青豆、番茄酱等。鳜鱼从鱼鳃开刀，去龙骨、肚皮刺骨，鱼肉切成斜方块，不能伤皮，鱼尾与鱼头相连，放入油锅中炸至金黄色，再浇番茄酱等辅料，勾芡。形状似松鼠，外脆里嫩，酸甜适中。

顾客来马祥兴，看着这外形酷似松鼠的鳜鱼，不忍下箸；品尝在嘴里的鱼肉，在唇齿间慢慢花开，酸甜的滋味，感觉真好。掌勺师傅将他们的心思和情感注入了菜肴之中，那色、香、味与情混夹在一起，特别醇厚。

蛋烧卖为白崇禧创制

桂系将领白崇禧善于带兵，有"小诸葛"之称。民国时他的公馆在梅园新村附近的雍园1号。但是他宴客并不去就近的中央饭店，而喜欢到距公馆稍远的马祥兴菜馆，因为白崇禧是回民，马祥兴是清真菜馆，他对马祥兴的厨师也很客气。

白崇禧喜欢吃烧卖与虾。有一次他的勤务兵与厨师们闲聊，说了一句"我们白长官喜欢吃你们做的烧卖"，让马祥兴菜馆师傅颇为感动。

马祥兴的厨师金宏义就针对白崇禧的口味，设计了新款烧卖。以往烧卖外面是面皮，里面是米饭、肉丁。金师傅一改传统做法，他用蛋皮代替面皮，包裹虾仁、笋丁、马蹄、胡萝卜，其配料与传统烧卖完全不同。蒸熟后，再用鸡汁、生粉、鸭油调制的卤汁

蛋烧卖（现代仿制）

勾芡，浇在烧卖上。用绿色蔬菜在蛋烧卖腰间系一条捆扎带。红、黄、绿、黑相间，非常好看。

白崇禧开始见到新款蛋烧卖，不知这绿色蔬菜系腰的小玩意是什么，只是觉得色彩鲜艳，品相很好。品尝后，香浓软糯，口味鲜美，连声称好。这时候，金师傅才告诉他，这是为他特意创制的蛋烧卖，白崇禧大为赞赏，感谢厨师专门为他设计菜肴。此后，白崇禧来马祥兴菜馆，必点蛋烧卖。马祥兴的蛋烧卖也因白长官的赞许，风靡南京城，一跃成为马祥兴菜馆的四大名菜之一。蛋烧卖确实有特点，以往的烧卖属于点心，但是这道蛋烧卖，已经由点心变成了菜肴。

色彩鲜艳的凤尾虾

凤尾虾是如今流行的菜肴，但是民国之前，饭店里并没有凤尾虾。民国时期的马祥兴菜馆，以鲜活大河虾，首制了这道菜肴。

1945年，张治中将军在家中宴请与他一同参与国共谈判的中共代表周恩来夫妇，当时张治中是国民党谈判代表。家宴请了马祥兴大厨金宏义、马定松烹制菜肴，其中就有马祥兴四大菜肴之一凤尾虾。

凤尾虾以鲜活大河虾（大青虾最佳）为主料，去掉虾头、虾壳，裹上生粉、蛋清上浆，过油，再配以笋丁、青豆、香菇爆炒，勾芡，淋上鸭油。此道菜肴肉白尾红，艳如凤尾，色彩鲜艳，咸香鲜嫩滑爽。

凤尾虾的创制也是一次偶然，被有心的厨师发现之后，经过试验才定型。据说有一个学徒工在后场挤虾仁，有些虾壳没有挤干净，残留虾子尾部的一节壳，落入油锅一走，尾部弯曲，肉白壳红，颇似凤尾。厨师灵机一动，将虾子去头壳留尾壳，并抽去红筋，上浆滑炒。又经过几次试验，配以白的笋丁，青的青豆，褐的香菇丁，用鸭油爆炒。装盘后，红、白、青、褐色相间，颜色艳丽，尤其虾子去头留尾爆炒后的，弯曲起来，形如凤尾，赏心悦目。于是取了一个文雅的菜名——凤尾虾。菜名雅，口感佳，色彩艳，凤尾虾一经推出，颇得食客的青睐，一跃而入马祥兴四大名菜之列。

胡先生豆腐

胡小石、胡翔东是中央大学的名教授，也是金陵书坛的两位书法大腕，他们还是美食家，能吃出道道，说出名堂。两位胡教授经常结伴去饭店尝鲜，夫子庙的油炸臭豆腐也是他们的所爱，为品尝闻起来臭、吃起来香的臭豆腐，两位大学者可不怕别人笑话。

两位胡教授也是马祥兴菜馆的常客，不单单是吃顿饭菜，每次都要对菜肴点评一二，马祥兴菜馆根据他们的意见，对菜肴进行改进。为了感谢两位胡教授对马祥兴的帮助，老板马盛祥的次子马德铭，特意用豆腐加上鸡肝、笋尖、虾仁、木耳，烧制了一味豆腐菜。菜肴色彩丰富，红白黑黄分明，视觉上刺激食欲，口感清爽柔滑，口味鲜美。两位大教授品尝后，非常满意，连声赞好。此后每次来马祥兴，必点此菜。由此，菜肴的美名传播开来，因为是胡先生必点的菜肴，于是菜馆就以"胡先生豆腐"命名。很多食客慕名前来，为的是品尝"胡先生豆腐"的美味。有人说这个"胡先生"是胡小石，也有人说是胡翔冬。究竟是哪个胡先生命名了这道菜，已经无据可考。

胡先生豆腐（现代仿制）

胡先生豆腐做法比较简单，豆腐切成菱形，煎至金黄色，加鸡肝、虾仁、笋尖、青豆、胡萝卜、鸡清汤，调料，烧至入味，勾芡淋油即成。通过烩烧，虾仁、鸡肝与鸡汤等食材的味道都交融在一起，浸入豆腐中，因此这样的豆腐已经不是普通的豆腐了，豆腐的软，笋尖的脆，虾仁的嫩，得到发挥，让食客不禁大快朵颐。

南京的头牌菜

民国时期南京的头牌菜是什么？很多人回答不上来，并非鱼翅燕窝、山珍海味，而是一种口蘑锅巴。一道口蘑锅巴竟然是民国南京的头牌菜，大概你没有想到吧。

口蘑锅巴以六华春的最有影响。地处夫子庙的六华春系南京最出名的京苏大菜馆之一，当年有一道"天下第一菜"——口蘑锅巴，非常有名，点单率最高。据说此菜系 20 世纪 30 年代初期由陈果夫创制，陈果夫时任江苏省主席，也精于美食。中国菜讲究色香味形，陈果夫觉得还少一个标准——声。菜肴注重了"色香味形"，调动了食客的视觉、味觉、嗅觉，却无法表现声音，他就琢磨什么菜肴可以有声，调动食客的听觉。油煎过的锅巴遇到水时，可以发出声响，那么用热汤淋上效果如何？经过试验，当热汤浇在炸得酥脆的锅巴上，会发出"扑哧哧"的声响，使菜肴有了听觉的刺激。汤水用口蘑熬制，加入肉片、虾仁、鱿鱼、海参，用口蘑三鲜汤浇到刚出锅的油炸锅巴上，汤汁鲜美，锅巴香脆，因此有了"天下第一响"的美名。

唐生智与东安鸡

民国期间，在南京大行宫碑亭巷有一家专营湖南菜的饭店——曲园，生意很好，"座上客常满，金樽酒不空"。建于 1930 年的曲园，先开设于杨公井，后迁至大行宫碑亭巷内。

江苏以淮扬菜和南京菜最为盛行，忽然间开了一家湘菜馆，也算是标新立异，生意特别好。这曲园的背景不简单，它的大股东是谭延闿，又题写了店招。谭延闿是湖南人，又是美食家，在南京办一家湘菜馆，能时常品尝家乡菜，合情合理；湖南老家来人了，在湘菜馆款待，也非常合适。

曲园代表菜有腊味合蒸、东安子鸡、紫龙脱袍、奶汤蹄筋、发丝百叶、汤泡肚尖，头牌菜则是东安鸡。传说东安鸡与谭延闿有关，其实东安鸡与谭延闿没关系，倒是与北伐名将、国民革命军第八军军长唐生智有关。

传说东安子鸡兴于唐玄宗开元年间，早年叫醋鸡，是湖南东安县人逢年过节的宴请大菜。北伐时期，祖籍湖南东安县的唐生智将军宴请宾朋。唐生智喜欢以鸡做菜肴，厨子按照唐生智的口味，用煮熟的鸡肉，退掉鸡骨撕碎成条，加上姜丝、葱白、红椒等佐料烹制了这道菜，来宾吃后赞不绝口。有人就问："这道菜叫什么名字？"唐生智觉得醋鸡名字不雅，因为他是东安人，又做东宴请，就说叫东安鸡（参见石三友，《金陵野史》）。从此，这道醋鸡就改名变成了东安鸡。东安鸡用家养一年以内的子鸡为主料，以醋、辣椒、姜等为佐味调料，经腌、煮后，加味烹炒成菜。

许地山饼

许地山是五四时期新文学运动的先驱者之一，1921 年，他与沈雁冰、叶圣陶、郑振铎、周作人等 12 人发起成立了文学研究会，创办《小说月报》，他在小说、散文、梵文、宗教等方面均有研究成果。

1927 年，许地山在燕京大学文学院任教，当时燕京大学在北京西郊，校东门外有一家常三小馆。常三小馆最出名的是许地山饼，客人都知道，来小馆就餐，许地山饼非点不可，以致成了常三小馆的招牌。许地山饼以许地山的名字命名，说来有点故事。

这种面饼，是许地山传授给常三小馆的，本来该叫"印度饼"，乃是许地山留学英国牛津大学曼斯菲尔学院研究宗教史、印度哲学、梵文期间学来的。在燕京大学任教时，许地山是常三小馆的常客，与掌柜关系很好，于是就传授了制作印度饼的方法，就餐的燕大师生就称之为"许地山饼"，"印度饼"之名反而不为人知。

王世襄在《许地山饼与常三小馆》中描述了许地山饼的制作方法：先做馅，用鸡蛋炒制，捣碎；油炒葱花，放入咖喱，备用。油炒三成肥七成瘦的肉末，变色后加入备在一旁的鸡蛋和葱花，加少许白糖、盐，以此为馅，放入擀成长方形的面饼中，用平底锅烙熟。烙时，在饼的两面都要刷油，实际是用油煎，只是油用得较少。

许地山饼与如今饭店里的印度飞饼（甩饼）不同，属于有馅料的饼。如今的印度飞饼，无馅料，是一种油煎的薄饼，和面时加入不同调料，形成香蕉、原味、葱花、咖喱等多种口味。

王世襄毕业于燕京大学，对常三小馆和许地山饼非常熟悉，当年还为常三小馆题写过对联：

葱屑灿黄金，西土传来称许饼；

槐荫浔绿玉，东门相对是常家。

马先生汤

马先生汤是以马叙伦命名的汤，是马叙伦在北京中山公园长美轩茶馆炮制出来的。

马叙伦是长美轩茶馆的常客，除了喝茶，也请朋友在此就餐。但是对于茶馆的汤羹总是不满意，嫌厨子的厨艺不行，其实茶馆以喝茶为主，吃饭多半是便餐（简餐），原本就不以菜肴取胜。有那么一次，马叙伦在长美轩请客，他说要自己动手做汤，于是选择了三白（雪里蕻、竹笋、豆腐）为原料，上灶台亲自烹饪。客人品尝后，认为口味极佳。

原料很普通，但是要做好，对原料的挑选则需严格，豆腐最好选择杭州的天竺豆腐，上海与无锡的豆腐，都属于中等食材；竹笋也以杭州的为上品；最为重要的是雪里蕻，以上海产的为上。

此汤以三白为原料，因此称为"三白汤"。长美轩则因马叙伦炮制，打出了"马先生汤"的旗号，招揽食客。来就餐的客人，十有八九会点上一碗"马先生汤"。马叙伦先生后来声明，此汤当初确是由他亲自掌勺，只是后来长美轩打出的"马先生汤"，并不是他烹饪的。客人喝的是"马先生"的名，是谁做的，已经不重要了。

美龄菜心与美龄粥

宋美龄对蔬菜一直非常看重，她倡导新生活运动，提倡饮食养生理念，因此科学养生、饮食养生的概念首次出现在公众视野中。宋美龄喜欢吃青菜，其饮食谱中经常出现的就有"美龄菜心"。

"瓢儿鸽蛋"也是宋美龄喜欢的菜肴。这是南京菜中的代表菜之一。所谓瓢儿指汤匙。鸽子蛋煮熟剥壳，虾仁斩茸，与调料调制成嫩虾缔，抹入汤匙中，上面嵌入半只熟鸽子蛋，并用火腿末、绿菜叶、发菜点缀，上笼屉蒸熟后去掉汤匙，装入盘子。用清鸡汤调汁勾芡，均匀地浇在瓢儿鸽蛋上。这道菜品的特点是鸽蛋透明，虾肉嫩滑，汁白油润。不仅造型优雅别致，色彩艳丽，刺激食欲，而且虾子与鸽蛋的搭配，也非常科学，加上配料绿菜、发菜与肉、蛋的配伍，非常营养。

宋美龄很注意养生，她的家厨为她熬制过美龄粥。此粥以上等粳米和豆浆、百合、山药熬煮而成，小火慢工。粳米味甘，性平，益脾胃，除烦渴；百合味甘、微苦，微寒，归心、肺经，《纲目拾遗》说它清痰火，补虚损。山药，甘、平，归脾、肺、肾经，《本草纲目》说它补中益气，强筋健脾。这几种食材在一起熬制，特点是口味独特，清香鲜甜，有养颜、美白、润肺功效。据说宋美龄驻颜养心，得以长寿，与常喝此粥有关。于是，坊间传出美龄粥的配方，熬煮成美味可口、营养驻颜的美龄粥，颇得女性食客的青睐。

六 泡茶馆

喝茶是中国人非常热衷的一件事。一杯茶，其中大有学问。民国时期的茶馆非常有意思，茶馆，即社会。

昆明的茶馆

抗战期间，四川、云南成为中国的大后方。清华大学、北京大学、南开大学组建的长沙临时大学南迁昆明，组建西南联合大学。1938 年 2 月 19 日，1000 多名师生在长沙韭菜园圣经书院临时大学驻地，召开誓师大会。这一天他们告别了古城长沙，告别了岳麓山，奔向了滇西的昆明。

昆明地处西南，是云南的重要城市，人口并不多。抗战期间，大西南的四川、云南一下子涌入很多内地的单位、人员，给当地的生产、经济带来不小的压力。外地人刚来昆明时，当地人还充满好奇，看他们的衣着穿戴、言谈举止，都与昆明人有差别。渐渐地，外地人多了，街头巷尾、茶馆饭店出现了很多各地口音的人，昆明人也习惯了。

1946年5月3日西南联大中文系师生合影，二排坐者左起浦江清、朱自清、闻一多、唐兰、游国恩、罗庸、许维遹、余冠英、王力、沈从文

西南联大师生"泡茶馆"

昆明有泡茶馆的习惯，本地人称为"坐茶馆"，"坐"本有消磨时间的意思，抗战前昆明人的生活节奏比较慢，坐茶馆很适合他们。西南联大进驻昆明后，师生们也喜欢到茶馆喝茶，他们特有的叫法是"泡茶馆"。毕业于西南联大的作家汪曾祺的解释是："泡"是从北京带过去的一个字，"泡"者，长时间地沉溺其中也，与"穷泡""泡蘑菇"的"泡"是同一语源。

"泡茶馆"意味着西南联大师生在茶馆里，不仅仅是喝茶，往往一进茶馆就是半天、一天。当时西南联大的教学条件很差，教室简陋，部分教室和校长办公室是铁皮屋顶，更多建筑则是茅草屋顶，墙体是土坯子。教材也不完备，教学主

要靠老师的学识。一大批知名学者，如金岳霖、冯友兰、闻一多、吴有训、叶企孙、吴大猷、华罗庚等都曾在西南联大执教；学生们也非常努力，并不因为教舍简陋就松懈，杨振宁、李政道、邓稼先、朱光亚都毕业于西南联大。

西南联大的师生是茶馆的常客，有的聊天，交谈学习体会；有的坐在茶馆大厅看书；有的躲在茶馆一隅，埋头撰写文章。汪曾祺在《寻常茶话》中回忆当时的情况时曾描述，有一位姓陆的研究生，堪称泡茶馆的冠军。他曾经徒步旅行了半个中国，读书甚多，而无所著述，不爱说话。他把茶馆当成了校外宿舍，连漱洗用具都放在一家茶馆里，一起来就到茶馆里洗脸刷牙。不上课时，就泡在茶馆里，也不与别人搭讪，而是要一杯茶，独自坐着看书。昆明的茶馆要上一杯茶，就可以从茶馆开门营业，坐到太阳西下打烊时分。

茶馆成为联大第二课堂

西南联大教学条件简陋，图书馆是西南联大最好的、唯一一处屋顶铺瓦的建筑。学子们非常用功，图书馆里座无虚席。但是图书馆座位少，无法满足全部师生的需求。宿舍拥挤，教室排课也是满满的，师生们只好另想办法。联大附近的凤翥街、文林街、府甬道、青云街都有茶馆，数量不少，茶馆尽管不大，却颇为安静，而且茶水很便宜。抗战初期，一杯茶水一分钱，泡上一杯水，就可以坐上一天，没有堂倌来打扰。于是昆明的茶馆成了西南联大的第二课堂和阅览室。

昆明的茶馆打烊都晚，有客人时，晚上 10 点依然营业，不会收拾茶杯驱赶茶客。茶馆里卖盖碗茶，也卖炒葵花子、南瓜子、花生米，都装在一个白铁敲成的方碟子里。价格按碟算，瓜子、花生都是一个价。穷学生囊中羞涩，常选择临窗的桌位喝茶，一分钱一杯茶水，要上几杯茶，几碟瓜子、花生，就这么坐着，嗑完一碟瓜子，随手就将铁皮碟往窗外一扔，继续喝茶，要瓜子。等到他们晚上离开茶馆，堂倌结账，照例按碟子数量收费。茶馆打烊后清点物品，或者平时结账时，也清楚碟子少了一些，但是从未与学生在收费上发生过冲突。第二天学生

西南联大时期的昆明凤翥街茶馆旧址

再来喝茶，要瓜子、花生时，依旧殷勤，学生也仍然故伎重演，那时实在是太穷了。汪曾祺有泡茶馆的诗，诗云："厄囊空亦可赊账，枯肠三碗嗑葵花，昆明七载成何事，一束光阴付苦茶。"

脑子里有了创作思路时，汪曾祺就不再与同学摆龙门阵了，自己一个人趴在茶桌上写散文、小说，思绪飞扬。汪曾祺说："如果我现在还算是一个写小说的人，那么，我这个小说家是在昆明的茶馆里泡出来的。"

作家马识途泡茶馆，是带着任务。马识途当时是西南联大地下党的负责人，泡茶馆，其实是探听信息，以及做接头工作。

老师在茶馆改作业

西南联大条件简陋，教室紧张，老师们办公、住宿条件也很差，有的老师居住的地方距离西南联大很远，每天花在路上的时间很长。但是西南联大的老师很敬业，很认真，就是德高望重的知名教授，同样一丝不苟地讲课，批改作业。

昆明的茶馆也成了西南联大教师批改作业的地方。当时昆明有句流行语："昆明有多大，西南联大就有多大"，意思是满城的茶馆都是西南联大师生们的课堂。

也有师生共同泡茶馆的，老师与学生在茶馆里进行学术、思想交流。

西南联大师生泡茶馆，有不得已的社会条件的因素，泡茶馆看似悠闲，但对西南联大的师生来说，不是虚度光阴，而是只争朝夕，他们经历着抗战，目睹国土沦陷，中华民族被日军铁蹄践踏，他们明白自己身上的责任。独特的泡茶馆文化，是西南联大一个重要的组成部分和历史记忆。

上海的茶楼

上海是长江三角洲冲积平原的一部分，明代末期，上海尚未独立成府。到嘉庆十年（1805），上海地区基本形成 10 县 1 厅的格局。1912 年，中华民国时期成市一级建制。

上海面临东海，又有长江黄金水道，地理与交通位置独特，开埠较早，清道光二十三年（1843）上海开埠，道光二十五年上海县洋泾浜以北一带划为洋人居留地，后形成英租界。道光二十八年以虹口一带划为美租界。道光二十九年以上海县城以北、英租界以南一带为法租界。同治二年（1863 年），英、美租界合并为英美公共租界，光绪二十五年（1899 年）又改称为上海国际公共租界。此后，租界多次扩大，由此带来商业的繁荣。

上海的水陆码头，交通要道，以及人口密集的地方，开设有茶楼。上海的茶楼也有与南京、广州、北京不同的风格。

吃讲茶

上海人去茶楼除了喝茶，就是办事。平时解决不了的问题，往往在茶楼喝茶时解决。郁达夫说:"上茶馆里去解决的事情,第一是是非的公断,即所谓吃讲茶;第二是拐带的商量,女人跟人逃走,大半是借茶楼为出发地的;第三,总是一般好事的人去消磨时间。"郁达夫成名于大上海,1921年6月8日,郁达夫和郭沫若、成仿吾、张资平、田汉、郑伯奇等人发起成立创造社,成立地点在日本东京郁达夫的寓所,即日本东京帝国大学第二改盛馆。1921年秋创造社在上海出版发行了《创造社丛书》,最初收郭沫若的诗作《女神》、郁达夫的小说集《沉沦》以及郭沫若所译歌德的《少年维特之烦恼》等。《沉沦》的出版,让郁达夫一举成名天下知。

郁达夫居住在上海,编辑创造社的刊物《创造》季刊和《创造周报》,经常上茶楼。还专门撰文《上海的茶楼》写上茶楼的经历。

上了茶楼,他在临窗的桌位上落座。临窗的桌位光线透亮,相对僻静,推窗遥望屋外景色,楼下街市人来人往的景象尽收眼底,屋子里茶客们品茗、聊天的姿态也尽入眼帘。

伙计见是熟客,不等招呼,就端上了郁达夫经常喝的茶水,还有一小碟瓜子。摊开一沓稿件之后,郁达夫轻轻掀开茶碗盖子,抿了一口,清醇的茶香传递进身体,很清爽。昨晚的一顿老酒,让郁达夫的头脑有点迟钝,但是在茶水的冲洗下,迟钝感渐渐散去,打了个哈欠,郁达夫开始编辑稿件。

这一期刊物所用的稿件很快编完了,舒展一下筋骨,郁达夫继续品茗。茶水喝到此时,渐渐有了滋味,舌尖上有那么一种甘甜、清香。郁达夫知道,这是因为注意力转移的缘故,先前忙于编稿,此时则是品茶。

一次,一位先生带来了几个徒弟坐在不远处的茶桌,从他们的对话中,郁达夫听出了点头绪。他们在某处做了一宗生意,其后,这位先生的同辈的徒弟出来干涉,想分一杯羹,双方发生了矛盾,几次商谈,意见不能统一,于是找来中间人到茶楼调停。

尽管茶楼的墙壁等地方张贴着禁止吃讲茶的牌子,日升楼、一乐天、仝羽居、四海升平楼等茶馆,都挂着禁止吃讲茶的牌子,但实际上无法禁止。茶楼与伙计，面对吃讲茶的顾客都是睁一只眼闭一只眼。吃讲茶与消磨时光的茶客，是茶楼生意得以维持的主要顾客。

那边的几个茶客，很悠闲地喝着茶，也不说话，有的看报，有的闭目养神。郁达夫一眼看出，他们是来此消磨时间的。上海茶楼中这样的有闲茶客也不少，大抵上属于中产阶层。有的是一大早，有的是午饭后，就来到茶楼，泡上一壶茶，慢慢地喝，再要上一份点心。遇到熟人，也会聊上一阵，说说推背图，聊聊日本人打仗，甚至邻里的奇闻逸事也会成为话题。没有遇到熟人时，就喝茶闭目养神。他们属于真正的茶客，远比吃讲茶的顾客安静。

上海吃茶的地方，并非只有茶楼，在游戏场也有露天茶棚。茶棚的人员就更加复杂，算命、测字、看相的，推销航空奖券的，还有叫卖糖果香烟的小贩。

北京大碗茶

民国时期的北京，在前门等处的大街路旁，有卖大碗茶的，一个很简单的摊子，一张矮脚旧桌子，几把长凳子，几个大碗或者玻璃杯。煮一锅开水，倒入茶壶，茶壶里一把粗茶叶，经过时间的沉淀，茶水已经凉下来了，大碗茶就开卖了。

赶路走累了，口干舌燥，多么希望能喝上一杯茶水，民国时期没有如今遍地卖饮料的，忽然间听到几句吆喝声，"大碗茶，清凉解渴的大碗茶"。抬头一看，前面路边就有一个茶摊。没有亭子，也没有遮阳伞，就是露天树荫下。赶紧过去，坐到条凳上，"来碗大碗茶。""好嘞。"摊主递过来已经凉了的大碗茶，仰起脖子，"咕噜咕噜"几口喝下，沁人心脾。

席地喝茶雨来散

北京西直门外万牲园东墙，有一片荷塘，是当年慈禧太后游玩颐和园的登船处，春天垂柳飘拂，荷塘清澈；夏季荷叶遮塘，知了声声；秋天芦苇摇曳，野禽栖息。环境幽静，颇有野趣。柳荫下搭起了一个棚子，有一口土灶，几张芦席铺在地上，就卖起了茶，茶馆的名字很有意思——雨来散茶馆。夏天的时候，客人较多，游玩之后，来到这里，席地而坐，一边休息，欣赏荷塘景色；一边喝茶，高谈阔论。品茶虽好，最怕夏季多变的天气，倘若天公不作美，忽降阵雨，茶客们无处避雨，就要一哄而散，由此得名"雨来散"茶馆。

这里喝的是北京真正的大碗茶，大锅煮水，茶具很粗糙，就是过去农家常用的粗瓷茶壶，茶杯就是吃饭用的蓝边碗、大盖碗。茶叶是低档的粗茶，或者茶叶末子。茶水倒是量足。

宣武门外，有家天兴居大茶馆，有一种茶叶"高末儿"，也就是茶叶末，都是好茶叶破碎之后留下的精华，样子难看，泡茶没有成形的叶片，口感却醇厚微涩，香留舌尖。当时点这茶叶末的茶客还不少，原因是价廉物美。不过，不是每个茶客都能喝到这种茶的。每天"高末子"数量有限，茶馆主要提供给每天固定去天兴居喝早茶的老茶客，那些老茶客谁都不带茶叶，到茶馆就换上了"高末儿"，新茶客不知道这个秘密。也有茶客，在天兴居买上几两"高末儿"，回家喝茶。但是口感不如在茶馆里的好，是心理作用，还是茶馆冲这茶叶末有什么讲究，大家也没有细究。

公园茶座，别样风景别样滋味

中山公园有多家茶馆。公园里的茶馆（茶座）与开设在繁华地段的茶馆不一样，环境幽雅，是商业街区茶馆无法比的。中山公园多植物花木，一年四季都有鲜花盛开，四、五月盛开富贵的牡丹和娇艳的芍药，九月菊花傲霜，敢与西风战一场，满园尽披黄金甲。

清新和暖的空气，精致典雅的景物，美丽古朴的建筑，形形色色的人物，一幕幕呈现在茶客的眼中，仿佛观赏电影，这是公园的茶座才可以观赏到的独特景致。中山公园的茶馆有五六处，园中间大道两旁的三家——春明馆、长美轩和柏斯馨，在茶馆的装饰风格与经营特点上代表了不同的时代特征。

春明馆准备了几副象棋和围棋，为吃茶的人消遣时间。古色古香，一碟一碟带着清朝气味的茶食，山楂红、豌豆黄。来的茶客，多半是清朝的遗老遗少，很少有西装革履的客人迈进春明馆的。瞧，来了一位60多岁的老先生，穿着马褂、背心、戴瓜皮小帽，步履缓慢。走进茶馆，堂倌才看清，原来是岭南近代四家之一的诗人黄节（1873~1935），他是春明馆的常客。

民初风格的长美轩，不仅体现在茶馆的装饰上，也体现在客人的穿着上，客人大多是中年人，穿洋服、中装的均有，长美轩是绅士和知识分子的地盘。

下午4点以后，一批批手里夹着皮包，嘴里含着烟卷的斯文茶客陆续走进了长美轩。因为是常客，堂倌都熟悉了。坐在这边是廖石夫，一位外交官；坐在那边的是汪怡，发明速记学的语言学家，这两人几乎天天都来，好像长美轩是他们工作的地方，天天来应卯。又来了两个喝得醉醺醺的男子，原来是画家王梦白，还有数理大家冯祖荀。冯祖荀手里拿着毛竹旱烟袋，穿着四季不扣扣子的马褂，东张西望，踱来踱去，看他样子，谁知道他是科学家。

1931年，著名经史学家林公铎邀请藏书家谢兴尧去长美轩喝茶，席间大骂胡适。林公铎为人憨直，恃才傲物，24岁任北京大学、中央大学教授，张中行是他在北大的学生。1931年北大改组，蒋梦麟担任校长，文学院院长胡适兼中文系主任，林公铎随之遭到解聘。因为平素与胡适论学不合，林怀疑此举出自胡氏之意，遂写信给蒋、胡二氏，加以怒骂。

以撰写掌故而闻名的徐一士那时供职于《国闻周报》，他来喝茶，往往会邀上一帮朋友，听他说新闻，摆龙门阵。那年夏天，正是袁世凯执政时期，徐一士与茶客们说，当年法国想有条件地将安南（越南）交还中国，他急电向政府报告，袁世凯复电，不许收回安南。不久密令，大意是现在帝制尚未成功，粤桂滇黔，不少潜伏的革命势力，若此时收回，会增加革命党的力量，等将来帝制成功，所有旧日"属地"，都要完全收回来。这种秘闻，不能刊登于报刊，只能在茶馆，在朋友圈内传播。

1936 年朱自清（左四）与友人在北京喝茶

在长美轩还经常可以看到钱玄同、傅斯年的身影，这两位喝茶，只是喝茶，独自一人，也不与别人搭讪，静默沉思，大概是将喝茶作为休息。

柏斯馨茶馆属于新派风格，来的以年轻人为主，一群红男绿女，摩登青年。在柏斯馨竟然也能看到前国立北京大学校长、物理学家夏元瑮。

中山公园茶馆的消费，价廉物美，单吃茶每人只花一角钱，点心也大半一角钱一碟，长美轩是川黔有名的菜馆，几毛钱可以吃得酒醉饭饱，在其他地方这样的价格不多。周六、日的下午，茶馆总是满座，人头攒动（参见谢兴尧，《中山公园的茶座》）。

南京老茶馆

南京的茶社遍布南京城，鼎盛时期有 1000 多家，其中以夫子庙、新街口一带最为繁盛。"到夫子庙喝茶去"，差不多成了南京人的一句口头禅。

民国时期南京茶馆

老茶馆里的芸芸众生

奇芳阁始创于 1917 年，是夫子庙地区一家著名的茶楼，位于承恩寺附近，生意兴隆，顾客盈门。其股东朱寿仁、刘海如 1919 年又在贡院街口另筹新店，为区别旧名，定名新奇芳阁。

张恨水在南京办报期间，经常光顾夫子庙与丹凤街地区的茶馆，一方面是与朋友喝茶聊天，另一方面也是为写作积累素材，他的《秦淮世家》《丹凤街》两部小说，都有夫子庙茶楼、丹凤街茶馆的章节。

每天早上六点多钟，夫子庙地区的茶楼开门了，茶客像开了水闸似地向里面涌着。夫子庙广场奇芳阁，是最大的一家茶楼，茶客更多，喝早茶的都是老茶客，习惯坐在自己常坐的位置，喝什么茶，要什么点心，堂倌都知道，因此不用交代，很快老茶客喜好的干丝、茶水就摆到了茶桌上。后楼的栏杆边，四五个男子，拥着一位中年妇女，围着一张方桌坐着；桌上摆了三只有盖茶碗，两把茶壶，四五个茶杯，大碗干丝汤汁，六七个空碟子。另有两个碟子里，还剩着两个菜包子和半个烧饼。

民国时期，丹凤街是比较热闹的地段，丹凤街上有一条老街巷唱经楼，唱经楼茶馆也是张恨水喜好去的茶馆之一。不过唱经楼茶社在装潢与档次上不如夫子庙的，来的茶客也主要是中下阶层，生意不如大茶馆火爆。两进店屋，都是瓦盖，没有天花板，抬头望见瓦一行行地由上而下。横梁上挂了黑电线，悬着无罩的电灯泡。卖午堂茶的时候，客人座位多半是空的，所有吃茶的客人，全是短装。与其他茶馆不同的是，唱经楼茶馆只卖清茶，不卖点心。茶馆挨着丹凤街，那是条青石板路，附近就是菜市场。张恨水时常坐在唱经楼茶馆的二楼，观察进入丹凤街，在菜市场买菜的居民，把他们的日常生活，小人物的状态，写进了《丹凤街》中。

戏茶厅的女弟子

在南京的茶馆中，还有一种听戏品茗的茶馆，称为戏茶厅。南京人称之为"戏茶园"或"清唱社"，一边听戏，一边饮茶、嗑瓜子、吃小吃，自由舒适。民国时，戏茶厅在夫子庙地区有十来家，如群乐、月宫、全安、中华、永安、天香阁、飞龙阁、麟凤阁、四明阁、天韵楼、鸣凤、奎光阁等，一般都有一二百个座位，以演唱京剧为主，兼唱其他特色的地方戏曲。

飞龙阁是夫子庙的一家戏茶厅，坐落在贡院西街，张恨水很爱听戏，飞龙阁是他经常光顾之地。当时飞龙阁的挑战者是"须生泰斗"郑瑞坤，对张恨水非常仰慕，要拜张恨水为师。张也很愿意收这位高才的女弟子，一拍即合。拜师之日，邀请报界同人到飞龙阁品茗听戏。传为美谈。张恨水的小说中，有不少以歌女、艺人为题材的作品，《啼笑因缘》的女主角沈凤喜就是唱戏的。这和他常去戏茶厅听戏，熟悉她们的生活是分不开的。

夫子庙地区的得月台、得月楼、天香阁、鹿风阁、市隐园、群乐茶社等10多家清唱茶社也很有名，常常是顾客盈门，热闹至极。来茶馆品茗的除了中央大学胡小石、黄季刚这样的名教授，也有张恨水、张季鸾、黄裳这样的名报人、名作家。

豁蒙楼里禅茶一味

禅茶一味，寺院也是饮茶聊天的所在。位居城区的鸡鸣寺，香火鼎盛，香客如织，朝拜礼佛，免不了登临鸡鸣古寺，遥望台城，抒发胸臆。鸡鸣寺的豁蒙楼就是一处喝茶的地方。豁蒙楼由两江总督张之洞为纪念戊戌六君子之一的杨锐而建，声名远扬。

民国时期著名的评论家储安平在《豁蒙楼暮色》中有对豁蒙楼饮茶的记述。来南京快一个月了，他一直想去向往已久的豁蒙楼喝茶。一个飘着雨雪的傍晚，储安平终于登临鸡鸣寺，走进了豁蒙楼。在靠窗的地方坐下，墙壁上的钟罄滴滴答答作响，寺院里的晚钟也发出沉闷的声响。八九年前，朋友邀请储安平来豁蒙楼喝茶，他没有来。如今他坐在了豁蒙楼上喝着茶，朋友却没来。他默默地坐在那里，静静地看着窗外的景色。"江雨霏霏江草齐，六朝如梦鸟空啼。无情最是台城柳，依旧烟笼十里堤。"韦庄《台城》诗的意境，在烟雨之中，才能体会到。正在这时，一个和尚捧着一盂茶走进豁蒙楼，他在另一头靠窗坐下，与储安平遥遥相对。"今天贵寺很冷静呀"。储安平对着和尚说。和尚似乎没有听见，隔了一阵，才"唔"了一声。又问了几句，和尚仍然只是"唔唔"作答。喝茶就喝茶，看景就看景。和尚大概觉得这人心不静，也就爱理不理。储安平也觉得无趣，又一人闷闷地喝茶，茶水品在嘴里，淡淡的，没什么滋味。恍惚之中，"先生醒醒"。一个和尚将他唤醒。"该到你回去的时候了"。走出山门，南京城已经万家灯火。一路从山坡走下来，想起梁启超题写在豁蒙楼上的对联："江山重叠争供眼，风雨纵横乱入楼。"豁蒙楼有怀古的氛围，也有那么一种禅意。朦胧之中的景物，是否就是远去的六朝？负载着时间的流逝与人事的沧桑流变。

湖边品香茗

南京的茶馆主要集中在夫子庙、新街口等繁华地段，在玄武湖、明孝陵等名胜，也有一些小茶馆，店面简朴，地方不大。小有小的好处，安静，面对湖光山色，喝茶赏心悦目。玄武湖一带有听莺轩、红杏坞、爱莲居、知音来等茶社。

一个盛夏的早晨，黄裳与仁渊在山西路口相遇，两人一起走到玄武门，顺着堤岸漫步，走得热了，口也渴了，想找一个茶社坐坐歇脚，发现前面就有一座亭子，是个茶社，两人找了临湖的座位坐下了，要了一壶茶。一边喝茶，一边欣赏风光。远处的钟山上洒满阳光，近处是清澈的玄武湖，游船荡漾，红男绿女成双成对，共享美好时光。

民国时期，南京有两处著名的湖，一处是玄武湖；另一处是有金陵第一胜迹之誉的莫愁湖。莫愁湖也有茶楼。在湖边寻一处临窗的茶座，泡上一杯茶，看岸边垂柳，随风飘拂，远眺烟波飘渺，水禽飞舞，别有一番情趣。夏季可以观看满湖荷叶，采菱的小舟穿行在绿叶粉花之中，轻吟："江南可采莲，莲叶何田田，鱼戏莲叶间。鱼戏莲叶东，鱼戏莲叶西，鱼戏莲叶南，鱼戏莲叶北。"倘若遇上细雨蒙蒙，烟水缥缈，便可领略金陵四十八景中莫愁烟雨的意境。一边品茗，一边观景，满腹的清芬，满腹的诗情，岂一个"美"字概之？

江南坐茶馆

中国是茶的故乡，从北到南，中国人饮茶的习俗多样，相对而言，北方喝茶比较粗犷，南方饮茶比较细腻。长江以南的江南与珠江流域的岭南，虽都属于南方，饮食习俗却不一样。

镇江茶馆"凤凰三点头"

江苏镇江位于长江三角洲，有典型的江南饮茶习俗。剧作家舒湮，如皋人，生长在镇江。大人吃茶，他也跟着吃茶，小时候就体验过镇江人喝茶的情形。

镇江人去茶馆叫坐茶馆。江边有座万全楼，是当时很有名的茶馆，客人很多，座无虚席。一大早，很多茶客就涌向了万全楼，喝早茶。茶博士在座位与客人之间穿梭，身手灵活，动作敏捷，吆喝一声，片刻工夫，茶具、茶盅就摆上了

坐茶馆

桌，茶也沏好了。什么茶客，坐什么位置，要什么茶，都在茶博士的肚子里，一清二楚。最为神奇的是茶博士的沏茶技艺，娴熟高超，一只胳膊上搁着一摞盖碗，另一手提着长嘴铜壶，那壶嘴伸出来二三尺长，铜壶里盛着开水，茶碗放在桌子上，茶博士的铜壶长壶嘴，对着茶碗，并不是紧贴着茶碗，而是间隔着一段距离，有四五十厘米吧。对着茶碗连冲三次，开水就注入了茶碗，滴水不漏，俗称"凤凰三点头"。倒水相对容易，收水却最难，最为叫绝的就是收水，壶身略微一抬，壶嘴里的水就收拢了，一滴不溅。这种绝技没有三五年的功夫练不出来。

那时候的舒湮还是个小孩子，他的心思不在茶，而在于茶馆里的茶食，眼睛盯着水晶肴肉、三鲜干丝、冬笋蟹黄肉包子。喝茶自然会佐以干丝、包子等点心，喝早茶就是边喝茶，边吃早点。点心只是佐茶，吃饱肚子，还需要上其他的茶食，诸如刀鱼面、鳝丝面、鸡火面。其他地方很少有刀鱼面，因为只有镇江、靖江等长江江口段，才出产这种一出水就会死掉的刀鱼，其他地方的人可没有这样的口福（参见舒湮，《坐茶馆》）。

苏州的"茶馆上谕"

苏州人也爱坐茶馆，多半是"书茶"，就是为听评书、弹词而每日必到的老茶客，这种茶馆遍布大街小巷，类似南京的戏茶厅。也有不说书的安静茶馆，纯粹为喝茶休闲。

苏州才子范烟桥来茶馆就不是为了听书，他看中的是茶馆的安静。在茶馆落座之后，上茶，啜了几口，范烟桥从茶馆的书报架上取下报纸，翻开上海和苏州本地的报纸，各家茶馆订阅的报纸不一样。有的订《新闻报》《申报》，有的订《时报》《新申报》，有的订《苏州明报》。订报出租是苏州茶馆吸引人气的经营方法之一，有些文人来茶馆，喝茶读报，写稿，范烟桥就属于这种情况。20 世纪 20 年代范烟桥与苏、沪、锡报界文人交往密切。严独鹤主编的《新闻报》副刊《快活林》，周瘦鹃主编的《申报》副刊《自由谈》，毕倚虹主编的《时报》副刊《小时报》，江红蕉主编的《新申报》副刊《小申报》，都向范烟桥约稿，范烟桥就在茶馆，翻阅报纸杂志，一边喝茶，一边写稿，日写数千字。1934 年，范烟桥为《苏州明报》副刊《明晶》撰写长篇小说《花草苏州》，连载数月。

在苏州茶馆可以免费读报，免费的品种极为有限；也可以租赁报纸，租赁需要付费，大报一份铜圆 4 枚，小报一份铜圆 1 枚，价格低廉，而且品种多。文人，尤其是给报纸杂志撰稿的文人，在茶馆里边喝下午茶，边爬格子挣工钱；肚子饿了要碗面条，工作餐也解决了；还可以看很多报纸，一举多得。在茶馆里可以听到报纸所不刊载的社会新闻，俗称小道消息。小道消息未必都是奇谈怪事，也有新闻。苏州的吴苑茶馆，庭院深深，名花异草，环境幽静，这家茶馆没有女客，清一色的男客，因为这家茶馆有点特别，是媒体的记者、机关职员喜欢来的茶馆，彼此交流信息。范烟桥也是吴苑茶馆的熟客，他的很多作品在报纸刊发后，深受读者欢迎。从茶馆得来信息，加以艺术加工，创造，是他的一大优势。

苏州人有"茶馆上谕"的说法，范烟桥解释这个词："茶坊里有一种不可思议的舆论，去批评一桩事件，比报纸的社论，法院的判决，还要有力。某人说过，倘然袁世凯常到吴苑来听听茶馆上谕，绝不会想做洪宪皇帝的。尽有十恶不赦的人，会给茶馆上谕申诉得服服帖帖的。因为十目所视，十手所指，他不能不内疚神明啊。"

茶馆的美食

大江南北的茶馆，虽然喝茶的风俗不同，但是都供应茶食（茶点或点心），只是茶食的品种不同。

江南茶馆干丝必不可少

扬州、南京等地的茶馆，干丝是必不可少的。干丝分为煮干丝和烫干丝两种。干丝早期是煮，扬州的煮干丝非常有名；后来改为烫干丝，干丝不再下锅煮，而是将切得很细而匀称的干丝在滚水中多次烫成，无一点豆制品的生味。干丝其细如丝、根根不断，黄嫩的生姜丝也细如头发，这种极细整齐的干丝，不仅外观美，而且透味快。一碗干丝，另给麻油佐料一小碟，由茶客自己调半食用，

烫干丝

吃起来鲜嫩可口，回味无穷。民国期间，茶馆都在干丝上大玩花样。清真馆子添了烧鸭干丝、开洋干丝等新品种。荤茶馆如夫子庙大富贵、雪园、永和园，按时令推出春笋干丝、冬菇干丝、蟹黄干丝、鸡丝干丝等。清和园干丝分为荤素两种，荤的有虾仁、鸡丝、烧鸭丝、肉丝等，素的有口蘑和香菇。

老茶客上茶馆喝茶，先要一碗烫干丝，待过完干丝瘾后，才尝其他细点。

山泉楼酥烧饼南京一绝

南京茶社供应的茶食很多，除了干丝是每家茶馆必不可少的茶食之外，其他品种的茶食也很多。永和园有小笼包、三丁包子、五丁包子、翡翠烧卖、千层油糕、萝卜丝烧饼等20多种。

义顺茶社则供应鸭油烧饼。新奇芳阁有酥油烧饼、豆沙包、鸡面、干丝、春卷。什锦菜包雅名翡翠，选用鲜嫩的菠菜或青菜，用沸水烫至八成熟，用刀剁碎，掺和芝麻屑、木耳、豆腐干、贴炉面筋等，加入适当的糖、盐，拌和小磨麻油，即成素馅。皮面的发酵和揉制，以及蒸功恰到好处。菜香、油香、麻香，扑鼻而来。荠儿菜烫面饺别具风格。抗战前，一壶茶、外带一小碗煮干丝，两块烧饼，加上小账，不到一毛。

烧饼被视为大路货，但是新奇芳阁的烧饼却不同凡响，甜咸酥透，香气扑鼻。这里的酥烧饼皆用鸭油和制，其品种有糖油、萝卜丝、荠菜等，尤以荠菜烧饼最受称道，当年是秦淮胜地独一无二的。每年冬去春来，荠菜上

南京新奇芳阁鸭油烧饼（现代仿制）

市之际，这里才有供应，虽然每天应市不少，但购者纷沓，去迟一步，即告向隅。新奇芳阁的芡儿菜烫面饺子，别具风味。每年农历四月上市，此时往往喜欢素食者增多。茶馆掌握这一火候，制售芡儿饺子。这种小吃香甜淡雅、细嫩鲜美，风味独具，引得食客络绎不绝。傅抱石、陈之佛、胡小石、黄季刚、张恨水、张友鸾等经常光顾新奇芳阁，喝茶吃干丝，品烧饼。

在南京城南殷高巷，抗战前有一家山泉楼破茶馆，破桌破凳，连茶壶也是缺嘴缺把，但其所制的酥烧饼，堪称南京一绝。中央大学的冒鹤亭、胡小石、黄季刚、汪东常常来此聚饮唱和。一边喝着茶，一边啃着酥烧饼，烧饼上的芝麻落到桌子上，手一抿，将散落的芝麻扫到了手中，又吃进嘴里。破旧的凳子，缺了壶嘴的茶壶，并不影响这些文人的雅兴。时不时地还会用筷子敲打茶杯或桌子，吟诵诗词，对对子。词人卢冀野喝着茶，品着酥烧饼，脱口吟诵出："山泉酥饼殷高巷，老住城南一食之。别有干丝河栏味，棋声鸟语小姑祠。"对三泉楼的酥烧饼赞不绝口。

北京茶馆的焖炉烧饼

按照北京史专家金受申先生的分类，北京的茶馆分为大茶馆、茶酒馆（卖茶又卖酒）、书茶馆（有说书表演）、清茶馆（专门服务生意人）、野茶馆（在荒郊野外地方），大茶馆又分为红炉馆、窝窝馆、搬茶馆和二荤铺四种。

焖炉烧饼是各家茶馆都有的茶食，红炉馆供应的茶食有大饽饽、中饽饽，其中杠子饽饽分为甜咸两种；窝窝馆供应的茶食有炸排叉、糖耳朵、蜜麻花、黄白蜂糕、盆糕、喇叭糕等；搬茶馆供应的茶食有焦焖炉烧饼、炸排叉、肉丁馒头等；二荤铺做的烂肉面最有特色，形如卤面，卤汁较淡而不用肉片，风味独特。

苏州喝茶佐月饼

苏州人以茶款客，必佐以细碟，内设糕点之类，谓之茶食。

苏州茶馆供应茶食，还有店家专售茶食，这茶食经过包装，不再局限于茶馆内食用，而且可以作为礼物，馈赠朋友。

苏州的茶食以稻香村的最出名，其中又以稻香村月饼最佳，其次是肉饺。月饼有玫瑰、豆沙、甘菜、椒盐等馅料，每块十枚铜圆。又有分量较大，扁圆状的月饼，俗称月宫饼，简称宫饼，有枣泥和荤油两种馅，每块二十枚铜圆。咸月饼中的南腿、葱油、鲜肉三种，刚出炉时，品尝口味最佳，皮酥味腴。喝茶佐以月饼，茶水的涩，化解了月饼的甜，使得重糖的月饼不再甜腻，茶水的清爽甘甜之味反而凸显出来。

苏州茶食店中尚有一家野荸荠店，制作的肉饺和酒酿饼也很有名。酒酿饼以酒酿露发酵，和以面粉，气味芬芳，烤熟后吃起来松软却有嚼劲。

广东茶食很精致

南方人喜欢绿茶，龙井、毛尖、碧螺春都是他们喜好的茶叶；北方人喜欢花茶，茉莉、菊花之类；云南一带喜欢普洱茶，茶饼、茶砖，都是他们喜好的；福建、广东则喜欢乌龙茶。这是大体的情况，并不是绝对的。

广东、福建一带喜好功夫茶，非常讲究。潮州人上茶馆喝早茶是他们的习俗，整个广东都有喝早茶的习惯。广东人喝茶，茶食很讲究，虾饺、蛋挞、擘酥、马蹄糕等，都很有名，做得也精致。

穿衣

　　旗袍是民国时期最具代表性的女装。旗袍来源于旗人（满族人）之袍，经过改良，已成为汉族女子与满族女子共同的服饰，在民国时期绽放异彩，谱写了辉煌。

宋庆龄的旗袍

　　宋霭龄、宋庆龄、宋美龄三姐妹喜欢穿旗袍，在很多场合下，她们都身着旗袍。尽管她们很小就在国外生活、学习，然而宋家传统的中国文化教育，培养了她们喜爱中国文化、爱穿中国服饰的习惯。

　　1907 年秋，14 岁的宋庆龄与小妹宋美龄踏上留学美国之路，先在新泽西州的波特温学校学习，这个时期她留有一张身穿素色旗袍的照片，直发梳向脑后，像个小大人。此时的旗袍还保留着旗人之袍宽大、直身的特点，将女性身体曲线掩藏在宽大的袍子之下。进入民国，旗人之袍发生了变化，面料也由厚重、多提花、装饰烦琐向轻薄、多印花、装饰简约转变。

　　20 世纪一二十年代，旗袍受文明新装的影响，出现了文明新装的喇叭状的大

穿倒大袖旗袍的宋庆龄

穿花旗袍的宋庆龄

袖口，袖口一般宽 7 寸，俗称倒大袖。倒大袖是这一时期旗袍的特点，1923年 12 月 21 日，宋庆龄陪同孙中山前往广州岭南大学演讲，孙中山勉励学生："要做大事，不要做大官，把中华民国重新建设起来。"宋庆龄穿着黑绸缎面料的倒大袖旗袍，脖子上围着一条格子围巾，襟口、袖口处都绣着一朵花（参见刘东平，《宋庆龄图传》）。1925 年 3 月 12 日孙中山在北京逝世，宋庆龄在治丧期间，穿的丧服是黑色长袖倒大袖旗袍。1925 年宋庆龄的一张照片，所穿的旗袍是绣边的倒大袖旗袍。

20 世纪 20 年代中叶，受欧美服装的影响，原本宽大、没有腰身的旗袍开始收腰，长度缩短，旗袍的下摆逐渐上升，1924 年下摆还在小腿，至 1929 年已升至膝盖，女性大方地秀出她们的小腿，洋溢出青春的气息。不要小觑女性穿旗袍秀出的小腿，这体现了一个有别于清朝封建专制的、充满着开放风气的新时代的社会观念。

旗袍是宋庆龄一生钟爱的服饰，20 世纪 30 年代，在上海，她所穿的旗袍有中袖、长下摆花格子的扫地旗袍，或者条纹图案的旗袍。1932 年，英国文豪萧伯纳访问中国，2 月 17 日宋庆龄在上海莫里哀路的住宅宴请萧伯纳，蔡元培、鲁迅、林语堂、伊罗生、史沫特莱应邀出席，宋庆龄在旗袍的外面罩了一件毛线编织的马甲。

宋美龄的旗袍

宋美龄喜欢穿旗袍。虽然她 10 岁时起就生活在美国，但从来都穿中式服装。

她不喜欢穿过于暴露的服装，出于对女性美的追求，也反对穿长筒裤子。她认为女性应该有与男性截然不同的服饰特点，在她的百年生涯中，几乎没见她穿过长裤子。

宋美龄爱衣成痴，她青睐旗袍，她的衣柜中有上百件旗袍，依据季节变化，选择不同的面料、不同的色彩，款式造型各异。宋美龄旗袍之多，大概当时无出其右者。为什么宋美龄会有如此多的旗袍？固然与她第一夫人的地位有关系，宋美龄的旗袍必须有款有形，与众不同。遇到重要节日，高官的女眷都礼节性地向宋美龄赠送礼品，其中以绸缎布料居多，宋美龄身边有用不完的各式各样的面料，她喜欢旗袍，就用来制作各式各样的旗袍。

通常情况下，一件旗袍，宋美龄只穿一两次。夏天旗袍更换频率更快，一天换一件。宋美龄身边有一位御用裁缝张瑞香，为她制作旗袍。早期裁缝师傅是外请，定期来总统官邸量身定制，后来，因为旗袍需要量大，张瑞香被调进官邸来，成为后勤人员。宋美龄的旗袍手工细巧，制作精良，款式新颖，引领时尚。因为旗袍有上百件之多，侍从们便将旗袍进行分类，按照颜色、面料、款式的不同，编成号码，便于随时取用。

除了官眷赠送的衣料，宋美龄也经常自己选购衣料，但并不是那种阔太太的做派，让布料店搬来各种衣料，拣价格昂贵的，整匹搬走。宋美龄总是要跑好多家店铺，问明价格，挑合意的才买。

宋美龄与加拿大红十字会会长杜德

　　在不同的场合宋美龄会搭配不同的旗袍。在参加重要的外事活动，接待重要来宾时，会穿上高档面料制作的旗袍。在一些面向民众的活动中，她也会穿普通面料的旗袍。1938 年武汉儿童保育会成立，为了保证保育会顺利成立，有关方面约请宋美龄主持保育会工作，宋美龄一身黑色丝绒旗袍，发表了讲话，给予儿童保育会很大的支持。

　　抗战期间，在重庆，宋美龄还参与了缝制服装、支持抗战的活动。她穿着深色、朴素面料的旗袍，坐在缝纫机前，脚踩踏板，为前线将士缝制服装。第一夫人身着朴实的旗袍，从上而下，号召简朴之风。

胡蝶的旗袍

1933 年《明星日报》创办人陈蝶衣发起了评选电影皇后的活动，明星公司的胡蝶以 21334 票拔得头筹；天一公司陈玉梅得 10028 票，位列第二；联华公司阮玲玉以 7290 票获得第三。胡蝶的长相端庄俏丽，演技深得人心，无愧于"影后"的称号。影迷们喜欢胡蝶的酒窝，喜欢她的微笑，甚至模仿她的微笑。

20 世纪 30 年代是旗袍盛行的时期，各大报刊纷纷开设专栏介绍旗袍，月份牌也喜欢选

穿旗袍的胡蝶

择美女和旗袍为表现对象，胡蝶当然也穿旗袍，而且她的旗袍款式独特，她穿旗袍的风度与众不同。

当时的旗袍分为京派与海派两种风格。海派旗袍加入了西式服装的腰身，重在表现女性的特点，修长、紧身、适体、高开衩，更适合身材高挑的南方女性穿着。

胡蝶驾驭旗袍的能力很强，无论是高领中袖旗袍，还是低领短袖旗袍，穿在她身上都是仪态万方。胡蝶在《劫后桃花》中的扮相，既有深色底丝绒旗袍，上绣花朵，雍容华贵；也有短袖碎花旗袍，简洁质朴，素雅简约，如清水芙蓉。1935 年 3 月胡蝶随中国代表团去苏联莫斯科参加国际电影展，她身穿立领、琵琶

襟、中开衩、下摆垂地的扫地旗袍，身披白狐披肩。面如芙蓉眉如柳，仪态端庄大方，美艳惊人，让世人为之折服，被誉为"中国的葛利泰·嘉宝"。她的这身旗袍装，扭转了世人对中国女演员的看法。

胡蝶是上海滩的时尚标杆，她穿什么，上海滩就流行什么，她怎么穿，上海的女人就怎么效仿。胡蝶穿过一件褶衣边的旗袍，风靡一时，人称"胡蝶旗袍"。

阮玲玉的旗袍

阮玲玉与胡蝶同为民国时期的影坛大腕，在阮玲玉与胡蝶合作的影片中，阮玲玉始终是悲剧色彩的女二号，但胡蝶却坦然承认："阮玲玉演得了我演过的角色，而我演不了她演的角色。"阮玲玉的性格刚烈，感情奔放，一向以本色出演，表演率真，驾驭角色的本领很强，很容易入戏。

穿扫地旗袍的阮玲玉

阮玲玉的演技超群，粉丝众多，她也是时尚的风向标。

阮玲玉在银幕上走红的20世纪30年代，正是旗袍花开正艳的时候。

旗袍总体特点是领小、袖小、下摆多变化，核心是讲究腰身。满族女性的旗袍是平直造型，几乎看不出胸、腰、臀的曲线，腰节线较低。而汉族女性的旗袍，有明显的腰身，胸、腰、臀部贴合身体曲线，旗袍穿在每一位女性的身上都是合身、妥帖的。民国旗袍不是批量生产，千人一式，而是量身定做的个性化服饰，千人千样。

阮玲玉喜欢高领、长下摆、网格图案的旗袍。

20世纪30年代旗袍流行长下摆，长可及地，盖住脚面，俗称"扫地旗袍"。阮玲玉在影坛大红大紫时，正是扫地旗袍流行之时。长旗袍配高领，衣领紧裹脖颈，直抵下巴，即使在炎热的夏天也不改高耸的姿态。盛夏酷暑，薄如蝉翼的旗袍也必须配上高耸及耳的硬领，高到直抵腭下，继而至耳。后来低领开始盛行，当低到实在无法再低的时候，干脆不要领子了，也是时尚。高立领长旗袍和高跟鞋，将女性衬托得亭亭玉立，再将头发吹烫一下，美不胜收。

阮玲玉1933年出演《三个摩登女性》，1934年出演《神女》，1935年出演《新女性》，她在影片中扮演的角色都穿旗袍。她精湛的演技、迷茫的美丽让影迷为之疯狂。她将旗袍的风姿绰约、风情万种展露得淋漓尽致，留下了令人惊艳的一瞬。

扫地旗袍下摆长，贴身穿，行动有所不便，于是设计上对旗袍采取了开衩处理，尤其是高开衩解决了这个矛盾。女性在走动时，隐约露出白皙的大腿，十分性感。

旗袍的袖子也富于变化，时而长过手腕，时而短至露肘，当然也有无袖的。长袖有长袖的美，短袖有短袖的俏，无袖有无袖的媚。因人而异的旗袍，符合每一个穿着者的身材，贴合而周致。

徐来的旗袍

徐来长得标致，是标准的美人，原名小妹，又名洁凤。18岁时考入黎锦晖主办的中华歌舞专科学校。毕业后加入明月歌舞团，奔走于平津宁汉等大城市，以美貌与机灵拥有很多粉丝。黎锦晖以"清风徐来"，为她改艺名徐来。

1931年9月，"明月"更名为联华歌舞班，隶属联华影业公司，拍摄了一些歌舞短片。1933年，徐来在明星影业公司主演了影片《残春》，一炮走红。徐来从影的时间不长，1935年，阮玲玉的自杀对徐来刺激很大，她在主演了《船家女》之后，就息影了。美人徐来受到电影界、时尚界的推崇。除了沐浴镜头、泳装的轰动，徐来在衣着方面也很讲究。她是标准的旗袍模特身材。徐来的衣柜中有多款旗袍，长下摆、短下摆、高开衩、低开衩、长袖、中袖、短袖、直襟、斜襟、双襟、曲襟，款款有形，件件精致，穿在她身上风情万种，神采飞扬。

穿旗袍的徐来

春夏季节，徐来在素底圆点绸缎料旗袍外面，套上一件长袖丝绸外套，低开衩长下摆，露出秀美的小腿，以及一双高跟皮鞋，时尚浪漫。秋风刚起，徐来换上一款深色底大花的旗袍，短袖尚未变成中长袖，意味着苦夏还未远去，尚不及换下夏季的单旗袍，不过脖子上加上了一条狐皮围领，即表明时令在变化。当树叶飘落时，气温下降，徐来的旗袍由单变成夹，旗袍里多了衬里，比单旗袍厚实，风情不减。飘雪的隆冬，徐来在旗袍外面罩上裘皮大衣，当走进有暖气的室内，脱去裘皮大衣，里面就是长袖、高领的长下摆旗袍。

张爱玲的旗袍

翻阅张爱玲的书，就像在欣赏一件放置箱底已久的旗袍，轻轻地抚去沾在旗袍上的浮尘，仔细端详，虽然有了些褶皱，然而烫去折痕，旗袍依然靓丽。

张爱玲才华横溢，却是一位服装控，受母亲的影响，她从小就对服装有一种特别的喜好，爱穿漂亮的衣裳，把自己打扮得与众不同。

1943 年 7 月的一天，张爱玲去福建路昼锦里附近的一个小弄堂，《万象》编辑部就设在一座双开间的石库门内。编辑柯灵约见张爱玲，准备请她为《万象》撰稿。张爱玲穿着一件色泽淡雅的丝质碎花旗袍，是上海小姐普通的装束，可是在腋下却夹着一个报纸包，与旗袍的搭配有点怪异。她说有一篇稿子要给柯灵看一看，这是柯灵与张爱玲的第一次见面。

张爱玲对服饰有自己的审美，尤其喜欢标新立异。她从香港回上海，弟弟张子静去看她，张爱玲穿着一件矮领布旗袍，大红颜色的底子，上面印一朵一朵的蓝白大花，两边都没有纽扣，是跟外国衣裳一样钻进去穿的。领子矮得几乎没有，在领子下面打着一个结，袖子短到肩膀，长度只到膝盖。

张爱玲有一件薄料子的旗袍，深灰色，不但没有袖子，而且袖缘往里裁剪得很深，从这边的肩骨，通过盖着前胸骨的上襟，可以看到那边的肩骨。深色旗袍似乎是张爱玲的制服。

张爱玲与胡兰成逛马路，穿一件桃红单旗袍。胡兰成说好看，张爱玲回答：桃红的颜色闻得见香气。

阴丹士林走俏

民国期间，有一种旗袍非常流行，年长的老太太穿，年轻的俏女郎穿，年幼的小学生穿；大户人家的贵妇穿，贫寒人家的小媳妇也穿。她们不约而司地选择

李丽华为阴丹士林旗袍做广告

了——阴丹士林旗袍。

　　阴丹士林旗袍不是一种款式，而是制作旗袍选用的面料，即阴丹士林布。阴丹士林本是一种还原染料名称，德文 Indanthren 的译音，其还原染料耐洗、耐晒、坚牢度高，以它染成的布色彩艳丽，人们习惯称之为阴丹士林布，其中以大德染料厂出品的最有名。与传统的土布相比，阴丹士林布颜色鲜艳，种类繁多；与纯洋布比，它又具备了朴素典雅的民族性，因此很受人们的喜爱。阴丹士林布不仅质量好，还可以满足低、中、高不同层次顾客的需求。

　　影星李丽华的旗袍中就有阴丹士林面料制作的，有一种朴素淡雅之美。因为看中了李丽华的气质，商家请李丽华为阴丹士林旗袍做了广告，"阴丹士林布是我最喜欢用的衣料"。李丽华做了这样的表白。

阴丹士林布的广告遍及都市和乡村，在学生中影响尤大。阴丹士林布也以其优良的品质，畅销大江南北，家喻户晓。学生喜欢穿阴丹士林布做的制服，时髦女郎喜欢穿阴丹士林布做的旗袍，阴丹士林布几乎成了"国布"。阴丹士林旗袍成了 20 世纪 30 年代时尚的宠物，成为旗袍的一种代表，一种时尚的潮流。若干年后，阴丹士林、士林蓝仍然是经历过世纪沧桑的老人耳熟能详的字眼，她们依然对阴丹士林布充满着怀念、向往，她们有着深深的阴丹士林情结。

阴丹士林旗袍广告

八　长衫马褂

民国时期的男装世界里，长袍（衫）、中山装、西装三足鼎立，代表着不同身份的人群。一般来说，传统文人、老夫子们喜穿长袍马褂，喝过洋墨水的海归好穿西装，而那些在政府任职，信奉三民主义的官员们则穿中山装，这与他们的教育背景和工作有关。这样的穿戴，仿佛是一种身份的标签。

长衫马褂

辛亥革命之前，传统服饰以长袍马褂为主。辛亥革命之后，中华服饰从整体上摆脱了古典服制的束缚。关于日常服制的确立有两种方案，一种主张采用西服，另一种主张日常服饰基本照旧。礼服用纯丝棉品，专以国货为主，由此掀起了国产绸布缝制蓝布衫的热潮。

尽管出现了西式服装，但是在老百姓中仍然是中式服装的天下。民国时期的长袍马褂，款式与前清有所不同，马褂对襟窄袖，下长至腹，前襟钉5粒组扣，一般以黑色丝麻棉毛织品为主。长衫一般是大襟右衽，长至踝上两寸，左右两侧的下摆处开有一尺左右的小衩，袖长与马褂齐平，一般用蓝色。用做便服的马褂、长衫，颜色可以不拘。在春秋两季，人们还喜欢穿马甲，在长衫外罩一件马甲，以此代替马褂。这时期的男装也长年在灰色、咖啡色、深青色里面打滚，质地与图案极单调。

从20世纪20年代起，大城市的教师、公司洋行和机关办事员中的青年人开始穿西装，而老年职员和普通市民穿西装的较少，仍以长衫马褂为主。与西装比起来，长袍算不上挺阔，但是穿着的舒适性却胜于西装，特别适合行动缓慢、年龄偏大的中老年人。保守的中式服饰，很贴合中国知识分子温和、可信的形象。

长衫庄重、典雅，体现出民族的韵味，颇得知识分子喜爱。

鲁迅几乎是常年穿长衫，一件廉价的白色洋官纱长衫，端午前就穿起，一直穿到重阳节。气温降低后，再换上深色的棉质长衫。

穿长衫的鲁迅，1928年3月于上海景云里寓所

教授们的长衫

1927年，黄侃任教中央大学，与校方约定"下雨不来，降雪不来，刮风不来"，绰号"三不来教授"。中央大学教授们大多西装革履，进出乘坐汽车，最起码也有黄包车。唯黄侃天天步行，出入总是一件半新不旧的长衫，用一块青布包几本常读之书。

中央大学艺术系教授徐悲鸿，平时穿黄铜纽扣的青色土布长衫，俭朴古雅。因为经常画画，有时候长衫上也会沾上颜料。

武汉大学政治系任凯南教授长袍上罩着蓝布大褂，布鞋。出门时带一根手杖，把手杖挂在左肘上，颇有名士风度。

北京大学的师生不太讲究衣着打扮，老师和学生多是长衫。海归的洋博士胡适、刘半农也总是长衫，很少见他们穿西装。至于李大钊、周作人、钱玄同这些在日本留过学的人，更是一年四季穿长袍，有时还要套上一件马褂。

抗战时期，北京大学、清华大学、南开大学南迁，在昆明组建了西南联合大学。西南联大的生活是艰苦的，缺衣少食。教授的收入也不足以满足家庭所需，教授们不得不通过兼课、刻印、卖文等方式挣钱；教授夫人也抛头露面，制作定胜糕，贴补家用。联大的教授中不乏留洋归来的知名学者，如陈寅恪、闻一多、钱钟书、王竹溪、吴有训、吴大猷、赵忠尧、张文裕、杨石先等。频繁的战争与艰苦生活，考验着人们的意志。在联大的校园中，穿什么服饰的都有，中山装、长衫、西装，各人有各人的习惯。

1944 年西南联大教授欢送罗常培赴美国考察，在昆明大吉普镇合影。从左起朱自清、罗庸、罗常培、闻一多、王力

沈从文穿衣服从不讲究，《湘行散记》里说他穿了一件细毛料的长衫，汪曾祺回忆：这件长衫我见过。我见他时总是一件洗得褪色的蓝布长衫，夹着一摞书，匆匆忙忙地走。

在西南联大，有人把教授们的穿着、形象编成顺口溜：闻一多的胡子，朱自清的披毡，吴宓的烟斗，曾昭伦的脑门儿，陈寅恪的罗锅，刘文典的棍子。

抗战胜利后，俞平伯在北大讲授古代文学。适值冬天，教室朝南，阳光充足。俞平伯头戴黑羔皮土耳其式高筒小皮帽，外罩阴丹士林蓝布大褂，里面是藏青色绸料棉袍，黑色棉裤。大褂短于棉袍约二寸。大褂新时同棉袍一样长，洗后缩水，便越来越短。冯友兰、闻一多、张子嵩也是常年大褂长袍，很少见他们穿西装。清华大学的梅贻琦校长也不例外。

陈寅恪在清华大学国学研究院做导师时，冬季里面穿着皮袍，外面罩以蓝布大褂青布马褂，头上戴一顶两旁有遮耳的皮帽，足下蹬着棉鞋，右手抱着一个蓝布大包袱，走路一高一下（参见黄延复等，《清华风流人物》）。

抗战胜利后，陈寅恪57岁，双目失明，由人搀扶着重返清华园，校长梅贻琦劝他修养一段时间，陈寅恪回答："我是教书匠，不教书怎么能叫教书匠？我每个月薪水不少，怎么能光拿钱不干活呢？"脸上带着微笑，语气却是严肃、坚定的。清华为陈寅恪配了3个助手，陈寅恪以古代书院的精神授课，师生之间则以学问道义相重。那一天，学生胡守为来到陈宅，陈寅恪正在工作。尽管只有他一个学生，知道他来了之后，陈寅恪挪步到楼上，郑重地换上了一身长袍（参见落尘，《民国的底气》）。

换上长衫的闻一多

1925年5月14日，闻一多、余上沅等从美国西海岸登上去上海的轮船。一望无际的大海，波涛滚滚，思绪也随着滔滔翻滚的海水，回到让闻一多等海外赤子魂牵梦萦的故土……

寂寞的海上生活，耳边回响着轮机的轰鸣声，偶尔看到飞翔在大海上的海鸥，不畏风浪勇敢地搏击。茫茫的大海，白浪滔天，看不到陆地，可是闻一多心里知道，轮船每天都在靠近阔别多年的祖国。

当船驶入上海吴淞口，远远地看到一片陆地，那就是自己的祖国。站在甲板上的闻一多兴奋起来，欢呼雀跃，突然他脱下身上的西装，"嗖"地扔进了大海。1922年闻一多去美国留学，在美国喝了多年的洋墨水，穿了多年的西装。一回到中华大地，压抑在心中的民族本性就被激发了，西装不再是一种必需的服饰。闻一多说过："我15岁以前，受的是旧家庭的束缚，考入清华以后，又到美国留学，回来以后在学院里当教授，一直过的是假洋鬼子的生活。对于中国的认识，其实很肤浅。过去漂洋过海，领略了海的辽阔，可在今天，我要用我的脚板、脚跟和脚趾，去抚摸祖先的沧桑，领略山的雄伟。国难当头，我们这些掉书袋的人，应该重新认识中国了。"（参见李洪涛，《精神的雕像》）

穿长衫的闻一多

扔掉西装并非是闻一多一时的冲动，而是他内心深处的一种民族精神的体现。回国后的闻一多，实践着他的诺言，不再穿西装、戴领带，而是穿上了传统的中式长衫。

1946年7月11日，在云南大学纪念李公朴追悼大会上，闻一多慷慨激昂地演讲，痛斥暗杀李公朴的凶手。当晚，闻一多也与李公朴一样，倒在了国民党特务的枪下。穿长衫的闻一多，化成了中国知识分子追求民主、反对独裁的精神雕像。

九　中山装

中山装是在学生装的基础上加以改革而成，因孙中山先生率先穿着而得名。

中山装发端于 20 世纪 20 年代末期，当时孙中山先生感到传统中装不能体现中国人奋发向上的精神；西装是舶来品，也不适合中国人的生活习惯，于是萌发了对传统服装进行改革的念头。他从当时在南洋华侨中流行的"企领文装"以及日本流行的陆军士官服中得到启发，在"企领文装"上增加一条翻领，代替西装的硬领，创造出一款新式服装。

本着"适于卫生，便于动作，易于经济，壮于观瞻"的原则，改良的服装采用翻领，胸、腹各做两大两小有袋盖的四只贴袋（明袋），两小贴盖做成倒山形体架式（即笔架盖），寓意中国革命必须依靠知识分子。

中山装式样原为九钮，胖裥袋，后根据《易经》《周礼》等内容予以新意。其形制为立翻领，对襟，前襟五粒扣，四个贴袋，袖口三粒扣，后片不破缝。依据国之四维（礼、义、廉、耻）确定前襟四个口袋，袋盖为倒笔架，寓意为以文治国。依据国民党区别其他西方国家分立的五权分立（行政、立法、司法、考试、监察），确定前襟五个扣子。依据三民主义（民族、民权、民生）确定袖上为三个扣子。后背不破缝，表示国家和平统一之大义。翻领封闭式的衣领表示

"三省吾身"，严谨治国的理念。

中山装创制后，孙中山带头穿着，中山装成为革命与时尚的象征，风靡一时。

政府的制服

1912年，民国政府通令将中山装定为礼服，修改中山装造型，民国十八年（1929）制定国民党宪法时，规定特任、简任、荐任、委任四级文官宣誓就职时一律穿中山装，以示奉孙中山先生之法，中山装遂成为南京国民政府的统一制服。

在国家正式典礼中，中山装成为重要的象征。1928年7月6日，蒋介石将冯玉祥、阎锡山、李宗仁等请到北京香山碧云寺恭祭孙中山，在北京的国民党中央委员、市党部委员均谒陵，主祭、襄祭官员均着中山装。在南京国民政府时期，蒋介石等领导人出席重要仪典，都要穿中山装。在总理纪念周时，更是明确规定穿礼服或中山装。以后在各种正式典礼中，均要求各部公务员一律着中山装。

政府院部如此，国民党党部如此，到了地方政府、机关更是如此。国民党向机关、学校推广中山装，将中山装塑造为革命、进步、时尚的服装，向民众宣传。1928年3月，国民党内政部就要求部员一律穿棉布中山装，除国民党党员服装须由党务系统批准外，其余均穿中山装。此后，各地均将中山装定位为制服。1934年，南京特别市政府规定办公时间内一律穿着制服，严厉"取缔奇装异服"，穿中山装，且质料"必须国货"。

冯玉祥说中国的长袍大褂，糟蹋布料，妨碍行为，他极力推崇孙中山先生创制的中山装，"中西兼长，至美至宜"。他主政河南期间，着力推广中山装，规定河南开封政界一律改穿中山装，各机关内，穿长衫者不准出入。中山装似乎成了进入政府机关的通行证。即使女界亦已有剪发穿中山服者。冯玉祥衣着原本朴素，他可以穿着粗布军装办公，此时也穿起了灰布中山装。有政府令，又有执政的率先垂范，河南的官员们纷纷改穿中山装。有一时期，机关职业薪水发放困难，省政府又下令，由各机关代做灰色中山装一套、棉风衣一件，费用由公家垫付，充抵部分薪水。当时河南公务人员到乡村执行公务也必须穿制服——中山装。河南省南阳县政府规定：土地丈量员制服，夏季着夏装白色中山装，其他季节着黑色中山装，帽子与衣服颜色相配。

1945 年 8 月，国共两党领袖蒋介石、毛泽东在重庆会晤，两人穿的都是中山装。毛泽东当时说："国共两党继承的是中山先生民主革命的衣钵，同宗同源。"穿中山装表明对于中山先生的怀念，以及继承中山先生的衣钵、继续推进中国民主革命的理念。

周恩来、董必武等在国统区从事革命工作时，中山装也是他们经常穿的服装。

毛泽东、蒋介石在重庆

文人中山装

民国时期中山装已经成为公务员及教育界人士中最流行的服装。著名报人张慧剑曾经穿着中山装去浙江金华一所村小学观光，引起全校震惊，师生们惊慌失措，仿佛大祸降临。张慧剑很是纳闷，校长毕恭毕敬地来到张慧剑面前，恳请他进办公室休息。一细问，张慧剑才明白，原来师生们见他穿着中山装，误以为他是县督学，以为摊上什么大事了，惶恐至极。张慧剑为此感慨："穿上中山装，我还是我，但是在别人的眼里我不是我了，衣服是人类一切误会的根源。"（张慧剑，《辰子说林》）

1938 年 8 月，老舍来到重庆，出任中华全国文艺界抗敌协会常务理事兼总务部主任，负责协会的日常工作。为参加活动，老舍特意买了两身灰布中山装。抗战八年间，老舍轮换穿着这两套中山装，在万县、成都、青城山、灌县、昆明等地了解各地抗日宣传工作和"文协"活动情况，发表演讲。衣服下过几次水之后，掉色，变得灰不灰蓝不蓝，老在身上裹着，使老舍看起来像个清道夫，有人管他的这种服装叫作斯文扫地的衣服。但是老舍顾不了衣服的"不斯文"，他马不停蹄地奔波在文艺抗战前沿，写作了抗战剧本《残雾》《国家至上》《张自忠》，长篇小说《四世同堂》，他在重庆写完了前两部《惶惑》《偷生》。

曾经有人对老舍的穿着投以质疑的眼光，老舍说："对不起，这已经是我最好的衣裳了。"

晴天一身中山装，雨天还是那套中山装。灰不灰蓝不蓝的中山装成了抗战在重庆的老舍的形象。此后，这两身衣服伴随了老舍多年。

卢作孚的粗布中山装

实业家卢作孚是民生公司的创始人。作为民族运输业巨子，卢作孚的产业做得很大，涉及矿冶、机械、纺织、贸易、保险、新闻等多行业，但是他的生活非常简朴，常年穿一套中山装。

卢作孚创办的北碚三峡染织厂，生产一种芝麻色粗布面料，颇受中国民众欢迎。民生公司成立后，卢作孚就选用北碚厂的芝麻色面料，制作了中山装，作为公司制服。他穿上了与员工一样面料的中山装，一直坚持数十年，即便担任交通部次长、粮食局局长期间也不例外。

粗布中山装成了卢作孚常年穿着的服装，因为过于朴实，也闹过误会。卢作孚曾应邀去国民政府军事委员会政治部第三厅做报告，车子开到第三厅时，从车上下来一位穿着派力司中山装，戴着巴拿马草帽，手提黑色公文包的人，非常气派。第三厅工作人员不认识卢作孚，误认为此人就是卢作孚，迎上去，握着对方的手，表示欢迎："感谢卢先生大驾光临。"此人抽出手来，往身后一指："卢先生还在车上呢。"原来此人是卢作孚的助手，穿着却比卢先生讲究，让迎接的工作人员很是尴尬。

卢作孚的个头瘦小，服装简朴，粗布面料，又喜欢剃光头，据说是为了减少梳理的时间。有一次民国政府要员张群（岳军）遇到卢作孚，见他仍然穿着简朴的中山装，就开玩笑："你的跟班都比你穿得漂亮。"而后，两人会心一笑。

1944 年 10 月，卢作孚去美国参加国际通商会议，遇到在美国为乡村学院筹款的乡村教育家晏阳初博士。晏博士见他还是一身芝麻色粗布中山装，就向他建议："外国人重视衣冠，你这样不修边幅要吃亏的，何况国际会议，中国人的服饰礼仪总要有的，中国面子不能丢。"卢作孚觉得晏博士说得有理，这才做了一套面料普通的西装。遇到重要外事活动，他才换上西装，平时不改本色，仍然是那件粗布中山装。

✚ 学生装

校服不仅有统一风格之作用，更有提高精神风貌的效果。整齐划一的校服，体现的是学校的风格、学生的风貌。民国时期也有校服，在一些有西方教学背景的学校尤其这样，如中西女中、圣玛利亚女校、培华女中、清心女中、明德学堂等。

林徽因的校服

1916 年的北京，国民教育尚不普及，出现了一些教会学校，其中有专门接纳女生的女子学堂（校），由英国教会创办的培华女中，是其中著名的一所。女学生主要来自生活富庶且思想开明的家庭。这些家庭的女孩子得到开明父母的宠爱，她们摈弃了"女子无才便是德"的古训，走出家门，抛头露面，进入学堂，接受教育，接触到复杂却又精彩纷呈的世界。

一天，四个十二三岁，身着统一的高领长袖黑色绒缎袄，半裙，脚蹬黑色皮鞋的女子，走出培华女中校门，她们一路欣赏着街景，有说有笑，非常开心。见到四个女生的欢快，路人投以惊诧的眼光，她们并不理会，她们就是走出藩篱，自由飞翔的快乐小鸟。当她们路过繁华市区的一家照相馆时，被橱窗里陈列的照

1916 年北京培华女中校服

片吸引了。这舶来的摄影技术，在当时社会上还是新玩意。为什么自己会"跑"进照片中去？会将人的魂魄摄进去吗？神奇的相片，让人们充满好奇。听过传教士的讲解，四位女学生知道这是光影产生的影像，可以留住美丽的人生。尽管家庭富裕，可是几个年轻的女子尚未体验过拍照。不知是谁说了一句："我们也去照个相吧。"大家心里都有这样的想法，一拍即合。镁光灯闪过，一张影像在胶片上定格，锁定了她们青春的倩影。

我们眼前的这张老照片，就是培华女中四位女学生当时的合影。初看时，大家对这四个女孩都感到陌生，她们是谁？家住何处？或许她们的名字已经湮没在时间的长河中，无人知晓。我们凝视照片，通过她们的眼眸，似乎听到了什么，尘封的记忆在轻抚中有了回响。

这帧照片非常经典，被很多杂志、书籍引用过，我们对于 4 位女孩中最右边那位中等身材、脸型略圆的女孩并不陌生，她就是集美丽、智慧、优雅、才华于一身的林徽因。

因为林徽因的存在，我们熟悉了这张照片，知道了民国时期北京有个培华女子学校，这个学校的女学生穿着统一的校服，有着优雅的气质。林徽因原名林徽音，其名出自《诗·大雅·思齐》："大姒嗣徽音，则百斯男。"祖籍福建福州，1904 年出生于浙江杭州，林家声势显赫，其父林长民曾任北洋政府司法总长等职，擅诗文，工书法；堂叔林觉民、林尹民，更是大名鼎鼎，均为黄花岗七十二烈士。林徽因 8 岁时，林家移居上海，林徽因入虹口爱国小学学习。1916 年，父亲林长民供职北洋政府，举家迁往北京，林徽因进了英国教会办的培华女中。大约学习了 4 年，林徽因中断了培华女中的学习，1920 年 4 月至 9 月，她随父亲林长民，赴欧洲考察，游历伦敦、巴黎、日内瓦、罗马、法兰克福、柏林、布鲁塞尔等地。1921 年回国，林徽因再次进入培华女中读书。

具有江南女子诗意才情的林徽因，自幼开蒙接受的便是中国传统文化的熏陶；进入培华女中，又受到西方思想的教育；游历欧洲，更是大开眼界。其思想中西合璧，后来她之所以选择建筑学为研读方向，是受到一位外国女房东的影响。

中国传统奉行"女子无才便是德"，阻碍了女子受教育。明清之际，只有极少数女性能够进入私塾学习。在中国流传甚广的《梁山伯与祝英台》中类似祝英台女扮男装进入学堂，只是传奇故事。至于专门为女性开设学校，也只是理想国的愿望。直到清道光二十四年（1844），英国妇女组织的东方女子教育协进社社员爱尔德赛，借五口通商开放之际，在宁波创办了中国境内第一所女子学校，开了中国正规化女子教育之先河。此后的 40 年，外国传教士相继在广州、福州、厦门、宁波、上海、北京、天津等地设立多所女学，其中影响较大的有上海的圣玛利亚女校、中西女中、清心女中等。

文化的隔阂、思想的鸿沟，使西方教会在中国设立女校进程变得举步维艰，招收女学生也十分艰难。辛亥革命之后，共和思想深入人心，西学东渐，为女学堂发展破了冰。此时，社会上竞办女学，掀起了一股女权运动浪潮，寻求思想、个性解放的社会大气候涤荡着女子服饰上的陈规陋习。社会对女性的种种限制有所松弛，女性服饰一扫清朝矫饰之风，趋向于简洁，色调力求淡雅，开始意识到体现女性的自然之美。

日本服饰风格影响了我国，妇女（尤其是女学生、女教师）多穿窄而修长的高领衫袄，下穿黑色长裙，裙上不施绣纹，呈现朴素、清纯、淡雅的风情，昔日繁多的簪钗、手镯、耳环、戒指等首饰也一概不用。在反映当时社会生活的小说中，有关于学生装的描写。张恨水在《春明外史》第 24 回就有这样的记述："她身上穿了一件瓦布灰皮袄，下穿黑布裙子，肩上披了一条绿色镶白边的围脖，分明是个女学生。"

林徽因穿的培华女中校服，款式源于文明新装。民国初年至 20 世纪 20 年代，糅合了西洋服饰元素和中国传统服饰特点的文明新装在女学生中应运而生。文明新装有别于传统的女性服饰，其形制上衣多为腰身窄小的大襟袄，摆长不过臀，袖短露肘或露腕呈现喇叭状，袖口一般为七寸，称之为倒大袖，衣服的下摆多为圆弧形，并在领、袖、襟等处缀有花边。裙子也略为缩短，但不曾缩短到膝上（在这以前的裙子下垂及足），裙褶完全取消而任其下垂。留洋女学生和本土教会学校女学生，率先穿着这种由袄子演进、变化而来的服装，被称为"文明新装"。文明新装在女学生中流行起来，虽然还不是校服，但是可以看成是学生装的先导。在文明新装的基础上，以袄衫为基本形制，革除倒大袖，去除装饰的花边，衣料、颜色以素雅为主，就形成了民国初年至 20 世纪 20 年代的女校校服的基本格调。

张爱玲的校服

民国时期的上海是一块创造神奇的土地，作为一个开放的商埠，西方文化最先进入上海，时尚流行也从上海蔓延。

圣玛利亚女校 20 世纪 30 年代的校服

　　清末民初，上海的学堂办得如火如荼，南洋公学（上海交通大学前身）、圣约翰大学，都是中国近现代教育史上的名校。此外，小学、中学教育也颇为发达，其中著名的女校有圣玛利亚女校、清心女中、中西女中、民立女中等。

　　圣玛利亚女校也就是女作家张爱玲的母校。张爱玲系出名门，祖父张佩纶是清末名臣，祖母李菊耦是晚清四大重臣之一李鸿章的女儿。圣玛利亚女校系教会学校，教师主要是外籍人士，学校按照外国教材，用西语授课，校园文化有着浓厚的西方色彩。不过圣玛利亚的校服并没有完全西化，不同时期的校服是有所变化的。1920 年前后，女生们穿着高领大袖袄，中式的风格；1930 年前后则穿着中西式紧身旗袍，风格中西合璧；1940 年前后，女生们的校服又变成了西装、西式衬衫与绒线编织服装的组合。

　　张爱玲年幼时父母就离婚了，她跟父亲张志沂（字廷众）生活。1924 年母亲黄逸梵与姑姑张茂渊赴欧洲留学。父亲生活颓废，终日与一群酒肉朋友花天酒地，又抽上了鸦片。1931 年张爱玲进入上海白利南路（今长宁路 1187 号）美国圣公会创办的贵族学校——圣玛利亚女校读书。

　　受母亲的影响，张爱玲从小就对服饰有特别的兴趣，她喜欢花花绿绿的服装。步入青春期时，继母孙用蕃（民国政府前总理孙宝琦之女）带来两箱子旧衣裳，料子尽管很好，但毕竟是旧衣裳，有的领子也破了。张爱玲穿着暗红色的薄棉袍，走进了圣玛利亚女校。圣玛利亚女校是一所贵族学校，学生都来自富裕殷实的家庭。忽然间看到一个穿着仿佛碎牛肉颜色棉袍的女生，同学们投来诧异的目光，让敏感而自尊心很强的张爱玲不免有些难堪。"碎牛肉的颜色，穿不完地穿着，就像浑身都生了冻疮；冬天已经过去了，还留着冻疮的疤——是那样的憎恶与羞耻。"若干年后，张爱玲以这样的文字记下了她刚到圣玛利亚女校的感受。好在圣玛利亚女校对女生服饰有专门的要求，她们的校服并不像其他学校校服那样统一制作，而是规定款式、面料，符合要求即可。张爱玲1931年入校，这时期的校服是旗袍，土布、阴丹士林布料都可以，素面花色、碎花、条纹都可以，总体上要求简朴。旗袍是张爱玲喜欢穿的一种服饰，不用再穿继母给的衣领破旧的袍子，换上新的阴丹士林旗袍，着实让张爱玲兴奋了一阵。

在学校穿校服，这是通常的规定，但是遇到迎新聚会、节日庆典等活动，很多学校是鼓励学生展示自己的风采的，允许穿其他服饰，于是各种潮流服饰争奇斗艳，校园里就会上演一场场"时装秀"。

南高师的校服

民国时期的南京是教育重镇，南京高师（国立东南大学、中央大学前身）、金陵女子文理学院、金陵大学、河海工程大学，以及后来的国立中央大学等均落户于此，中等教育更为普及。

今天的人们对于女生上学，男女学生同校读书司空见惯，但清朝末年，男女学生仍然不能同校，女子上学只能进女子学堂。1919年五四运动之后，男女同校才有所松动。

1919年12月7日，南京高等师范学校教务主任陶行知在第10次校务会议上提出建议——允准女子与男子同在南高接受教育。得到校长郭秉文、学监主任兼史地部主任刘伯明、教育系主任陆志韦等的坚决支持，校务会议决定自1920年暑假正式招收女生。

南高开女禁消息传出，朝野哗然，甚至思想开明的实业家张謇和南高老校长江谦都表示反对，但是南高排除种种困难，在南京如期开考招生。报考的女生多达百人，张佩英（后改名张蓓蕾）得到陈独秀、张国焘、茅盾等人的鼓励，专程从上海赶来南京投考。千挑万选，学校最后只录取了李今英、陈梅保、黄淑班、曹美恩、吴淑贞、韩明夷、倪亮、张佩英8位女生。她们被安排在不同系科，与男生同班学习（参见王德滋主编《南京大学百年史》）。南高成为在中国首开女禁的高校（流行而且权威的说法是"北京大学在中国首开女禁"，事实上是"南高在中国首开女禁"，或者说"北大和南高在中国首开女禁"）。

女生与男生同堂，在当年非常热闹。习惯了清一色男生上课的南高，忽然间来了几个女同学，同学们充满好奇。学校对这8位女生也是格外照顾，她们有专门的校服，沿袭教育司规定的竹布上衣、黑色裙子的款式，上衣是下摆至腰间的素色袄子，长袖。这8位开女禁直接受益的南高女学生，穿上校服后，在校园里的草坪上，拍下了一张纪念照。两人坐在草坪上，一人半靠长椅，另5位则在长椅旁站立，有的双手抱胸前，有的双臂下垂，有的则放在背后，坐与站都很随意。

20世纪20年代南京高师首开女禁时的女生合影

图片来源：王德滋、龚放等编《南京大学百年史》，南京大学出版社，2002。

1920 年初，私立上海大同学院为实行女子解放主义，效仿美国制度，允准中学毕业的女学生进文商各科学校，南京金陵大学也新开一班"英语教授法"实行男女同学，有金陵女子大学女学生 10 余人到该班与男生同学。大学男女同学的禁令被冲破之后，中学男女同学也开始实行。1921 年，湖南第一师范、岳云中学开始招收女生，北京等地的中等学校男女同校的现象也逐渐增多。

学生装成为时尚

女学的兴起，男女同校的开始，让很多女性迈出家门，见识了社会。女学生的人数渐渐增多，成为社会上的一股新兴势力，她们接受新思想、新文化，主张男女平等平权，标榜自由，不拘旧俗，时人称她们为"自由女"。她们开始追逐时尚，将西风东渐带来的文明、科学，在社会上传播。女学生因此成了时尚的先锋。

当时送女孩上学不仅需要家长思想开放，经济上也要有相当的实力，因为女校的收费不菲，具有百年历史的南京私立明德女子中学，当年的学生中就有很多政府官员的女公子，如张治中的女儿张素我等。尽管有奖学金之类的补助，教会学校对于信徒也有赞助支持，但是金陵女子大学等数所大专院校每学年的费用也非一般家庭可以承担。女学生的组织成分复杂，有留学归国者，带来东洋女子的衣着特色；有少奶奶不甘家中寂寞者，进学堂读书消遣时间；甚至还有妓院的雏妓求学者。西式围巾、皮鞋，以及金丝眼镜、手表、怀表、洋伞、手提包等，在女校都能见到。她们衣着别致，很重视发型和发髻的点缀。

清纯的女学生装成为当时的时尚。张恨水在《啼笑因缘》就有关于女子穿学生装的记录，"看她身上，今天换了一件蓝竹布褂，束着黑布短裙，下面露出两条白袜子的圆腿来，头上也改绾了双圆髻，光脖子上，露出一排稀稀的长毫毛"。

民国初年女学生的打扮一般是齐耳短发，浓密的长刘海，短袄长裙，脚上一双黑皮鞋。素色上衣四周镶鲜艳的绲边，斜襟上插着一支笔。20 世纪 20 年代末至 30 年代初，还有许多女孩子模仿十几年前的女学生打扮。20 世纪 20 年代中期开始走红、梨园世家出身的京剧名伶孟小冬留有一张玉照，活脱脱是一个女学生的样子。20 世纪 30 年代，在上海演出过明月歌舞，做了影星的王人美，仍然照常穿学生服、短裙。

素雅学生装，文雅女学生，就像社会的一张标签，她们的身份，受到社会推崇，她们的装扮，得到社会的效仿。

20 世纪 30 年代，阴丹士林布流行于中国，阴丹士林旗袍也大行其道，被很多学校选为校服。女生的校服以朴素大方为主流，式样变化的布质长旗袍、搭扣皮鞋、齐耳短发，成了女学生的标准形象。

西风东渐，也带来服饰的变革，西式服装影响着中国服饰，并与中国服饰结合，形成一些新品种、新款式。民国时期出现了骑马装、连衣裙等新品种，文胸与泳装也应运而生。男人们更是穿起了洋装。

林徽因的骑马装

20 世纪 30 年代，林徽因与梁思成居住在北京，当时他们参与了营造学社的工作，对中国各地的建筑进行考察。回北京时，金岳霖、沈从文等朋友时常在林徽因家聚会，林徽因家的客厅俨然成了一个文艺沙龙，当时称为"太太的客厅"。

阳光洒进宽敞的客厅，陈色简朴，女主人林徽因的衣服和言谈给人简单雅致的美感，客厅里的先生们有的正在欣赏她，有的却假装没有注意她。金岳霖是林家的常客，他的住所与林家有一个门相通，老金的身材高大，穿什么都显得舒展，有一股绅士的气质。梁思成喜欢坐在他的椅子上，或低头看书，或微笑看着大家交流。

林徽因骑马归来

萧乾跟着沈从文第一次去"太太的客厅",拜见林徽因,当时林徽因肺病已经相当严重,卧床不起了,萧乾以为林徽因一定是穿着睡衣,半躺在床上接待,情况却出乎意料,林徽因穿的是一套骑马装,话讲得又多又快又兴奋,不但沈从文和萧乾插不上嘴,就连在座的梁思成、金岳霖两位也只是坐在沙发上吧嗒着烟斗,点头赞赏。林徽因完全没有病态,而是精力旺盛,非常健谈,她不是只会抿嘴嫣笑的娇小姐,而是学识渊博、思维敏捷、语言锋利的评论家(参见朱千一,《林徽因和她客厅里的先生们》)。

1936年美国汉学家费正清、费慰梅夫妇在北京,与林徽因一家往来密切。11月的某天,费慰梅建议林徽因去郊外骑马,活动筋骨,增加运动,有利于身体健康。林徽因在山西考察时,曾经骑过驴,骑马是头一回,她充满好奇,也有点紧张。骑在马背上的林徽因,神情像个愉快的少女,马对缰绳的敏感反应,常常令她惊眩。迎着料峭的寒风,她抖擞精神,扬鞭策马,一段路程跑下来,林徽因双颊泛红,黝黑的眸子闪烁着神采。林徽因是个喜欢新鲜事物的女子,她喜欢上了骑马,马上置办了一套新骑装。穿着新骑装,戴着一顶帽子,马背上的林徽因英姿飒爽,与客厅里妙语连珠、睿智的林徽因,与爬上应县木塔顶上全神贯注、忘我工作的林徽因,都不一样。林徽因的美丽是多样的,无论穿什么样的服饰,都能与她的气质相融,恰到好处。

陈云裳的连衣裙

唐代大诗人李白在《清平调三章》中有"云想衣裳花想容，春风拂槛露华浓"的诗句。后来"云裳"常常指代华丽的衣裳。民国时期的上海滩有位知名的影星，有"南国影后"之誉，艺名就叫"陈云裳"。

陈云裳原名陈民强，成名于 20 世纪 30 年代末期。1938 年上海新华公司拍摄《木兰从军》，陈云裳一举成名。至 1943 年，她陆续拍摄了《一夜皇后》《风流大姐》《裸国风光》等 20 多部电影。1940 年，上海电影杂志《青青电影》举办"影迷心爱的影星"选举活动，陈云裳成为新一届"电影皇后"，上海滩随即出现了"云裳热"。

陈云裳也穿旗袍，但是更多的情况下，她喜欢西式风格。

陈云裳签名照

穿连衣裙的陈云裳

西风东渐，将西方审美意识和注意腰身的裁剪之风吹进了中国。20世纪30年代末期，旗袍出现了改良品种，借鉴西式服装剪裁方法，有了胸省和腰省，同时，第一次出现了肩缝和装袖，使肩部和腋下变得适体。凸显女性玲珑的曲线之美成为女服制作中的一种时尚风格。西式的连衣裙漂洋过海传入中国，上衣下裳连属形式的服饰，古代就有，算不上新品种，但是加入腰身，凸显身体曲线，则是西式女服的特点。

连衣裙的变化很多，采用皱褶的面料，有着大下摆的连衣裙，在微风中呈现飘逸的美感，乃是夏季一道亮丽的风景线。配上西式的小马甲，又具有了装饰性。陈云裳就有多款连衣裙和连衣裙式的服饰，面料有纱、绉、绸、缎等，她通常的穿法是在连衣裙里面穿一件衬衣，衬衣通常是平肩小领，也有小方领，泡泡袖。连衣裙的款式也是经常变化的。

阮玲玉不拒义乳

义乳实践者阮玲玉

民国初年，女性的内衣流行一种马甲，这种马甲与穿在外面的坎肩不同，一般都比较短小，俗称"小马甲"，在小马甲的前片，缀有一批密纽，使用时将胸部紧紧扣住。茅盾先生的小说《创造》中有这样的描写："沙发榻上乱堆着一些女衣。天蓝色沙丁绸旗袍，玄色绸的旗马甲，白棉线织的胸褡，还有绯色的裤管口和裤腰都用紧带的短裤，都卷作一团。"

旗袍讲究腰身，将女性的 S 型

曲线完美呈现，但是对于胸部平坦的女性来说，无疑是个缺陷。民国初年，女性没有合适的内衣衬托胸部的丰满与性感。意识到了这个问题之后，一些受过西方教育、思想比较开放的女子开始琢磨改变平坦的胸部，有的人用棉花塞在胸前，使胸部凸出，还有人将小皮球剖成一半，做成假乳。1914 年美国女子克劳斯贝（Caresee Crosby）用两块手绢和一条窄缎带制作了第一只无骨撑裸露腰腹的文胸，给女性内衣带来了一场革命。文胸不再用来压平胸部，而是用来突出胸部，隆胸细腰丰臀成为当时的流行。

20 世纪 20 年代末期，文胸漂洋过海来到中国，当时人们称之为"义乳"，作为时尚的弄潮者、开放女性的代表，阮玲玉勇敢地戴上了义乳，再穿上她喜爱的旗袍。

有了义乳的衬托，胸部与旗袍的曲线结合得近乎完美，走起路来，挺胸抬头，曲线毕露，风姿绰约，女人味十足。

到了 20 世纪 30 年代，法国生产的文胸运至上海，进入香闺，成为时尚女性的心爱之物。因为是一个新物品，习惯了用传统抹胸的中国女子开始并不习惯，更主要还是经济条件的限制，一般女子是用不起的。因此那时月份牌中的女郎有的穿着薄如蝉翼的旗袍，里面露出的是肚兜和背心，而不是文胸。多数女性还是使用传统的胸衣。

文胸可以保护胸乳，修正体态，却为一些封建卫道士所不齿，有一批标榜道德卫士的人跳出来，要求政府禁止女性使用文胸。因为阮玲玉等一批明星的亲身实践，女性纷纷效仿，文胸才未被打压下去，终于成为女人的贴身密友。

20 世纪 30 年代的风气开放，女装追求性感，在交际场所出现了以"露、透、瘦"为特征的新颖女装。在上海这样的大城市，袒胸露臂成为女性服饰的一种时尚潮流。《上海竹枝词》中就有云："春江女子感文明，装束无端又变更，高底皮鞋长筒袜，袒胸露臂若为情。"

骄阳下的泳装

西风东渐不仅带来西式裁剪技术、纺织面料与辅料，更为重要的是带来了开放的服饰观点，泳装、睡衣都是舶来品。接受了新思想、新观念的中国女性也与西方女子一样，换上了裸露身体的泳装，走进公共泳池，玉臂拨清波。这对于长期在笑不露齿，走不露脚禁锢思想统摄下的中国女性和中国女性服饰，都是一个解放。

陈云裳泳装照

穿泳装的徐来

抛头露面，在公众场合下敢于袒肩露背的女子，当时主要是名媛和明星，陈云裳便是其中的一个。这时候的泳装尽管还是以连体衣为主，袒露肩、背、腰部不是很多，然而在当时，已经非常了不起了。

骄阳下的海边，波澜不惊，脚踩在细碎的小沙上很是柔软，一群老少爷们在海中追逐，劈波斩浪。一个穿着小斜领、胸口有两粒扣装饰的连体泳装的漂亮女子，从更衣室走向沙滩，泳装面料厚实，手臂、大腿却裸露在外。泳装女子撑着一把伞，遮挡正午的阳光，也遮挡了一些窥视的视线。一开始，在沙滩上驻足、玩耍，在海里击浪的人们并没有注意。当这位女子走到海边，放下洋伞，迈进海水里，人们才注意到，这是位穿泳装的靓女。呼叫声响起，人们的目光刷地一下转到了她这边。虽然这片沙滩，这处海滨浴场不是第一次闯进女泳客，但是 20 世纪 40 年代，女性敢于穿着泳装闯进被男性占据的海滨浴场，并不多见。男人火辣辣的目光，仿佛具有穿透力，若非足够勇敢的女性，在那个时代，很难承受那种目光。

陈云裳落落大方，在水中游动，身姿矫健，浪遏飞舟。走出海水，她用浴巾擦拭水珠，依然我行我素，任由人们的目光上下扫描。她的亲身实践，引领泳装走出了家庭，迈向了社会。

徐来在《残春》中的大胆出演，为她赢来了名声。"徐来出浴"的镜头成为经典。生活中的徐来，也拍摄了一些穿泳装的照片，大胆出位的泳装，撩拨了影迷的心弦。

明星影片公司的老板有鉴于此，特地邀请徐来加盟"明星"拍戏，她与明星的台柱子胡蝶一起，成为明星公司的票房保证。自 1932 年起至 1935 年止，徐来在明星公司拍摄了 8 部影片，每部都为公司带来了可观效益。

西装在身

西装在 20 世纪 30 年代是时尚的男子装束，受到知识阶层的青睐。20 世纪 20 年代，男子服装主要有长袍马褂、中山装、西装。长袍马褂或长袍坎肩、西装、中山装、学生装是城市及乡间上层人士流行的服装；而中式衫袄和中式裆裤则是劳动人民的主要服饰。社会上穿西装的男人很多，不过大多是青年，其中以学生、教师、公司洋行和各机关的办事员为主。

在演艺界，流行效仿美国明星的装束，以中分头和吊带裤为时尚。茅盾先生的小说《官舱里》中，有这段服饰变化的记录："男青年是穿洋服的，玄色的佛兰绒上衣，克罗米纽子，袖口上一排五个，光芒闪闪的，连领的绸衬衫，多处是黑绳边，甚至领子上也是黑绳边；两个假肩头实在太阔，又翘的太高了，叫人看着

穿西装的徐志摩

1934年，四位喜剧明星殷秀岑（左二）、韩兰根（左三）模仿美国明星的装束，以中分头和吊带裤为时尚

难受；一双尖头皮鞋太尖了。"所谓洋服也就是我们通常说的西装。

因为西服流行，也有了配套的衬衣、毛衣、大衣。20世纪30年代流行深色绲边、宽驳头、单纽、圆摆的西装。对于那个时期的男子服饰可以简单概括为：30年代以前，长袍马褂占据上风，霸主地位稳固；30年代以后，西装则显示出"世界服装"的本色，大有居上之势，与长袍马褂分庭抗礼。喝过洋墨水的知识分子，穿西装的居多，诗人徐志摩就是西装的拥趸。

因为有这样的政治、文化背景，西装有需求、有市场，大服装公司纷纷开始制作西装，出现了一批著名的品牌，如南京的李顺昌、老久章，北京的荣昌源，上海的荣昌祥、培罗蒙等。

清华大学诞生于1910年，是依托于美国退还的部分庚子赔款建立起来的学校，因坐落在北京西北郊的清华园而得名，早期叫清华学堂，是留美预备学校，梅贻琦、竺可桢、赵元任都是庚子赔款直接留美的学生。清华教授衣着比较复杂，有穿长袍的，也有穿西装的，因为清华大学里的教授大多有海外留学背景，因此穿西装的较多。

周诒春校长早年毕业于上海圣约翰大学，后赴美留学，就读于耶鲁大学和威

斯康星大学。1913 年 8 月至 1918 年 1 月出任清华学校校长，周诒春规划督造了清华早期四大建筑——大礼堂、科学馆、图书馆和体育馆，留下了清华著名的校训——自强不息，厚德载物。周诒春习惯穿西装，西装挺括，仪表堂堂，有"洋翰林"美称。

经济学家陈岱孙先后在美国威斯康星大学、哈佛大学留学，1928 年起任清华大学经济系教授、系主任，次年兼任清华大学法学院院长。在清华校园里，同学们经常可以看到一位身穿笔挺西服，头发一丝不苟，走起路来常常带着一根文明棍、仪表帅气的教授，那就是陈岱孙。

哲学家金岳霖是清华的毕业生，留学过美国、英国，1926 年任清华大学教授，并创办了清华大学哲学系。金岳霖生活西化，家里有擅长制作西式糕点的厨师，他的服装以西服为主，扎领带，戴礼帽。西装相对单薄，春夏秋季穿着都很自在，冬天为了保持穿西装的风度，一般不能在西装里面穿太多的衣裳，因此，冬季在室外需要套大衣，金岳霖没穿大衣，而是在西装外面套一件棉袍。到了室内棉袍一脱，又是一身西装。

西洋史学家刘崇鋐，毕业于威斯康星大学和哈佛大学，1925 年 8 月到清华大学任教，讲授西洋通史和希腊罗马史。平时他穿中式长衫、中式鞋，进城时就换上一身笔挺的西服，脚蹬擦得锃亮的皮鞋，颇具西方绅士的风度。

画家们的洋范儿

傅抱石经常穿一身半旧的蓝布长衫，右边口袋里，总装着香烟和火柴，一副不修边幅、放荡不羁的潇洒风度。在创作时，傅抱石更是不拘小节，时常脱掉长衫，短衣打扮，这样挥毫泼墨，更加自由。傅抱石与其他画家不同，他作画习惯把自己一人关在屋内，不让其他人观看，最多让夫人罗时慧在一旁研墨。天热时，他穿着汗衫，无拘无束。傅抱石很少当众作画，大概与他绘画时不拘礼俗、穿着自由有关。

傅抱石也有洋范儿的时候，1932年经徐悲鸿推荐，他去日本留学，临行前，他在南京玄武湖拍下了一张照片：西装革履，脚蹬黑皮鞋，外面罩一件呢子大衣，梳着二八开的分头，将一顶呢子礼帽放在石凳上，跷着二郎腿。

画家们的穿着也很多样。画国画的多穿长袍马褂，年事稍大的则蓄山羊须；画油画的，喜穿西装扎围巾。有的画家打扮更新潮，叼烟斗、头发梳得光亮，类似当今的"雅痞""帅哥"。宋征殷便是其中的一个，宋征殷曾留学日本，他穿着西装作画，却没有按照通常的习惯，在西装外面罩一件工作服，作画时叼着烟。

傅抱石1932年在南京玄武湖

图片来源：傅抱石研究会编《其命惟新》，上海书画出版社，2009。

标新立异的服装，总给人们新奇的感觉，如果过于超前，就可能被视为奇装异服。奇有奇的美，异有异的特点。民国时期，有个性的女性，尤其是有独特审美意识的女性，不甘平庸，在服饰穿戴上也会追求与众不同。

林徽因的嫁衣

林徽因的性格活泼，她的才情与创造性，不仅体现在建筑设计与文学创作上，也体现在穿着打扮上。

在服饰穿戴上，林徽因有两副面孔。外出考察，建筑测绘时，她是"女汉子"，穿着工装裤等朴素的服饰，像男性一样，爬上爬下。平日里，林徽因就恢复了女性的婀娜多姿、妩媚动人。

1923年林徽因与梁思成来到美国宾夕法尼亚大学，本来想学建筑，与梁思成同学，然而宾大建筑系不招女生，林徽因只好改报美术学院，而进修的却是建筑系的课程。1927年林徽因获得学位之后，又到耶鲁大学戏剧学院跟随贝克教授学习舞台美术，她是中国第一个在国外学习舞台美术的学生。

林徽因穿着自己设计的嫁衣

1928 年，林徽因与梁思成在加拿大渥太华举行婚礼，林徽因不愿意穿西式的白婚纱礼服，又没有中式礼服可穿，便发挥艺术想象力，依据舞台服装，自己设计了一套东方式结婚礼服。最为奇特的是有一个头饰，两边垂下长长的流苏。这种东方没见过，西方也没有的奇特婚礼服，让加拿大新闻记者好不惊奇。

张爱玲的奇装异服

张爱玲有句名言"成名趁年少"，对张爱玲而言，确实年少成名。1942 年她在上海文坛崭露头角，1943 年以《沉香屑：第一炉香》走红上海，1944 年《传奇》出版，大获成功。人们都知道沪上有个女作家张爱玲，那时的张爱玲不过 24 岁。

成名后的张爱玲，在穿着上更加率性，将出新出奇推向了极致。有一次女作家潘柳黛、苏青打电话约好，去张爱玲的赫德路（今常德路）公寓看她。两人在寓所见到张爱玲，见她穿着一件柠檬黄色的袒胸裸臂的晚礼服，满头珠翠，手镯项链，一样不缺，身上喷了香水，香气袭人。潘、苏二人以为有贵客来临，左等右等不见贵客上门。一问，张爱玲说你们就是贵客呀。

张爱玲对衣着喜欢标新立异，她的这种生活态度一直伴随着她从上海到香港，到台湾，最后客死美国。她穿西装，会把自己打扮成一个 18 世纪的少妇；着旗袍，又把自己打扮得像祖母，年轻人的脸，老古董的服装。

《倾城之恋》刊出，张爱玲成为上海滩的新闻人物，应酬活动多了起来，张爱玲经常穿着自己设计的服饰，频繁亮相。她的设计别出心裁，处处体现用心。穿着这样的服装，需要惊世骇俗的勇气。

《倾城之恋》舞台剧在大中剧院上演时，经柯灵介绍，张爱玲与剧团主持人周剑云见面，张爱玲穿着一袭拟古式齐膝的夹袄，超级宽身大袖，水红绸子，用特别宽的黑缎镶边，右襟下有一朵舒卷的云头（也许是如意）。长袍

张爱玲穿着祖母的大袖衫

短套，罩在旗袍外面。她设计的旗袍最突出的特点是宽边大袖，有她祖母衣裳的遗风。

张爱玲自己设计的连衣裙，下身仿佛套着一只灯笼，灯笼底下伸出双脚，在上海的马路上匆匆而过。

1944 年 2 月，胡兰成拜访张爱玲，碰壁，留下地址与电话。第二天，张爱玲去大西路美丽园，拜访胡兰成。24 岁的张爱玲与 38 岁的胡兰成，第一次见面，在客厅里一坐就是 5 个小时。胡兰成对张爱玲感到惊艳，胡兰成的健谈与风度，也吸引着张爱玲。第二天，胡兰成回访张爱玲，张爱玲穿着宝蓝色的绸袄裤，带着嫩黄色的边框眼镜迎接他，两人相谈甚欢。

1944 年 8 月 15 日，张爱玲的第一部小说集《传奇》由上海《杂志》社出版，4 天后便销售一空。8 月 26 日下午，《杂志》社在上海康乐酒家举办《传奇》茶话会，邀请沪上部分文艺界人士和读者座谈。当时张爱玲与胡兰成刚刚成婚，胡

兰成回忆：张爱玲女士穿着橙黄色绸底上套，像《传奇》封面那样蓝颜色的裙子，头发在鬓角上卷了一圈，其他便长长地披下来，戴着淡黄色玳瑁边的眼镜，搽着口红，风度沉静而庄重（参见刘仰东，《去趟民国》）。

许多朋友、同行对张爱玲的穿戴都有很深刻的印象：她穿一件白颜色的衬衫，亮如海水的蓝裙子，女学生般把衬衫扎进裙腰里，腰上打了无数碎细褶，像只收口的软手袋。因为太瘦，衬衫肩头以及裙摆的褶线光棱棱的始终撑不圆，线条笔直瘦长。头发梳得丝毫不乱，浅底洒着竹叶的旗袍更是典雅出色，但她露在无袖旗袍外的两条臂膀是那么纤细，走在街上那么勇往直前，目不斜视。

在色彩上，张爱玲喜欢鲜明和对比强烈的色彩，柠檬黄、大红、葱绿、桃红、士林蓝都是她常用的色彩。抗战胜利后，张爱玲在香港买了块广东土布，在深紫及碧绿的底色上，套印着刺目的玫瑰红和粉红的花朵，加上嫩黄绿的叶子，这是乡下婴儿穿的，城里人从来不穿。张爱玲却说："大红大绿的配色，是一种强烈的对比，它的刺激性还是大于启发性，苍凉之所以有更深长的回味，就因为它像葱绿配桃红，是一种参差的对照。在大俗的色彩下，漾溢着古老文明才能熏陶出的文化雅趣与韵味。"张爱玲的第一任丈夫胡兰成对她有一比，"其明亮的一面是银紫色，其阴暗的一面是月下的青灰色……张爱玲所寻觅的是世界上有一点顶红顶红的红色，或者是一点顶黑顶黑的黑色，作为她的皈依。"

朱自清的披毡

抗战时，朱自清在西南联大，平时常穿一件在马帮中流行的类似斗篷的毛毡，据说在昆明大街上，如此装束者无第二人。

西南联大迁入昆明的第四年，西伯利亚寒流席卷了整个红土高原，寒风一阵紧似一阵，联大的校舍简陋，不御寒冷，师生们生活贫寒，营养欠缺，衣衫单薄，寒流一来，联大校园里也流行起冻疮。也就在这个时候，联大校园出现了一位怪人，他身披一件云南赶马人用的羊毛毡子，毡子顶端开了两个洞，用一细麻绳拴起来，套在颈子上，脚上穿一双可能是深黄色而事实上已辨不清本色的破皮鞋。透过披毡的孔洞，可以看到里面是一件破旧却依然笔挺的黑西装。领带也是旧的，系扎得一丝不苟，鼻梁上还架着一副很有水平的玳瑁眼镜，头发却是凌乱的。此人是谁？师生都在猜测，谁会这样搞怪的打扮？他究竟是什么人？这个怪人就是中文系的系主任朱自清。

1941年冬天，朱自清卖光了家里所有能够过冬的衣服，在凛冽的寒风中，赎不回搁在当铺里的冬衣，买不起新的衣服，口袋里仅剩几个零花钱，全部凑在一起，刚够从赶马人手里买下一件别人已经用旧的破毛毡，把自己武装起来，以此抵抗冷峭的寒风。当"怪人"走进教室，掀开毡服，学生才看清来人的真面目，先是惊愕，后是哄堂大笑。大笑背后的沉思则让师生们感到酸楚。

散文家李广田在西南联大时，还是个讲师，他把朱自清穿披毡写进了散文中："假若不是他大老远脱帽打招呼，我简直不认识他了，因为他穿了一件很奇怪的大衣，后来，才知道那是赶马人所披的毛毡。样子像蓑衣，也像斗篷，颜色却像水牛皮。"

帽子在中国有悠久传统和很深的文化内涵。帽子与官职联系在一起，古人以乌纱帽来比喻官职。弹冠相庆、冠冕堂皇等成语也与帽子、官位有关。到了民国时期，帽子的官职象征意义消失了，没有了古代中国的冕冠、乌纱帽，帽子的功能回归到保暖与装饰上。

多样的男帽

民国时期，男子帽子的种类很多，主要有礼帽、瓜皮帽、碗帽、毡帽、绒帽、大甲藤帽、草帽、猴帽、暖帽、麻胡帽、巴拿马草帽等。

民国初年的礼仪场合，男子多戴礼帽，其圆顶，下有宽阔的帽檐，有大礼帽、小礼帽之分。大礼帽的帽冠较高，一般在 14~19 厘米之间；而小礼帽款型则相对较小。材质有皮革、呢子、兔绒、条绒等。礼帽又分冬夏两种款式，冬天用黑色毛呢，夏天用白色丝葛。穿着中式、西式服装都可以戴礼帽。

瓜皮帽也称"小帽子"，上锐下宽，以六瓣合缝，缀檐如筒，有的底边镶一个 1~3 厘米宽的小檐，有的无檐，只用一片织锦缎（又称片金）包个窄边，前端钉一个玉或翠的饰物，帽顶钉一个大红疙瘩。因其造型呈多瓣状，和西瓜皮有点相似，在民间则被称为"瓜皮帽"。瓜皮帽的质料春冬用缎，夏秋则多用实地纱，颜色以黑色见多，夹里用红，富者用红片金或石青锦缎缘其边。男性戴的瓜皮小帽分平顶帽和尖顶帽。平顶有 12 瓣、8 瓣两种，尖顶只有 6 瓣。12 瓣是年过花甲的老年人戴的，8 瓣是中年人戴的，尖顶 6 瓣是青年人戴的。质地分为硬胎和软胎，平顶大都做成硬胎，内用硬纸板为衬并絮以棉花。尖顶大都为软胎，便利，不戴时可折之藏入衣袋之中。

瓜皮帽曾经是清朝最为普遍的一种帽子，流传至民国。从小孩到老人，人人都可以戴它。它虽不能登大雅之堂，却是人们日常所必需之物。讲究点的人，也有在颜色和纹饰上与身上的袍褂配套的。

民国时期流行鸭舌帽，帽子前沿形状好像舌头，戴时，帽子和帽舌相扣，前面低，后面较高，成为斜形，看起来类似瓦盖，因此，又称"瓦盖帽"。一般用灰色或蓝色的呢、布制成，以青少年所用为多。

学生中也流行鸭舌帽，但帽围较坚实，用厚胶片做帽舌，俗称学生帽。毛泽东年轻时就读的湖南一师，学生们穿制服（学生服），所戴的帽子就是学生帽。

老年人和在户外工作的农夫或行商走贩冬季多戴猴帽，帽子用纱线织成筒状，留有两个眼孔，戴时将上端扎住，平时翻卷起来只盖住头顶，天冷时放下，包住整个头部。

冬季的帽子主要是暖帽、皮帽。百姓的暖帽主要是老头乐毡帽，顶部采用黑色或棕色细毡子，两边有皮毛护耳，前面有一块皮毛护脸。天气寒冷时，前面与两侧的皮毛放下来，保护脸部与耳朵。天暖时，皮毛收上去，掖在帽檐里，作为单帽子使用。皮帽子则是贵族冬季使用的，与大衣搭配。分英式、法式两种，使用的皮毛有水獭皮、黄鼠狼皮、貂皮、松鼠皮等。1922 年，热河督军汤玉麟在北京同陞合鞋帽店买了一顶海龙皮的帽子，花费 240 块银圆。

教授们的帽子

金岳霖常年戴着一顶呢帽，进教室也不脱下。每学期开始，他对新学生说的第一句话就是我的眼睛有毛病，不能摘帽子，并不是对你们不尊重，请原谅。据说金岳霖眼疾怕光，长年戴着一圈大檐儿帽子，连上课也不例外。他的眼镜，据传两边不一样，一边竟是黑的。金岳霖身材高大，经常穿一件烟草黄色的麂皮大夹克，天冷了就在里面围一条很长的驼色羊绒围巾。除了体育教员，教授里穿夹克的，只有金岳霖一人（参见汪曾祺，《金岳霖先生》）。

杨振声是大名鼎鼎的教授，曾在哥伦比亚大学、哈佛大学留学，担任过清华大学教务长、文学院院长职务，1930 年出任国立青岛大学（今山东大学）校长。

1938 年 8 月，梁思成等手持礼帽在昆明合影，左起周培源、梁思成、陈岱孙、林徽因、金岳霖、吴有训

一年冬天北京大学中文系开会，散会后胡适与杨振声、唐兰三人一起走出会场。杨振声穿着獭皮领礼服呢的中式大衣，戴一顶水獭皮的土耳其式高帽子，嘴含烟斗，走在最前面，派头十足。胡适穿着棉袍子、蓝布罩衫，走在杨振声后面，还替杨夹着皮包，乍一看，杨倒像个校长，胡更像一个校长秘书。

顾随在教授中算是仪表、风度、做派都很讲究，也很出众的一位。作文、讲课认真，穿戴上也不含糊，追求完美，注重仪表。冬天上课，顾随内穿春绸衬绒袍子，外套丝绵或灰鼠袍子，最外面再套大毛狐肷大衣，狐肷大衣外面围条五六尺长的黑绒线围巾，戴着皮帽子。据说这种穿法在当年北京的老先生中，是绝无仅有的。他进教室后，先摘去围巾，其他的大衣、袍子并不急着脱掉，而是开讲之后，随着讲课进度，一件件脱，先大衣后袍子。顾随时间把握得很好，等到快下课时，脱掉的袍子、大衣再一件件穿上，下课铃响了，课结束，大衣、围巾、帽子也穿戴整齐了。

夏丏尊曾经负笈日本，他是出版家，也在复旦大学、暨南大学做过中国文学系主任。他总是朴素的中国教书先生的装扮，长年长袍大褂。在浙江上虞春晖中学执教时，他在自己建筑的平屋小书斋里，时常熬夜写作、翻译。冬季白马湖畔空旷，风大天寒，矮小的平屋抵御不住寒风，室内也很冷。夏丏尊穿着棉袍，头上的罗宋帽拉得低低的，饮着浓茶，在洋灯下笔耕至深夜，一盏灯火映在白马湖寂寥的夜晚，给人以光明。

后来夏丏尊到了上海，在立达学园执教，一顶呢帽子成了他的标志。夏丏尊的头发渐渐稀疏，半秃的脑袋上，总是那顶茶色的呢帽，帽的褶缝已经破了。破旧的呢帽、肥胖的身体、认真的态度，是老年夏丏尊给人留下的印象。他经营开明书店时，书店每天给青年职工开 2 小时课，培训他们。夏丏尊讲国文课中的文法。每到讲课时，他总是很早来到课堂，听到笃笃的脚步声，知道夏丏尊来了，于是吵吵嚷嚷的学员们肃静下来。夏丏尊一上课，就脱去那顶破旧的呢帽，胖胖的身躯坐在藤椅上，戴起老花镜，开始讲课，学生们也进入专注的状态。

烫发

男人的帽子，女人的发型，民国时期的女子也戴帽子，但是更多的时候，她们是以发型展示头顶上的风采。20世纪30年代，大上海的女子的典型装扮就是烫发、长丝袜、高跟鞋、旗袍。

20世纪20年代末，烫发从国外传入，在妇女中产生了强烈反响，大城市的妇女，大多模仿西方，将头发烫成卷曲的模样，有的还把头发染成红、黄、棕等各种不同的颜色。有些人不习惯头顶漫无约束，居然想出来用生漆固定发型的主意，这也许就是发胶、摩丝一类护发定型用品的前身吧。当时烫发技术和设备比较原始，还不能随心所欲地决定头发颜色，所以烫发之后头发发黄变硬。青年女子把头发梳成短发或束成马尾辫，烫出刘海，拉出波浪，有精干状，也有蓬松状。最流行的烫发是波浪卷，从额前到脑后纵向地烫出许多波浪。

陈云裳很重视头发的造型，她偏爱烫发，有耳边垂下两道小波浪的，也有整个蓬松起来，形成大波浪的，还有盘成一个高高发髻的，甚至还有夸张的犄角形

陈云裳烫发照

的烫发，标新立异，独领风骚。她尤其钟情长波浪，状如瀑布，飘逸大方。当时还没有定型发胶水，只是用电烫，发型不能持久，容易疲软、坍塌，保持发型，需要在蓬松的发型里垫棉花等物，以支撑发型的挺阔。

1934年国民政府发起"新生活运动"，其准则是"整齐、清洁、简单、朴素、迅速、确实"，要求国民安分守己，循规蹈矩，南京政府向全国通令：禁止妇女烫发。但是有令不止，上海、北京的烫发仍然流行。

皮鞋

民国时期，与长衫、中山装三足鼎立的是西装。西装是舶来品，在海派中尤为流行，与西装配套的是皮鞋。

武汉大学政治系主任周鲠生，早年留学日本、英国、法国，在巴黎大学获得法学博士学位。1945~1949年曾任武汉大学校长。他常年穿洋服，着黄皮鞋，几年来总是那几套换来换去。隆冬时节天气酷寒，他在西装外面套穿驼绒棉袍和大毛皮袍。

西洋史学家刘崇鋐，毕业于威斯康星大学和哈佛大学，1925年8月到清华大学任教，讲授西洋通史和希腊罗马史。平时他穿中国长衫、中国鞋，进城时候就换上一身笔挺的洋服，脚蹬擦得锃亮的皮鞋，颇具西方绅士的风度。

抗战期间，物质匮乏，生活艰难。西南联大的教师们分散在昆明城区、郊县居住，有的居所距离学校有三四十里路程，每天花在路上的时间很长，当时的道路也不好，在泥泞的地方走长路，很浪费鞋子，教授们买鞋子的预算开支，总是跟不上趟。于是，西南联大校园里，穿破皮鞋上课也就渐渐成了教授们中间的一种"时尚"，外国文学系有位留学过四个国家的教授，无论穷到怎样的地步，都必须穿皮鞋，以显示他的留学生身份。后来，他的皮鞋破了，鞋底和鞋面已经分成两截，他仍然不肯脱下，而是找来一条细麻绳，把皮鞋上下一绑，照样穿着上课（参见李洪涛，《精神的雕像》）。

高跟鞋

女性的鞋子主要有布鞋、皮鞋、高跟鞋、凉鞋。传统女性以布鞋为主，时尚女性以皮鞋、高跟鞋为主。合脸鞋盛行于民国十几年，前部圆尖，后部圆肥，有鞋带与鞋带鼻，有皮底也有布底。

与时装呼应的，除了头上的烫发，就是脚上的鞋子。如果没有一双出色的鞋子，那是很煞风景的。高跟鞋是必不可少的。高跟鞋来自西方，但并不是说高跟鞋在中国就没有历史渊源。细究起来，南朝谢灵运发明的登山谢公屐，明代凤头高底鞋，清代满族女性的高底、花盆底鞋子，都是高跟鞋的远祖。

布鞋是中国的传统，款式很多，在鞋头、鞋帮子上绣不同的图案，就有了虎头鞋、凤珠鞋的名称。鞋子在某些文人的眼里也是性感的象征。胡兰成就喜欢看张爱玲穿绣花鞋子，鞋头、鞋帮绣有双凤，穿在张爱玲的脚上，线条非常柔和。张爱玲明白胡兰成的喜好，每次胡兰成从南京回来时，在房里张爱玲总是穿这双鞋。

带襻子的皮鞋、布鞋，在女学生中颇为流行，也有包裹系带式的小皮鞋，都是与校服配套。从 1916 年北京培华女中林徽因等人穿学生装的照片中，我们可以看到她们脚上穿的中跟小皮鞋，非常时尚。

除此之外，民国时期已经有了运动鞋、网球鞋、防雨胶鞋等其他品种的鞋子。大中华橡胶厂出品的双钱牌胶鞋，正泰橡胶厂推出的回力牌球鞋，都属于民族品牌，名气很大，当年很流行。

民国舞台上活跃着一批名媛，她们以美丽容颜、高雅气质，大舞广袖，引领时尚潮流，演绎精彩故事，在民国舞台上掀起波澜。

"挥霍"的陆小曼

说到民国的名媛，不得不提陆小曼。陆小曼很有才华，精通英法两国外语，早年被北洋政府外交部部长顾维钧聘为兼职外交翻译，她也擅长丹青，晚年成为上海画院职业画家，然而更让人印象深刻的，还是她的名媛气质。

陆小曼系出名门，其父陆定是晚清举人，曾留学日本，在国民政府任过司长。陆小曼生得眉清目秀，肌白肤嫩，又生性聪慧，在学校时就被同学尊为"皇后"。

陆小曼喜欢新奇的东西，与徐志摩结婚后，没有改掉大手大脚的习惯，看到喜欢的东西就要买，看到中意的衣服鞋帽更是要买。有一次她看到喜欢的鞋子，一下子买了5双同款的。当时他们夫妇家庭开支每月500~600元大洋，相当于现在的两万元。徐志摩被父亲中断经济支援后，讲课、写稿的收入不低，却也感到

陆小曼

手头吃紧。

陆小曼的鞋架上有很多鞋子，双双精致；她的衣柜里挂满衣服，款款靓丽。

1928 年陆小曼、徐志摩居住在上海，郁达夫携新婚夫人王映霞去徐志摩家。陆小曼穿一件银色的丝绸旗袍，显得朴素、美丽、大方。杭州第一美人王映霞与沪上名媛陆小曼一见如故，惺惺相惜，赞美对方的俏丽容颜，也称赞对方的精致打扮。

徐志摩去世时，翁瑞午为陆小曼定制了几套丧服，其中一件是白色法兰绒大衣，领子是用白狐狸皮做的毛领子。俗话说，要想俏，一身孝。白色的孝服穿在陆小曼身上，淡淡的悲伤之中有那么一种素雅的悲情之美。

1931 年 5 月，徐志摩母亲去世，陆小曼回浙江硖石奔丧，尽媳妇的孝道，但是徐志摩走了，陆小曼被拒绝参加婆婆葬礼。无奈之下，陆小曼与翁瑞午、两个堂侄子，去了杭州西湖。陆小曼穿着深色的旗袍，脖子上围了条白色的支毛围巾，脚蹬一双平底鞋。她的心已经追随徐志摩去了，不留下一片云彩。

陆小曼，那个交际场上的风云人物，在徐志摩走后，心灰意冷。

徐志摩与陆小曼是一对欢喜冤家，徐志摩为陆小曼痴迷、痴狂，苦中有乐，尽管两人有争吵，但是他们相生相克，彼此相爱，互相欣赏。没有了徐志摩，陆小曼的才情受到抑制，名媛的风采渐渐淡去。

唐瑛的"独一份"

与陆小曼并驾齐驱的还有一位名媛，就是上海滩有名的交际花唐瑛，与陆小曼并称"南唐北陆"。1927 年 7 月 15 日的《上海画报》对陆小曼和唐瑛有过评价，陆小曼是北方交际名媛领袖，唐瑛是南方交际界领袖。唐瑛毕业于中西女私塾（圣玛利亚女校前身），沪上名医唐乃安的女公子，其兄唐腴庐是宋子文的秘书。

唐瑛穿衣考究、前卫，Channel 香水、Ferragamo 的高跟鞋、Celine 的服饰、

上海交际花唐瑛

LV 的手袋，这些顶尖的奢侈品，她都拥有。

当年流行一种说法，说唐瑛有十个描金箱子，里面全是衣服，光皮衣就挂了满满一整面墙。她家雇有裁缝，专门给她一个人做衣服。她逛街从不买衣服，而是将新款服装的样式记下来，然后和裁缝商量，经改良后再做出来。因此她的衣服，多半是引领潮流的"独一份"。

1927 年，唐瑛与陆小曼、徐志摩、张幼仪、张禹九等创办了云裳服装公司

（位于上海静安寺一栋三层小洋楼内）。店名是张幼仪八弟张禹九取的，来自李白的"云想衣裳花想容"，这是中国第一家专为女性开办的服装公司。当时在《上海画报》刊登广告，"要穿漂亮的衣服到云裳去！要配最有意识的衣服，到云裳去！要想最精美的打扮，到云裳去！要个性最分明的式样，到云裳去！"四个排比句，很炫，很有鼓动性，拨动了很多爱美和追求时尚的女性的心弦。

8月7日云裳开业典礼上明星云集，吸引了上海媒体注目。总经理是徐志摩的前妻张幼仪，艺术主任是画家江小鹣，也是时装设计师，陶芹为艺术干事。

云裳自称公司为美术服装公司，其宗旨是在"新"而不在"贵"，设计师江小鹣留学法国、日本，对模特、时装也有研究，他出任设计师，有了名家和高品位时装的保证。

开业初期，唐瑛、陆小曼、张嘉蕊天天在店里亲自为顾客试衣。张嘉蕊是张幼仪的妹妹，学服装设计的。两位名媛、沪上交际场魁首唐瑛、陆小曼，加上系出名门、懂得服装设计的张嘉蕊，为顾客试新衣、试新鞋，顾客觉得不仅服务好，而且面子足。有唐瑛、陆小曼的名人效应和广泛的人脉关系，名媛、阔太、千金小姐、有钱人的外室，纷纷光临。邵洵美的夫人盛佩玉为出席刘季文的婚宴，在云裳公司制作了一件白色银丝乔其纱的长礼服，赢得了很多回头率。唐瑛号称"独一份"，云裳公司的时装也有"独一份"的风格。云裳公司虽然不是什么大公司，却是知名度颇高、设计独特、服务"独一份"的服装公司。股东留过洋，思想西方化，但是在服装设计上却有本土化的特点。云裳的时装追慕世界流行趋势，却不是照搬模仿，而是采取拿来主义，借鉴外国的款式，结合中国实际，进行符合中国文化、中国人审美要求的改造、创新。服装所用的面料，也主要是中国的，进口货只是辅助品（参见丁言昭，《悲情陆小曼》）。

1927年冬，上海、南京、苏州、无锡、北京、天津等城市的大街上，凡有时尚女子出现的地方，就会有云裳牌大衣。第二年，云裳公司又设计、制作了春秋两季的夹大衣、单大衣、仲夏夜穿的装饰性的绸外衣，风靡上海滩。云裳公司带动了上海服装业的发展。

潘素的惊艳

这是潘素 1937 年拍摄的照片，时年 22 岁的潘素身着短袖、深色高领、下摆长至脚面的扫地旗袍，双手放在背后，在一束背景光的衬映下，亭亭玉立，姿态优雅，神情大方。

民国四公子之一的张伯驹第一次见到潘素，便惊叹遇到了天女下凡，苦苦追

1937 年潘素在上海

求，历经波折，最终抱得美人归。

潘素的美丽不仅表现在容颜上，更在其气质上，她有一种清新之美、脱俗之艳。潘素系前清状元宰相潘世恩的后人，其母沈桂香亦出自名门，懂音律，工女红，善对弈，精丹青。因为家道中落，母亲病逝，潘素被继母卖予他人，误落风尘，人称"潘妃"。虽然一度流落风尘，然而内在的气质、修养，则使她出落秀气，谈吐不俗。

张伯驹在盐业银行任总稽核时，遇到了潘素，被她的美丽吸引，为她的才情折服，提笔书写："潘步掌中轻，十步香尘生罗袜；妃弹塞上曲，千秋胡语入琵琶。"英雄爱美女，美女惜英雄。潘素遇到风流倜傥的张公子，其身上的"内秀"也被张伯驹开发出来，成为著名的青绿山水画家。

潘素的衣着与上海、北京交际花的艳丽、奢华迥然不同，与大户人家的阔太太们的珠光宝气也不一样，她穿着朴素、大方，平常的服饰穿在她的身上，竟然有一种超越奢华的俊美。"相携翠袖，万里看山来。云鬓整，风鬟艳，两眉开，净如揩。"

居住

十五　建房

南京作为中华民国的首都，留下了很多民国时期的建筑物。大规模的如中山陵，总统行宫美龄宫，政府办公场所行政院、交通部等；中等规模的如银行、影剧院；小规模的如私家别墅、老公馆等民居。据统计，南京民国时期的建筑留下来的有 1000 多所，山西路、江苏路、傅厚岗一带，体现了民国城市发展与房产建筑领域的繁荣，建筑风格多样，有中式的、西式的、日式的、中西合璧式的，仅在西式建筑风格中，又分为美式、英式、法式、西班牙式，各领风骚。

南京的公馆

民国时期城市流动人口增多，带来建房、租房、买房的繁荣。

1929 年出台的《首都计划》，将南京划分为中央政治区、市级行政区、工业区、商业区、文教区、住宅区。其中傅厚岗一带为市级行政区，山西路一带为新住宅区。其中住宅区又分为四个层次：上层阶级住宅区、公务员住宅区、市民住宅区、棚户区。北京西路、山西路、宁海路、颐和路一带为高级住宅区，集中了很多民国党政要员、文化名人的故居。

民国时期的住宅呈现两极分化的格局，富人建有洋房、洋楼，出入以车代步，有随从跟班，前呼后拥；穷人住在棚户区，用破木料旧毡子搭建，方寸之地，家徒四壁。棚户区的房屋大多数是自己动手搭建，属于没有办理修建、转让等买卖契约的自建房、自有房，没有纳入政府的房屋财产项目，也没有什么买卖交易，严格上说算不上置地购房。

　　当时的富商权贵，置地购房的手笔很大，其修建的公馆房屋几十间，甚至几百间，规模宏大。民国时期，在南京山西路高级住宅区，东郊、北极阁、兰园等风水清佳处，修建了许多老公馆，总数在1000多所。公馆的主人基本上都是当朝权贵、军政要员、实业家、文化名人，如汪精卫、林森、孔祥熙、阎锡山、陈布雷、于右任、顾祝同、邹鲁、陈鹤琴等。

南京颐和路5号民国公馆区

闹中取静于公馆

于右任系民国元老，曾任职监察院院长，又是著名的书法家。他在南京的寓所有多处，中山北路43号、47号、49号，古平岗5号、7号，芦席营40号之1，紫竹林1号都是他的房产，宁夏路2号则是他的公馆。

于右任公馆

宁夏路2号的于公馆是于右任租用的，原房产系冯玉祥部军长冯云亭的。于右任1946年5月迁居此处，居住了三年，1949年4月21日离开南京，飞往台湾。

宁夏路2号公馆建于1937年，占地面积12亩，由一栋二层小洋楼、平房六幢组成。小洋楼坐北朝南，西式风格，采用青砖琉璃瓦，在洋楼的背面，有一条走廊，走廊的尽头是两幢对称的平房，属于闹中取静的住所。

1947年5月11日于右任虚年70岁，5月9日在于公馆里举办了70寿庆，5月10日蒋介石来公馆为他祝寿，没想到前一天，于右任已被门生接到上海冠生园开生日聚会了。蒋介石留了贺词，就离开了。

斗鸡闸里何公馆

何应钦公馆在鼓楼汉口路附近的斗鸡闸，原有建筑为王兴宇宅院，后成为金陵大学文学院院长陈中凡的私宅。1929年国民政府还都南京，时任国民政府军政部长的何应钦看中了这块风水宝地，以高价买下。1934年由著名建筑师沈鹤甫设计，辛峰记营造厂承建，对房屋进行了修整出新，形成一幢三层楼房以及辅助平

何应钦公馆

房的建筑群。

平时何公馆比较冷清，来此的人员较少。1936 年 12 月 12 日西安事变爆发，蒋介石被张学良、杨虎城扣押，南京方面各种势力较量，何公馆开始热闹起来。戴季陶、居正、孙科、吴稚晖、冯玉祥等军政大员，纷纷来到何公馆，商量对策。主战派与主和派争论不休。当晚在何公馆召开了国民党中常会和中政会，会议决定由何应钦调动军队，准备讨伐，遭到蒋夫人宋美龄的反对，宋与何发生了激烈的争执（参见贾梦玮，《往日庭院》）。

1937 年 12 月南京沦陷，何公馆毁于战火。1945 年抗战胜利，年底，何应钦在公馆原址重建公馆，一年后，即 1946 年 4 月新公馆落成。

重建的何公馆以砖石围墙围护，打开两扇大铁门，汽车可以直接驶入公馆。公馆占地面积 7782 平方米，由四幢建筑组成，二层和三层楼房各一幢，平房两幢。房屋共有 31 间。采用西班牙式建筑风格，砖混结合，拱门拱窗，屋顶铺设蓝色筒瓦，外墙为米色。屋顶有一个瞭望台，地下有地下室。

庐山的别墅

南京流行建公馆，江西的庐山则盛行建别墅。庐山建别墅始于清末，1895 年，英国人李德立以特殊手段从清政府手中租借到庐山长冲谷的大片土地，他将租到的土地规划后，对外销售，于是大量外国人涌向庐山，建立了不同建筑风格的别墅群。庐山别墅区集中在东谷，从 1885 年至 1949 年，庐山共建有别墅 800 余幢。

庐山地处亚热带季风区，雨量充沛，气候温和宜人，盛夏季节是高悬于长江中下游"热带"中的凉岛，有得天独厚的自然条件，成为避暑胜地。因此，民国时期的军政要员、达官贵人、学者名流也纷纷来庐山修建别墅，休闲度假。辛亥元老李烈钧、国民政府主席林森、军事将领陈诚、出版商张元济等都在庐山有别墅。

松门别墅流清音

庐山牯牛岭脊南，长满了松针常青的庐山松，经过此处，可以听到松涛阵阵，在松林葱郁之中，有一座中式建筑风格的别墅，别墅前一条小路直通松树林，犹如松林之门，别墅因此得名松门别墅。别墅的主人是陈三立（散原老人）。

早年陈三立就来过庐山，而真正结缘则是 1929 年。1929 年，陈寅恪用节省下来的官派留学费用在庐山牯牛岭购置了一座别墅，以弥补不能随侍父亲

陈三立松门别墅

左右、亲聆教诲的缺憾。当年年底，77 岁的陈三立从上海乘船抵达九江，登上了阔别多年的庐山，住进了松门别墅。

松门别墅和庐山传教士的别墅比较，并没有特别的外形与艺术个性，只是普通的一座居住的住房而已，红色的鱼鳞板屋顶和笃实的扶墙隐在万棵松林之中。但是别墅地处松林景区，庐山著名的景点"月照松林"转个弯就是，占据观赏风景的得天独厚的地理位置。松门别墅前有溪流潺湲的山谷，背依曲径通幽的松林，别墅朝迎日出，夕送仙洞晚霞。走出别墅，置身于松林之间，坐听涛声，夜晚则可以遥望明月，对酒当歌。

松门别墅路口有一块巨石突起，形如虎踞，其势威猛。陈三立亲自书写四个斗大的字"虎守松门"，镌刻其上，遒劲霸气，虎虎生威。

住下没有几天，陈三立就喜欢上了松门别墅，喜欢上了庐山的山水景物，尽管已是古稀老人，庐山的云雾、清新的空气，似乎给他注入了新的活力。他开始在庐山四处走动，不仅是散步，还寻古访幽，王家坡、三叠泉、石门涧、黄岩瀑、玉帘泉等处都留下了他的足迹。秀山、清泉、奇石、茂林，庐山风光美，诗人的创作欲望也得到激发，老人的诗情喷薄而出。

遇到春雨，他赞美："海水从天怒倒流，夜号神鬼梦痕浮。依稀飞挟峡泉吼，雨满当年琴志楼。"看到晚霞，他吟诵："落照红拖血色裙，雏鬟呼看火烧云。只贪雪岭同灰尽，安步联为五老群。"秋夜让他着迷："小院风疏萤火流，依依儿女映茶瓯。看星数点新凉味，不在人间乞巧楼。"下雪了，他兴奋，"暖候啸高风，岩峦卷余雾。隔晨雾四塞，黯黯天地闭。裂缝拆褰开，飘雪乱凝睇。遍挺琼树枝，亦拥琉璃砌。松叶张婆娑，烂缀鹤氅氄。寒啼动猿境，远影灭鸿逝。声闻寂诸天，孤噫自为帝。煮茗格吸泉，访梅贪改岁。通寐谢亲知，老我鸿荒世。"

居住在庐山松门别墅时期是散原老人诗歌创作最旺盛的时候。自 1929 年冬上庐山到第二年冬，仅仅一年时间，他就吟下各体诗词一百余首，汇成一卷，1931 年，请姻亲张劫庄以楷书缮写，石印若干册，题为《匡庐山居诗》，分赠亲友。

散原老人的诗名在民国时期很显赫，有一年蒋介石欲到松门别墅拜见散原老人，被淡泊名利、远离官场的老人婉拒，老人说："我是世外之人。"但是对于庐山的公益事业，老人却不遗余力。1930 年，历史学家、方志学家吴宗慈上庐山避暑，遇到散原老人，二人在一起讨论年久失真的《庐山志》，一拍即合决定重修《庐山志》。他们邀请地质学家李四光、植物学家胡先骕撰写相关的地质、植物的内容，突破了《庐山志》原有的内容。历时三年，1933 年新修的《庐山志》刊行，老人 81 岁。1931 年庐山建设花径景点石牌坊、景白亭、花径亭，散原老人兴致勃发，写下了《景白亭记》（参见方方，《到庐山看老别墅》）。

陈隆恪一家陪父长住庐山，陈氏家族成员时常汇聚庐山。散原老人在松门别墅居住了五年，因为年岁已高，体弱多病，1934 年随北京陈寅恪处居住，1937年年底去世。抗战期间，松门别墅在抗战期间遭遇破坏，所幸房屋尚存。

东谷别墅素而雅

在庐山东谷别墅群的河西路和松树路之间，有一所坐西朝东，依坡而筑，前二层后一层的石木结构的建筑，掩映在葱郁的松林之中。墙体由不规则的石块砌成，厚重中透出粗犷，棱形窗格又彰显了建筑细腻的设计风格。它就是曾任国民政府军事委员会副委员长的冯玉祥将军的别墅。

"九一八"事变后，冯玉祥遭到蒋介石的排挤，被迫辞职隐居泰山，直到1935年重新上台。1936年7月冯玉祥携夫人李德全登上庐山，先是住在河南路的一幢别墅里，遍游庐山后，为庐山风光所吸引，也受当时潮流的推动，决定买一座别墅。经蒋介石牵线，找到了在九江开钱庄的商人黄文植，花2000元买下了黄文植1929年购买的一幢别墅——39A别墅（现在的河西路441号）。《冯玉祥日记》1937年6月22日中记叙：中午12点，蒋介石来441号，应邀吃饭。和他说到新购别墅事时，蒋说道："房子事亦告之黄文植先生。"当年2000元购买庐山一座二层的别墅，价格还是很便宜的，大概是富商黄文植为了巴结冯玉祥，也跟蒋介石的参与有关。

　　39A别墅1914年由英国人坎贝尔所建，建筑面积489平方米，属私人住宅中体量较大的。别墅东西长，南北略窄，平面图是在矩形的基础上变化，很不规则。以石为墙，厚重坚固，质朴无华。屋顶由六角形墙体上的小尖顶和两个小四坡水构成，整栋别墅带有一点古堡的味道。

　　这年7月24日，冯玉祥与夫人李德全游览庐山南麓。这里山清水秀，层峦叠翠，玉渊潭更有南宋爱国词人张孝祥的题刻。三峡涧中乱石万千，溪水奔腾，"二十四水争一桥，惊泉喷薄几时消。一山瀑布归三峡，小小天风作海潮。"（屈大均咏庐山三峡）玉渊潭边的石壁上，清晰地镌刻着宋代张孝祥书写的刚劲瘦健的"玉渊"二字。山水自石坡冲来，撞入潭中，浪花飞溅。有感当时的诗句，为了警示后人，冯玉祥请石工在"玉渊"西部的石坡岩壁上镌刻了墨子"上之为政也，得下之情则治"语录。墨子语录的后面是冯玉祥题跋："此墨子之言也。昔贤论道经邦，盖欲天下后世知所取法，奠国家于磐石之安。余游匡山，如入桃源，因冀国家之治，安如庐岳。持节录墨子之语，镌石于此，以告当世。亦藉以志鸿爪云尔。"石刻长九米、宽七米，由冯玉祥手书隶体大字，字字端正谨严，刚健苍劲。

　　冯玉祥东谷别墅，虽然没有宋美龄的美庐别墅名气大，没有熊式辉的别墅体量大，不如陈三立的松门别墅有诗意，但是，东谷别墅建筑风格朴素而雅致，仿佛松林中绽放的花，自有那么一股清芬。

146

徐悲鸿建"危巢"

1928 年初，徐悲鸿从法国留学归来，被中央大学聘为艺术系教授，次年带夫人蒋碧薇举家由上海迁居南京，开始了在南京十年的生活。

刚到南京时，徐悲鸿夫妇居住在石婆婆巷一幢大杂院里，只有两个房间，两三个月后，搬入丹凤街中央大学宿舍区。一幢两层的洋房，尽管上下各八间，却居住了何兆清、曾昭伦、谢寿康与徐悲鸿 4 家人，空间狭小，最让徐悲鸿感到郁闷的是没有画室，每次作画只能去艺术系办公室。去中央大学艺术系途中要经过鸡鸣寺，那里的景色优美，徐悲鸿常常驻留在鸡鸣寺写生。

买地建"危巢"

画家创作需要画室，可是徐悲鸿却没有独立的画室，蜗居在中央大学宿舍。建新房，又缺资金，徐悲鸿那时经济状况并不好，一筹莫展。此事被国民党元老吴稚晖知道后，先是由吴稚晖出资 3000 元购买了鼓楼北侧当时属于傅厚岗的两亩荒地。1931 年，吴稚晖又与钮永建、李石曾等人倡议，为徐悲鸿建房筹款。大家凑钱购买建筑材料，请人设计，施工，在傅厚岗修建了一座带有画室的西式二层楼房，就是后来的傅厚岗 4 号。

1932 年 12 月，徐悲鸿入住新居时，距"九一八"事件发生一年有余，国难当头，民不聊生。面对时局，徐悲鸿拟将新居定名为"危巢"，取不忘国耻，居安思危之意。他在《危巢小记》中写道："古人有居安思危之训，抑于灾难丧乱之际，卧薪尝胆之秋，敢忘其危？是取名之意也。"然而，蒋碧薇认为此名不吉利，只得作罢。

一进徐悲鸿公馆大门，迎面是一个铺着草坪的开阔的庭院，庭院中种植着很多花木，梅竹扶疏，桃柳掩映，错落有致。新居是二层小楼，进深 10 米，宽8.33 米，室高 5.33 米，通常房屋的高度只有 3 米多，新居房屋高达 5 米，完全

傅厚岗危巢

是按照徐悲鸿建画室设计的。左边上下两层房屋，迎面一座楼梯，卧室与浴室在楼上，客厅与餐厅在楼下，客厅在前，餐厅在后。大门右边的门房系佣人住房。

室内陈设是法国风格，温情浪漫，雍容华贵。女主人蒋碧薇还在院中的草地上安了两把大遮阳伞，伞下放圆桌和藤椅，可以在草地上乘凉消闲。也方便朋友聚会。

高大尚的画室

公馆落成了，徐悲鸿的画室也建成了。新画室很气派，高 5.33 米，长 10 米，宽 6.7 米。

画室笼罩在庭院里两株高大的白杨的树荫之下。这两株白杨树亭亭玉立，夏天遮挡阳光西晒，绘画疲劳时，可以眺望白杨，舒缓神经。据说这样的大白杨树，当时全南京一共只有三株，这里便占其二，另外一株在城南。当时傅厚岗一带还是偏僻的荒郊，附近没什么建筑，视野开阔，南京也没什么高楼，京沪线的火车驶近南京下关时，在火车上就可以远远地看见这两株高大、挺拔的白杨树。

风雨无枫堂

浪漫过后是疾风，当年徐悲鸿与蒋碧薇一见钟情，两人私奔去了日本、法国，何等恩爱。但是随着时间的推移，徐悲鸿与蒋碧薇的感情出现裂痕。徐悲鸿潜心于绘画艺术，蒋碧薇热衷于社交应酬，感情的纽带越来越脆弱。

在中央大学艺术系任教期间，徐悲鸿很欣赏女学生孙多慈的绘画才能，彼此暗生情愫。蒋碧薇得知以后，大吵大闹，弄得满城风雨。

1932年12月，新居建成之时，孙多慈以学生的名义送来100株枫树苗点缀庭院，这原本不过是件寻常事，礼数上也没有过失。但此时的蒋碧薇，嫉恨徐悲鸿移情别恋，不禁大发雷霆，命人把枫树苗全部折断当柴烧掉。徐悲鸿愤怒之余，将新居更名为无枫堂，画室命名为无枫堂画室，刻有无枫堂印章一枚，以释愤然。蒋碧薇得知无枫堂之名，更是怒火中烧。

舒适的住所，美丽的庭院，昔日的美景，不再让居住者感到快乐。

抗战时期，徐悲鸿只身离开南京西去，蒋碧薇紧追不放，却没有和解，此后，徐悲鸿再也没有回过傅厚岗4号。徐悲鸿与蒋碧薇夫妻长期分居，形同陌路。徐悲鸿也曾想与孙多慈结秦晋之好，却没有得到孙的父母的同意；蒋碧薇则与张道藩发生恋情。曾经的一对恩爱夫妻，终于反目为仇。

南京沦陷期间，傅厚岗4号徐悲鸿公馆也遭遇劫难，除房屋本身尚在，屋内的东西荡然无存，庭院内的两株大白杨树也被砍掉，南京曾经的一道风景消失了。抗战胜利后，徐悲鸿、蒋碧薇协议离婚，傅厚岗4号归蒋碧薇所有。

郁达夫的茅庐

民国时期郁达夫与杭州才女王映霞的爱情故事，曾经是文坛上的传奇佳话，他们为爱情构筑了小巢风雨茅庐。

1927年1月14日，32岁的郁达夫前往马浪路（今马当路）尚贤坊40号看望在日本留学时的同学及同乡孙百刚，结果在孙家不期遇上借住的王映霞，不由对她一见倾心，就此展开疯狂追求。1928年4月，郁达夫、王映霞在上海举行了婚礼。

暂住上海石库门

郁达夫是浙江富阳人，在富阳有家族的老宅院，在上海则是租房而居。与王映霞结婚后，他租借过几次房屋。最初与岳母同住于上海赫德路（今常德路）嘉禾里 1442 号，不久租下毗邻的嘉禾里 1476 号底楼一间老式房，后来又搬到哈同花园的民厚南里 880 号的二楼。880 号是弄堂靠西的最后一幢石库门房子，是两楼两底，并连有过街楼。整个二楼都是郁达夫夫妻居住，他们将统厢房隔成三间，另外还有一间前楼。面积 20 多平方米。因为小屋靠近田园，秋季就有了田园的野趣。小屋租金每月 8 元，室内设备简陋，电灯、电扇等电器都没有（参见王映霞，《王映霞自传》）。

杭州建筑风雨茅庐

租赁房屋简陋，郁达夫与王映霞都想改换宽敞、设施齐全的房屋，在上海建房地价很高，以郁达夫当时的收入无法实现。

1933 年 3 月 25 日，郁达夫自上海移居杭州，担任《东南揽胜》编委，任杭州作家协会理事。刚到杭州时，租住在场官弄的三间旧屋里，破烂不堪，夫妻间不免发生口角，郁达夫觉得改善居住条件，势在必行，否则爱情的花朵会枯萎，自己也会沉沦。

对杭州房屋市场考察之后，郁达夫发现杭州与上海的地价、房价相差悬殊，他觉得在杭州建房划算，而且杭州距离上海和老家富阳都不算远，交通也方便。建房需要一笔不菲的资金，郁达夫先是卖了《她是一个弱女子》的版权，得款1000 元。1935 年，在杭州市长周象贤、杭州慈善机构负责人沈尔乔等朋友帮助下，在杭州余杭区路场（今杭州城东大学路场官弄）附近，买下一块 1 亩 8 分的地皮，准备建房（参见王映霞，《王映霞自传》）。

按照当时的物价，建设风雨茅庐还需要 4000 元。郁达夫根本拿不出这笔钱，卖版税的钱只够买地皮，建筑所需要的 3000 元，只能借款，再靠写文章还债。

鲁迅对此是反对的，1933 年 12 月，鲁迅在日记中记录了反对郁达夫迁往杭州。此时此刻郁达夫为爱情疯狂，听不进别人的意见，执意要建房。

杭州风雨茅庐

住宅由郁达夫亲自设计，正屋朝南，青砖玄瓦的民国式风格，分正屋与后院两部分，进大门，两侧有五、六间平房，穿过天井，有三间正屋，坐北朝南，正中间为客厅，内有后轩。厅东西两边为卧室，三面回廊。正屋东北有卫生间、厨房。正院与后院以砖墙相隔，后院建平屋三间，为书房与客房。内有假山点缀，林木参差，环境幽雅。住宅取名"风雨茅庐"，由友人马君武题写匾额，悬挂在正面上方。

为了爱情建筑的风雨茅庐，工程耗费数月，价格不菲。郁达夫靠借款交付了工程费用，因此新居落成之后，拮据的郁达夫欠下了一大笔债。

风雨茅庐中的创作

1935 年冬，"风雨茅庐"落成之后，郁达夫沉浸在与王映霞甜蜜的爱情生活中，经常与友人游西湖，小饮，逛旧书店。烟波的画舫，苏堤的春晓，三秋桂子，十里荷花，是他们在夕阳影里共同欣赏陶醉的景物。

被爱情滋润的郁达夫心境甚佳，创作激情勃发，其名篇《迟桂花》也创作于此时。12 月 1 日，他写下了一篇《江南的冬景》：

　　江南河港交流，且又地滨大海，湖沼特多，故空气里时含水分；到得冬天，不时也会下着微雨，而这微雨寒村里的冬霖景象，又是一种说不出的悠闲境界。你试想想，秋收过后，河流边三五人家会聚在一道的一个小村子里，门对长桥，窗临远阜，这中间又多是树枝槎丫的杂木树林；在这一幅冬日农村的图上，再洒上一层细得同粉也似乎的白雨，加上一层淡得几不成墨的背景，你说还够不够悠闲？若再要点景致进去，则门前可以泊一只乌篷小船，茅屋里可以添几个喧哗的酒客，天垂幕了，还可以加一味红黄，在茅屋窗中画上一圈暗示着灯光的月晕。……

一提到雨，也就必然的要想到雪："晚来天欲雪，能饮一杯无？"自然是江南日暮的雪景。"寒沙梅影路，微雪酒香村"，则是雪月梅的冬宵三友，会合在一道，在调戏酒姑娘了。"柴门村犬吠，风雪夜归人"是江南雪夜，更深人静后的景况。"前村深雪里，昨夜一枝开"，又到了第二天的早晨，和狗一样喜欢弄雪的村童来报告村景了。……

郁达夫谈景，说酒，在茅庐里小酌几杯，吟诗作乐，乃是中国文人向往的生活，文章写及的景致，折射的却是他向往的生活和他正在实践中的事情，风雨茅庐给了他快乐，以及创作的灵感。

老北京的四合院

民国时期，北京是北洋政府执政所在地，居住在北京的高官、文人也很多，北京的置业很热火。

曾任交通总长、内务总长的朱启钤，一度代理过国务总理。他不仅官做得显要，也是一位颇有才华的文人。他收藏的丝绸品，非常有名，是业界公认的丝绸收藏大家。他对古建筑也很在行，对于保护中国古建筑贡献很多。当年他创建了中国营造社，汇集了梁思成、刘敦桢、林徽因等一批建筑学界最顶尖的人物。在营造社时，罗哲文、王世襄还是小字辈，是梁思成、刘敦桢的助手。

朱启钤北京旧居

　　赵堂子胡同3号是当年朱启钤在北京的住所，1931年他花费四万元，从北洋政府前财政总长贺德霖手中买下。仅装修就耗资五万元。大宅院有四进，整个宅院约有近百间房屋。正对宅子大门自南向北的游廊将院子分为东西两个部分，每一部分又从南到北分为四个院子，每个院子都是四四方方的，却只有北房和西房，不见南房。大门左右各有五间房屋，进门迎面粉墙，东首有粉墙与别院房屋相隔，西首是大宅院的外院。外院北面粉墙，中间是通内院的垂花门，外院有南房与西房。整座宅院被走廊连通得四通八达，但是有些院落前又有一道月亮门将内、外分了个清清楚楚。这种格局是北京大型宅院的常见格局。

十六　买房

安居才能乐业，中国人对房子的眷顾，受传统观念的影响很深。与当下的房价相比，民国时期的房子不算贵，然而社会购买力低，买房并不轻松。

鲁迅北京置业

鲁迅从日本留学归来，先在家乡绍兴任职，1912 年 5 月 5 日移居北京，在教育部任职，在北京女子师范大学等学校任教，至 1926 年 8 月 26 日离京南下，在北京共生活了 15 年。

鲁迅在北京的这段时间里，一共换过四个住所：菜市口南半截胡同绍兴会馆，新街口八道湾，西四砖塔胡同，阜成门西三条。

1912 年鲁迅初到北京，住无定所，当时绍兴籍人士在北京办了一处绍兴会馆，可以免费提供住处，5 月 6 日鲁迅搬到绍兴会馆居住，一住就是七年半。在绍兴会馆居住时，鲁迅先住在藤花馆，因为不堪喧闹，搬入补树书屋。补树书屋是一所有三间屋相对独立的小院，因为曾有人在院中的槐树上吊死，大家忌讳，没有人居住，鲁迅喜欢小院的安静，就搬进了补树书屋。来院子里的人很少，鲁迅在屋子里抄录古碑。一天，章一萍来访，见鲁迅正在抄《六朝墓志》，便问他抄写的目的何在？鲁迅回答："这等于吃鸦片而已。"夏夜，蚊子多了，便摇着蒲扇坐在槐树下，从密叶缝里看那一点一点的青天，晚出的槐蚕又每每冰冷地落在头颈上。

鲁迅初到北京，收入不高，又是单身，住在会馆免去了房租费用。后来因为绍兴的祖屋被出售，居住在祖屋的母亲无处栖身，要来北京与长子生活，母亲为鲁迅娶的媳妇朱安也要同来，二弟周作人已经成家。一大家人来北京安家，再在会馆居住多有不便。这时鲁迅工作稳定，1912 年 8 月 21 日鲁迅被任命为教育部社会教育司佥事兼第二科科长，月薪起初 216 块，后调整至 240 块，280 块。此外，鲁迅还在大学兼课，给报纸杂志撰稿，译书写书，有讲课费与稿酬收入，月入颇丰，于是鲁迅开始购房置业。

3500 块购下八道湾 11 号

1919 年，鲁迅开始张罗在北京购房，先后跑了报子街、铁匠胡同、广宁伯街、鲍家街、护国寺等处看屋，7 月份选定了八道弯 11 号罗姓的房子，花费 3500 块。八道湾宅是一所大房子，有车门，有大门，前面正院是个四合院，不带廊子，也没有垂花门，是有三进的大四合院。有房屋 28 间，空地很大，可以容纳大家庭居住。当年年底全家人搬了进去，包括母亲鲁太夫人，鲁迅与夫人朱安，周作人全家，周建人全家，由周作人夫人羽太信子主持家政。

八道湾住宅是坐北朝南的三进院落，一进院有倒坐房九间，鲁迅的书房设在中间。他在这里创作了《阿 Q 正传》《风波》《故乡》等名篇。鲁迅住在西厢房，正东东侧有一夹道，可通后院，后院有 9 间后罩房，周作人、周建人各用 3 间，东边的 3 间是客房。周作人的书房就在八道湾，原名苦雨斋，后改名为苦茶庵，是读书写作之处，偶尔也宴客品茗。几净窗明，一尘不染，书桌上的文房四宝井然有序。

周家兄弟搬进八道湾之后，蔡元培、郁达夫、钱玄同、胡适、沈伊默等许多

北京八道湾 11 号大门

文化名人频频造访此地。当年，鲁迅曾在屋前栽植了丁香和青杨，这院子里即使是在炎热的夏天，也是庭院寂静，高树蝉鸣。

购买八道湾住宅的房款 3500 块是分两次支付的。另外按照当时的购房规矩，支付中介费 173 块，税金 180 块，合计 3855 块，这尚不算宴请中介的费用。中介人一手托两家，对售房者与购房者负责。民国期间的房屋中介主要是个人经营，很少有以公司名义的。中介就是经纪人。按照当时的行情，中介费为房价的 5%。买主出三成，卖主出二成，所谓"成三破二"，全部佣金十份，买卖双方再各扣一份，给家中佣人或亲友，谓之"门里一份，门外一份"（参见邓云乡，《鲁迅与北京风土》）。

八道湾的房屋原本没有自来水，鲁迅买下房屋后，从生活方便角度考虑，进行了自来水改造，并且对房屋进行了修缮。花费了近 200 块。那时绝大多数居民还在饮用井水，用上自来水不容易。

迁居砖塔胡同、西三条

尽管周氏兄弟月入颇丰，由于羽太信子不善家政，家庭生活竟入不敷出，以致后来鲁迅与周作人兄弟失和。1923 年，鲁迅搬出八道湾另觅住处，而周作人一家则一直居住在八道湾。1923 年 8 月 2 日，鲁迅迁居砖塔胡同 61 号。西四砖塔胡同 61 号是鲁迅临时租的房子，作为过渡房，院子比较小，只有一进院，房屋破败不堪，与八道湾住宅不可比较。

鲁迅对砖塔胡同 61 号的房屋很不满意，于是又继续四处看房。10 月 30 日，

北京砖塔胡同 61 号北屋三间鲁迅住室

在阜成门内三条胡同看中第 21 号门牌旧屋 6 间，议价 800 块成交，这笔房款是向许寿裳、齐宗颐两位各借了 400 块，数年之后才还清。800 块虽然不到鲁迅三个月的薪水，由于支付八道湾房款，以及大家庭开支较大，鲁迅当时经济上是较为拮据的。直到 1926 年离开北京到厦门大学任教，才陆续用薪水还清（参见鲁迅博物馆编《鲁迅文献画传》）。

买定阜成门内西三条 21 号旧屋后，11 月办理过户手续，12 月 2 日立契，次年一月开始翻建，5 月 25 日迁入。西三条 21 号是鲁迅在北京的最后一处住宅，院子虽小，但是布置得雅致朴素。修缮之后，鲁迅种了不少花木，成为一处十分安静的小院。院内南北各有三间房，东西各有厢房两间，南房是会客室兼藏书房。在正堂的后面有一间 10 平方米的平顶小房是鲁迅的起居工作之所，鲁迅称之为"老虎尾巴"。在这里鲁迅创作了《野草》《华盖集》等 200 多篇作品，因为当时一些文人抨击鲁迅为"学匪""土匪"，鲁迅自嘲这所居处为"绿林书屋"。透过北窗的玻璃，"可以看见两株树，一株是枣树，还有一株也是枣树。"

鲁迅在此住至 1926 年 8 月，如今为鲁迅博物馆的一部分。

张恨水买四合院

张恨水，在民国时期享有盛誉。他才华横溢，可以同时为几张报纸撰写章回小说，而且才思敏捷，文如泉涌。因为同时写几部连载小说，自己又从事传媒工作，这样就同时有了几份收入。张恨水撰写的言情小说，在当时是畅销书，很受读者欢迎，《啼笑因缘》《春明外史》等小说出版时，洛阳纸贵。当时张恨水收入颇丰，成为依靠稿酬生活富裕的少数作家之一。

1924 年《世界日报》创刊，张恨水出任副刊主笔，创作长篇小说《春明外史》一炮打响。张恨水也因此成名，收入开始改善。每月收入一二百块。那个时候的一二百块，是个相当引人羡慕的数目，一担米不过六七块。随后，张恨水又创作了《金粉世家》等小说，名声大噪，收入暴涨。按照当时与世界书局签订的契约规定：《春明外史》稿酬、《金粉世家》稿费分 4 次支付，每接到他的 1/4 稿子，就支付 1000 块稿费。约定每千字 8 块稿酬，出书不再付版税。当时张恨水家里有几笔较大的费用支出，一次性就可以开出 4000 圆支票。

按照当时的出版合同，《春明外史》《金粉世家》两部小说为张恨水得到了每年 6400 圆的稿酬收入，月均收入在 500 圆以上。按照陈明远《何以为生》的计算，1924 年的四千银圆相当于如今人民币 14 万元左右，500 银圆的月收入相当于如今的月收入人民币 17000 元左右。

用稿酬在北京购房

在获得巨额稿酬后，张恨水先是在北京租了一所带有庭院的大房子，他的书房就有两间。后来用 4000 银圆的稿酬在前门大栅栏 12 号购买了一所大宅门四合院。

四合院里很宽敞，有许多间房屋。庭院里原本有枣树、槐树、桑树、椿树、花椒树、无花果树11棵，张恨水搬来后，又栽种了洋槐、梧桐、杨柳、丁香等树木，还栽种了菊花等花卉。当时张恨水将收入分为四部分支配：一部分作为家庭开支，比例占大头；第二部分购买木板印刷的线装书；第三部分养花，四合院的花草购买了不少，按照季节更换；第四部分听戏，张恨水是戏迷，北京的大剧院，名角很多，张恨水得以一饱耳福。除了编报去报馆，看戏去戏院，其他时间，张恨水住在宽敞的四合院里，写作、养花是张恨水平时主要的事情。闲暇之时，张恨水也邀请三五个友人，来此赏菊花，喝茶，摆龙门阵。

1933年夏季，张恨水四弟牧野在北京办了美术学校，请他做校长，所谓请张恨水做校长，其实就是张恨水出资办了美术学校。划了一座院落做校长室，事实上是给他作写作室。这房子是前清名人裕禄的私邸，花木深深，美轮美奂，校长室又是最精华的一部分，把这屋子作书房，简直太好了。张恨水乐意挂名不管事，照常写小说。

张恨水北京旧居

避难上新河

1936 年张恨水来南京，原来的打算是在南京近郊买块地，盖几间简陋的房子，当时张恨水手上有四五千块积蓄，买地盖房资金足够了。张友鸾等几个一起办报的朋友鼓动他出资办报，做老板，为了实现自己的办报理想，张恨水就投资 4000 圆，在南京创办了《南京人报》，日销量 15000 份，影响相当好。但是随后抗战爆发，南京失陷。在南京沦陷前，《南京人报》停刊，张恨水带着家人到南京郊外上新河避难，租借农户的房屋居住。

所住的地方，颇类渔村，门前有五株垂柳，让人想起五柳先生陶渊明，房屋是茅草铺顶，柴门深院，竹篱围拢，石板铺成小路，周边是浅浅的小草。院子里种植瓜果、豆角。隔着篱笆，远眺上新河，水清天蓝，晴空如洗。张恨水时常在村后长堤上散步，当见柳林如墙，中国稻田数百亩，远处楼阁，隐约月色中，风景如画。久居都市的人，因为战争放下了手中的工作，百无聊赖，不过，在忙碌之中，忽然一日置身这样的环境中，也让人耳目一新。上新河在南京城郊外，听不见城中警报声，愈见幽静，有时候也会让人暂时忘记此时正是战争时期，心灵得到暂时的慰藉。

回北京再购宅院

南京沦陷后第四天，张恨水举家回老家安徽潜山避难。随后，张恨水拎着一个柳条箱，离开家乡奔赴抗日前沿。1938 年 7 月来到重庆，继续办报，参与抗战救亡工作。抗战胜利后的 1946 年 2 月 15 日，张恨水回到北京，筹办《新民报》。当年夏天，夫人与孩子也回到了北京。

张恨水在西城区北沟沿甲 23 号购买了一所宅院。这是一所四进的院落，有 30 多间房屋。张恨水喜欢花木，院子里种植了许多花草树木。朋友送了他一套西式家具，张恨水又添了一套红木家具，包括书橱、写字台、转椅、圆桌、茶几等。购房的费用依然是张恨水著作的版税，上海两三家书店的版税，依然是超过薪水的几倍收入。

中国是个农业大国，数千年人们对土地极为依赖，因此中国人有买地置业建房的情结，似乎没有房子就不能算立业。农村娶媳妇最看重的就是三间六瓦房，有房有地就有了身价，有了谈判的筹码。黑色的土地，青砖黛瓦的房屋，才给生活在中国社会的中国人以安全感和自信。时至今日，社会审定一个人是否事业成功，同样会以房屋来作为参考标准。

如果按照这样的标准，民国时候的很多名流学者都要被打入另册了，事实上民国时的知识精英，居住的条件并不都是"高大上"的，海归派租房而居的大有人在，住在集体宿舍的名教授也不乏其人。房子与票子不是他们追求的目标，也不是衡量他们学术水平、社会价值的尺码。

胡适租房

1917 年胡适回国，被北京大学聘为教授。作为海归派的代表人物，胡适的经济收入还是非常可观的，有教授的薪水，还写文章拿稿酬，写书得稿费，除了一部分寄回老家，大部分留着自用。但是胡适刚到北京，没有买房，而是选择租房而居。

胡适在北京居住过的地方有五处：南池子缎库后身 8 号、钟鼓寺 14 号、景山大街陟山门 6 号、米粮库 4 号、东厂胡同 1 号。

起初租的房子比较简单，钟鼓寺的房子是普通四合院，寻常百姓家，房子不大，一进门为门房，两侧为厢房，正房居后，旁有耳房，厨房很小，厕所更狭。庭院也不宽大，栽有一二棵小树，数盆夹竹桃。正房为寝室和书房，两厢为客房及会客室。男佣人住在门房，女佣人住在耳房。家具陈设也很简单。因为房子狭小，胡适另寻新居，恰巧，郭松龄的秘书长林长民陟山门的房子待租，郭松龄倒戈张作霖兵败被杀，林长民也受牵连被诛杀，胡适租下了景山大街陟山门 6 号。此时房子宽敞了，也有了庭院，庭院内有长廊，院内还有机井。房子的陈设、沙发家具都是林家原有的，一并租下。

20 世纪 20 年代末，胡适在上海出任中国公学校长，冯自由、张元济是他的邻居。这座小洋楼三层，楼下是客厅、饭厅和厨房，二楼前面是凉台，凉台后是一间大房，胡适的寝室。第二间是胡适书房，第三间是北房，弟子罗尔纲当时借宿在这里，成了罗尔纲的工作室和卧室。三楼是胡适儿子胡祖望、胡思杜和侄儿胡思猷、外甥程法正的寝室。

胡适上海旧居，原来的门牌号为静安寺极司菲尔路 49 号甲，现已改名万航渡路 320 弄 42 号

后来，胡适辞去中国公学校长之职，回到北京，任北京大学文学院院长，住房搬迁到米粮库4号，仍然是租赁的。这是一座宽绰的大洋楼。从大门到洋楼前是一条长长的路，楼前是一个大庭院，种植高大树木，并有花圃点缀其间。庭院的左边是汽车间，厨房和锅炉间在洋楼的后面。小楼三层，一楼入门处是客人衣帽间，屋子左边是客厅，右边是餐厅。东面大厅是胡适的藏书室，胡适书房在大厅南面，一间长方形房。卧室在二楼，向南最大的一间房是胡适夫人江冬秀寝室，另有几间是胡适的两个儿子胡祖望、胡思杜的寝室。女佣房在三楼。米粮库4号房间多，胡适家里的几个人住不了，当时还有其他人在此住宿，胡适弟子罗尔纲，朋友徐悲鸿、徐志摩来北京，暂无居所时，也应邀住进了小洋楼。当时，上海亚东图书馆派人来编辑胡适著作，大厅过道的几间房间就成了编辑人员的工作间和寝室（参见罗尔纲，《师门五年记》）。

按照胡适的经济收入，支付买房费用绰绰有余。他给商务印书馆刊物写文章，千字3~5块大洋，每月有几百圆稿费收入。刚回到北大任教时月薪一百零几圆，在上海中国公学教书，月薪600圆，后来回北大当教授，月薪600圆。此外，他还在中国文化教育基金会兼董事，收入颇丰，但是胡适始终没有在北京和上海买房。除了生活开支之外，他的收入一则用于购书、买画、买敦煌卷子。二则资助年轻学生，著名的太平天国史专家罗尔纲当年食住在胡适家；一些青年学子负笈海外，经费不够，胡适也资助他们。三则资助社会研究和野外调查。

教授的宿舍

民国时期高校里的教授很多是海归派，这些知识精英，学界名家，很多是住在学校宿舍的。

1925年清华大学成立，吴宓任清华大学国学研究院主任，聘请当时学术界最负盛名的王国维、梁启超、陈寅恪、赵元任四位学者为研究院导师。吴宓入住

清华大学西院，45 号是朱自清居住过的院子，紧邻荷花池与近春园遗址

清华工字厅西客厅，取名藤影荷声之馆。1926 年 7 月 18 日，陈寅恪来清华就职，也住在工字厅。抗战胜利后，季羡林回清华教书，也住在工字厅。

当年清华大学教授的宿舍条件优裕。闻一多、周培源、吴有训、雷海宗等 50 余户住清华西院。闻一多住 49 号，有 14 间房子。1935 年后，闻一多、俞平伯、周培源、陈岱孙、吴有训等又迁入清华南院，这里有 30 栋新盖的西式住宅，每户一栋，内有书房、卧室、餐厅、会客厅、浴室、储藏间，电灯、电话、热水等一应俱全（参见刘仰东，《去趟民国》）。20 世纪 50 年代，高校院系调整，清华大学文科划归北京大学，燕南园、燕北园成为北大的教师宿舍，冯友兰等教授还住在那里。

各个学校的条件不一样，中央大学的教师宿舍条件与清华相比，就差很多了，拥挤不堪。徐悲鸿来南京，在中央大学艺术系任教授，住在中央大学丹凤街宿舍，与其他三家，共用 8 间房。徐悲鸿夫妇与谢寿康住楼上，何兆清夫妇与曾

昭伦住楼下。徐悲鸿算是待遇较好的，分了四间房子，蒋碧薇父母此时与他们同住，四间房也不够用。对于徐悲鸿来说，住的房间狭小不是大问题，没有独立宽敞的画室才感到郁闷（参见杨小苑、丁波、杨新华编著《南京名人故居史话》）。

西南联大后期，西仓坡宿舍建成，因为人多粥少，教授们由抽签确定谁能搬进去。闻一多抽中，1945 年 1 月迁入新居——西仓坡 3 号。不大不小的院子，有20 多间土坯墙的平房。两间 20 平方米的房间，后面是天井，旁边是厨房，门前有块空地，闻家开荒种菜，自给自足。

校外租房

西南联大早期，学校教室、宿舍条件简陋，教师都在校外租房而居，在昆明市区，租赁租金不高的民房。1940 年为了躲避空袭，教授们又从市区搬出，疏散到昆明郊区、乡下，文科教授集中在大普吉、小普吉。

疏散时，闻一多先与胞弟、联大外文系教授闻家驷居住在大普吉，两家合租老马店的一个阁楼，拥挤不堪。后来闻一多又搬迁到陈家营，全家 8 口人栖身于一间 16 平方米的房子里。房子坐落在院子的一隅，没有窗户，临时开了一个窗子，投射进一点阳光。因为房间太暗，孩子写作业只能挪到室外，借助自然光。

华罗庚一家也搬到了陈家营，搬进了闻一多居住的房间，华罗庚一家 6 口人，加上闻一多一家 8 口人，挤在一起。闻家住东头，华家住西头，中间拉起一块布做隔断。

郊外、乡下租赁的房子，条件简陋，甚至可以说破烂不堪，但就在这样艰苦的条件下，点着油灯，闻一多伏在摇摇欲坠的矮小破桌子上，心无旁骛写着上古神话源流的论文；华罗庚骑在门槛上，用一张大凳子做桌子，如饥似渴地演算着数学公式。

因为房小人多，后来，华罗庚一家搬了出去，他租不起正规的房屋，只能在西郊大普吉租用了一间牛圈，华罗庚一家住在牛圈上面的木棚里。世界级的大数学家就在这样的环境下，完成了他的数学名著《堆垒素数论》。

朱自清家在东北郊约泉镇龙头街，王力一家住在东南郊的呈贡县，杨武之（杨振宁父亲）全家住在西北郊龙院村惠家大院，李广田住在呈贡县城北面，费孝通在呈贡县城南老城墙村安了家。其他教授分散在海源寺、大河埂等处，距离西南联大都比较远，少则七八公里，多则十几公里，最远的呈贡县则有 20 公里。西南联大的教授大多是穷教授，每天到学校都是步行，路上就要花费两三个小时的时间，疲惫不堪。只有杨武之教授骑了一辆除了铃铛不响到处都响的破旧自行车，周培源教授买了一匹马，骑马到学校。

遇到雨季，路上行走很艰难，因为道路泥泞，很多人都在路上摔倒过，华罗庚有一次摔倒进田沟里，眼镜断成两截，身体受伤。

栖身国难房

1936 年，张恨水来南京，投资 4000 圆办《南京人报》，报纸没有赢利，而家里的人口却近 30 口，经济负担很重。南京沦陷后第四天，《南京人报》停刊。张恨水举家回老家安徽潜山避难。随后，张恨水拎着一个柳条箱，离开家乡奔赴抗日前线。

1938 年 7 月张恨水来到重庆。半年后妻子周南带着孩子也来到重庆，居住在重庆南温泉的三间茅草房里。

重庆的房子，因为战乱，炸去了十之五六，原本在重庆住鸽子笼的人，都纷纷地抢着下了乡。乡下本没有现成的房子，好在有的是空地，于是下乡的人，就以极少的价钱，圈一块空地，盖起国难房来居住。这种国难房，是用竹片夹着，黄泥涂砌，当了屋子的墙，将活木架着梁柱，把篾片扎里，在山上割些野草，盖着屋顶。七歪八倒，在野田里撑立起来，这就是避难之家了。当时张恨水也有这样一所茅屋。茅屋不是张恨水亲手盖的，也不是租的，而是朋友送的。原来张恨水住在一幢瓦房里，有两间房，相当干净。房东发国难财，把他们撵了出去，要卖那房子。这房子后面有十间茅屋，卖出了四间，六间租给了文艺协会。后来文协搬走了，房东是张恨水的朋友，让他搬了进去，议定自修自住，不取房租。张恨水觉得六间屋子太大，自己一家住三间就够了，就将另外三间给了一位穷教授居住。

房屋虽然简陋，居住的环境却有田园的野趣。窗子外是走廊，走廊下是道干涸的山溪，上面架有木桥，直通走廊，木桥那头，是丛竹子。竹子后面，是赶集的石板路，石板路后面是大山。居住的茅屋是用竹片夹泥的墙，屋顶上的草，即是山上所生的茅草，只要轻轻拍一下墙壁，整个房屋就会微微颤动。张恨水把房屋取名为"待漏斋"。一到雨季，室内到处漏水，只好把家里的盆盆罐罐拿出来，放在漏水的地方接水，待漏斋真的名副其实。

如此窘况，让人想起当年诗圣杜甫居住在成都草堂，茅屋被秋风吹走几层茅草的困窘。一个是一千多年前的大诗人，一个是 20 世纪 30 年代的名作家，竟然有共同的境遇。抗战 8 年，张恨水一家居住在重庆。在这 8 年里，张恨水没有做过一件新衣裳；抽的是重庆最廉价的劣质的神童牌香烟，后来连劣质烟也抽不起了，干脆戒了烟；夜里写作，没有电灯，又买不起洋蜡烛，只好点菜油灯。

面对居室的破漏，生活的贫困，张恨水倒是泰然处之。简陋与困窘，在他的笔下变成了一种乐观与豁达。"所居在一深谷中，面山而为窗。窗下列短案，笔砚图书，杂乱堆案上。"（《山窗小品·短案》）"窗前有小廊，面溪而立。顾非山洪陡发，溪中终年不见水，名为溪，实非溪也。溪岸在茅檐下，有花草数十株。隔岸则为人家菜圃，立竹一丛。"（《山窗小品·涸溪》）"涸溪对岸有竹一丛，正临吾窗。竹上为斜坡，下为溪沿，丰草环绕前后，差免玩童砍伐。"（《山窗小品·竹与鸡》）

傅抱石住农舍

1939 年 4 月，傅抱石随国民政府军事委员会政治部第三厅来到大后方四川重庆。5月，重庆屡遭日机轰炸，政治部会议决定疏散，三厅分成两套工作班子，一套在城内办公，一套下乡在巴县赖家桥。傅抱石被安排下乡，于是傅抱石在重庆西郊歌乐山金刚坡下向一家农户租借了一套房子。

金刚坡距重庆市区约70华里，其间多为蜿蜒曲折的盘山公路。从重庆市区乘车往西经过歌乐山，再下行20余里便到了金刚坡。金刚坡下的第一站便是赖家桥，再往西是陈家桥和青木关两个较大的站。三厅厅长郭沫若住在赖家桥的"全家院子"，傅抱石住在距赖家桥约一二里远的金刚坡下。

傅抱石一家居住的金刚坡农舍主人姓岑，房屋就靠着成渝古道旁，有一个小院子，原来是做门房的，用稀疏竹篱隔作两间，每间不过方丈，高约5米。傅家租住的是房东堆放杂物的仓库，既矮小又阴暗。室内光线很差，很少有阳光照射进来。写一封信，光线已经很弱，作画就更困难了。尽管居住的条件简陋，但是可以避开战火，一家人平平安安地生活在一起，在战乱时期已经非常难得了。傅抱石自署"金刚坡下抱石斋"，又称"抱石斋""抱石山斋"。自刻一方朱文方印"抱石山斋"（参见叶宗镐编著《傅抱石年谱》增订本）。

农舍室内光线差，那就在门口作画。每天吃完早饭之后，傅抱石就把仅有的一张方木桌，抬到房门口，利用门外来的光作画。对着画纸，略作沉思，然后挥笔在纸张上落墨，纵横驰骋，须臾满纸烟云。由于渲染时水用得多，整个画面湿漉漉的，需要赶紧放在火盆上烤，烤到半干再放到桌上进一步收拾。若在夏日，他则常常光着上身，脖子上围着一块擦汗用的发了黄的毛巾。画毕，又将方桌抬回原处吃饭，或作别的用。这样，他必须天天收拾残局两次，拾废纸、洗笔砚、扫地抹桌子。绘画时，除了夫人罗时慧偶尔帮忙研墨，三个孩子被请出室内，让他们在屋外、竹林里消磨几个小时（参见山谷，《傅抱石落笔世所稀》）。

金刚坡居住条件简陋，作画艰难，但是周围的风光却很美，这是不幸之中的万幸。

金刚坡一带重峦叠嶂，林木茂盛。傅抱石一家居住的院子前面有大片竹林，清澈的小溪环绕竹林而过，流水潺潺。院子后是树林，耸立着两棵巨大的皂角

傅抱石一家在金刚坡

图片来源：傅抱石研究会编《其命惟新》，上海书画出版社，2009。

树。院子的东北是金刚坡以及起伏的山峦，郁郁葱葱。金刚坡下梯田层层叠叠，农舍错落有致。黄昏时分，金刚坡沐浴在金色之中，牧童牵着耕牛缓缓归去，农舍升起袅袅炊烟……

1945 年傅抱石的长女傅益珊五岁，每天早晨起来后，便与两个哥哥傅小石、傅二石，在芭蕉残蕉叶间嬉戏，此时往往雾气尚未散去，烟光一片，小孩子天真无邪，无忧无虑。看着孩子的率真，傅抱石也觉得压抑的心情豁然开朗，挥笔作画，有时也会在纸上留下孩子们活泼的身影，以为纪念。

住在金刚坡附近的还有第三厅的其他人员，画家李可染、司徒乔也都居住在附近。即是同事，又是画友，彼此走动也勤，还经常在一起聚会，合作作画。

据叶宗镐编著的《傅抱石年谱》记载，1943 年 1 月 2 日，傅抱石与高龙生、张文元、李可染等人齐集金刚坡麓双羽轩司徒乔、冯伊湄夫妇家，七人合作一幅

《林和靖》。高龙生画林和靖，张文元画鹤，傅抱石、李可染画梅花，女主人画横枝，司徒乔画石。后来七人又聚会过好几次，每次都合作一幅画，画了《洗马图》《七贤竹林图》等。

10月17日，郭沫若来金刚坡拜访，不久，于立群也被邀请来傅家午餐。傅抱石以1942年作《桐荫读画》赠郭沫若。郭沫若写《桐荫读画》记其事："七株大梧桐树参差的挺立在一幅长条中，前面一条小溪，溪中有桥，桥上有一扶杖者，向桐荫中的人家走去。家中轩豁，有四人正展观图画。其上仿佛书斋，有童子一人抱画而入，屋后山势壮拔，有瀑布下流。桐树之间，补以绿竹。图中白地甚少，但只觉一望空阔，气势苍沛。"（参见叶宗镐编著《傅抱石年谱》增订本）

抗战时期傅抱石居住在金刚坡，他与其他艺术家、学者一样，经济状况拮据，但是对艺术的执着追求没有停止。傅抱石独创的抱石皴法，就在金刚坡时期形成。重庆金刚坡多雨，雨雾迷蒙，雨后，流水淙淙，云山雾罩，传统的绘画技法很难表现"山色空濛雨亦奇"的诗意，傅抱石用散锋，形成无数中锋，圆转灵动，挥洒自如，用墨加以大量水分，把纸染透，用熏笼烤干再染，反复几次，就能把湿润的空气和茂密的山林表现出来。

在金刚坡居住期间，傅抱石在重庆、成都、昆明举办了画展，获得巨大成功。傅抱石在山城名声大振，傅式水墨绘画也风靡山城，居住在重庆的一些外国朋友慕名来金刚坡，购买傅抱石的画。法国驻华大使馆中文秘书戴典庐，用他的全部工资买了傅抱石的画。戴典庐结婚时，傅抱石还送了一幅《湘夫人》作为贺礼。英国大使馆赫尔利、荷兰大使高罗佩，都购买过傅抱石的画，法国大使夫人还邀请傅抱石画了一幅法国贵妇人倘佯在花丛中的画。当时，傅抱石的作品通常三四十圆一幅，贵的一幅一二百圆。

巴山蜀水的奇异在傅抱石的胸中累积，血脉中奔涌着拥抱自然的狂喜热血。他笔落惊风雨，创作了《大涤草堂图》《万竿烟雨》《巴山夜雨》《潇潇暮雨》《风雪夜归人》《满谷泉声》《山城烟雨》等一批精品力作。金刚坡八年的朝霞夕照，茂林修竹、小桥流水，成就了傅抱石艺术的灿烂辉煌。

出行

晚清时期称街道为马路，南京最早的一条由中山码头通向南京城的路就叫"大马路"，因为那时候的交通工具主要是马车。等到烧汽油的动力车辆进入城市，城市交通才发生了变化。

黄包车

民国初年，黄包车是都市内主要的交通工具。因为便捷，在汽车没有普及的民国时期，它是短程出行的主要代步工具，达官贵人，小姐名媛都喜欢乘坐黄包车。黄包车是一种用人力拖拉的双轮客运工具，又名人力车；因为来自日本，又叫东洋车、洋车；为引人注目，招徕生意，车身涂黄漆，故名黄包车。清同治十三年（1874）一月，黄包车从日本传入上海。

北京的黄包车

20世纪二三十年代，北京市民出行交通工具以人力车为主，乘坐方式如今

1920 年的人力车夫

天的出租车。当时北京人口近 200 万，人力车达到 10 万辆，平均每 20 人一辆。北京各高校的教授、讲师，几乎都有人力车。高档的进口人力车，售价高达 100 块银圆。

鲁迅、周作人、钱玄同等外出都喜欢乘坐黄包车。

1930 年，谭其骧从暨南大学毕业，考入北京燕京大学，成为顾颉刚的研究生。1932 年燕大毕业后，他先后在北京图书馆、燕京大学、清华大学工作。从景山西门的北京图书馆宿舍出来，就可以看到门口停着几辆黄包车，一招手车子就过来了，拉起就跑。北京街头黄包车很多，随便你住在哪里，大门口外或胡同口，准有几辆停在那里，坐上再说到哪里去，到目的地按时价路程给钱。车夫很实诚，很少有要求添几文的，也不会发生争吵。从景山北京图书馆宿舍到东安市场门口，车费大约七枚铜圆。下雨刮风下雪时酌加。全城不论哪里，只要不是跑不动的老年人，没有拒载的。

174

说到北京的黄包车，一定会想到老舍的名著《骆驼祥子》。《骆驼祥子》写于 1936 年，以北京人力车夫祥子的悲惨命运为线索，写出了黄包车夫的底层生活。

北京的洋车夫有许多种，年轻力壮的，车子是自己的，车子漂亮，有的是力气，车子跑得快，客人多，出车与收车的时间自由，想什么时间出车就跑出去拉上几圈，想收车了就往回跑；岁数稍大的，车子多半是八成新，要价还保持着尊严，钱挣得也不少；四十岁以上的车夫，车破，体力差，每天早早出车，从清晨拉到午后三四点，钱也挣得少。

为了写人力车夫，老舍先向住在北京西山下的养过骆驼的齐铁恨先生了解骆驼的喂养，然后去口外观察。在北京他也坐人力车，与车夫交朋友，拉家常，熟悉他们的生活。老中青车夫的精神状态，车子的新旧，就这样慢慢了解清楚了。

南京的人力车

民国时期，南京的黄包车超过万辆，以此为生的车夫以及家属有五六万人，占当时南京人口的十分之一。除去一部分自备人力车外，大多每日两人合租一辆，分上下午两班拉驶，南京以拉车为业的人口估计在 15000 以上，其中以 20 岁至 40 余岁者占多。每当华灯初上，南京的街上就充满了熙攘的人声，还飘荡着过往的黄包车清脆的铃声。

1924 年，陈白尘还只是个 16 岁的学生，在东南大学（今南京大学前身）读书，因患淋巴腺结核症，医生建议他外出游玩，以宽胸怀。陈白尘因此得以游历南京的名胜古迹，最远的一处便是南京城东北角的燕子矶。当时的南京交通不发达，尚无汽车通达燕子矶，只有人力车可坐。坐着这种完全靠体力拉的车子，一路颠簸，少年陈白尘来到了他向往已久的燕子矶。登临燕子矶俯瞰长江，矶石下滚滚江水东流去，有惊涛拍岸的气概；江风拂衣，又有飘然欲飞的感觉。许多爱国志士、痴男怨女都选择这一胜地投江了。陶行知为此书写"想想死不得"的牌匾立在燕子矶上，告诫人们珍惜生命。

拉车的人力车夫误以为陈白尘游燕子矶是要自杀，放心不下，竟然跟踪他半天，少不得一番劝说。当误会消释后，两人有了情感沟通，聊起了家常，这对一个身在异乡，举目无亲，又身染疾病的少年来说，那一瞬间得到的温情，是多么的珍贵。人力车夫竟成了一位16岁少年的好朋友。南京冬天的气候是阴冷的，但一想到南京认识的第一位朋友，陈白尘身上总感到有些温暖（参见陈白尘，《初游燕子矶》）。

1932年"一·二八"事变爆发，日军进攻上海闸北的那个夜晚，巴金乘坐由上海开往南京的火车，抵达南京。31日早晨，天落着微雨，巴金刚起床，一个朋友打来电话，巴金立即坐上黄包车去位于北极阁下的中央研究院。他坐在黄包车上看到南京的景象，耳边只有炮声，传闻日本飞机要轰炸北极阁军用无线电台，很多人一夜没睡，第二天就准备去乡下避难。在鼓楼一家旅馆，巴金拜访了两个从汉口来的朋友，他们本来要去上海，因为战事，滞留南京。因为还有事情要办，巴金又让车夫拉着，由城北到城南，到了夜幕降临时，车夫迷路了。巴金焦急地坐在车上，车夫向同行打听路怎么走。前夜下关的日本军舰向鼓楼方向开炮，沿途运行李往南走的黄包车和汽车接连不断，排成了一条长线，简直没有尽头。车夫慢慢地走，花了很长时间，终于把巴金送到老下关火车站（参见巴金，《从南京回上海》）。

南京的人力车分城南车、城北车两种，入夜由下关进城，雇城南车；或由城南至下关，雇城北车。城南、城北车的识别方法很简单：凡夜间鼓楼附近及以南各马路上的人力车，以车头向南，迎往北之客者，皆城北车。反之，凡仪凤门以外，以车头向北，迎南来之客人，皆城南车。人力车价格低廉，自下关车站至大行宫4角、至状元境5角；下关至丁家桥3角、至成贤街5角、至鼓楼北2角、至玄武湖5角、至燕子矶1元、至幕府山1元、至牛首山1元2角。

大佬坐车也拉车

民国时期，吴稚晖、梁漱溟等倡导人道主义，出行坚持不坐人力车，他们坐汽车或者步行。

曾经担任过安徽大学校长的刘文典，常在课堂上怒斥人力车的不平等，但是说归说，骂归骂，课后，他依然登上人力车扬长而去，所谓人力车的不平等，是别人的不平等，与他无关。或许他还在想，如果大家都不坐人力车，那么车夫一天就没有了收入，坐车其实是帮助车夫挣钱，社会的不平等不是靠坐车与不坐车解决的。

从事教育工作的陶行知，倡导"生活即教育""社会即学校""教学做合一"三大主张。平时陶行知不坐人力车，有一次因急事坐了人力车，半道上非要和车夫对换角色，陶行知拉着人力车，车夫生平都是拉别人，如今第一次被别人拉，满含热泪地坐了半程的车。陶行知则累得满头大汗，这拼体力的拉车活，比站在讲台讲课更为吃力，劳动者的苦如果不是切身感受，真的不了解（参见刘仰东，《去趟民国》）。这大概也是陶行知建设晓庄学校，普及平民教育的初衷吧。

公交车

汽车据说是由居住在上海的西医为出诊方便带进中国的，1901年，一位李恩斯的匈牙利人开着两辆汽车进入上海，上海乃至中国才有了汽车。1902年1月30日，车主向上海公共租界工部局申请汽车牌照，经过研究，发放了临时牌照，在征税方面，因无先例，无章可循，参照马车规格征收每月两元的银子。城市的道路，原先主要是马车通行，因此称之为马路，南京第一条马路由下关进入南京城，由张之洞主持修建，名为大马路，至今还保留着。汽车进入上海，发展迅速。1903年上海只有五辆车，1908年增至119辆，到了1912年猛增到1400辆。汽车让嗅觉灵敏的商人看到了商机，先是出现了汽车出租业务，第一家出租车公司是1911年8月7日在上海开办的美商汽车公司，随后出租汽车公司如雨后春笋般在上海涌现，亨茂洋行、中央汽车公司、云飞汽车公司、祥生出租汽车公司、华北汽车行等都开始了出租车业务。

早期的出租车价格昂贵，坐出租车逐渐成为都市人的时尚之举，在高中阶层市民中流行起来，婚礼庆典、迎送往来、出门公干，都叫出租车。上海的祥生公司 40000 更是市民们家喻户晓的电话号码，"四万万同胞，拨 4 万号电话""中国人要坐中国车"，祥生的广告语也是妇孺皆知。

上海有轨电车

方便市民出行的还有公交车。1908 年 3 月 5 日，上海第一条有轨电车通车，意味着上海公交时代的到来。电车初行时，因为没见过电车这个庞然大物，人们误以为电车就是车上带电，乘客触电，大家充满好奇，乘坐者稀少。车门也没有后来的栅栏，方便乘客上下。一些年轻人自恃胆大，在电车行驶中也飞车上下。后来出于安全的考虑，增设了栅栏门。

早期的电车分为头等厢、三等厢，没有二等厢。外国人与华人分车厢而坐。票价按照路段计费，2.01 公里为一段，每段头等厢 5 分，二等厢 2 分，当时的物价，2 分钱可以买猪肉 1 两或土豆 1 斤。后来车票增加等级，头等分为 3、6、9、12 分四种票价，二等分为 2、3、4、5、6、8 分六种票价。

20 世纪 30 年代上海租界的公交车

乘坐电车还要懂得窍门，某次丰子恺在租界上了电车，乘5站路，上车时给了5分钱，可是卖票人暂不给票，等过了两站，才撕了一张3分的票，并关照说："第三站上车的。"初次乘坐电车的人会感到莫名其妙，为什么我第一站上车的，却说是第三站上的？原来卖票人钻空子，揩油公司2分钱。不过这种行为被公司查出是要处罚的。

上海乘坐电车，随处都有"谨防扒手"的标语。丰子恺说扒手是上海的名产。他就经历过一次被扒手光顾的事。丰子恺带两个孩子在霞飞路阿尔培路口等电车，乘车前向烟纸店兑换了1元钱，露出了钱包里的一叠钞票，被扒手盯上了。上车门时，一只手伸进了他的口袋，丰子恺用手臂夹着这只手，那人被他拖上了车子，坐下来，丰子恺不敢回头看扒手，怕报复。等到电车到下一站时，扒手立即下车。他才偷偷看了扒手一眼，是一名满脸横肉的男子（参见丰子恺，《旧上海》）。

北京的电车

北京的电车有四个轮子，前面点油，后边喷烟，前面两个亮灯，只点一个。对于电车，北京人开始觉得很新奇。

为了长见识，丁西林与两个伙伴决定亲自坐坐，体验一番。电车有两个车厢，一间长，一间短，上了车之后，丁西林与伙伴被领进短的车厢。刚坐下，卖票人就问："准备去哪儿？""去西四牌楼，要几个子？"卖票人说要17个子。丁西林与他讨价还价："14个子行不行？"卖票人告诉他，票价有规定，他一个子赚不到。于是丁西林凑齐51个子，买了三张票。车厢里贴着两块牌子：一块是"真不二价"，一块是"今日洋价照市二吊零百零十，大毛贴水若干，小毛贴水若干"。

电车开得挺快，比洋车（黄包车）快很多，上车没多久，就超过了几辆洋车。在第二站停车上下乘客时，后面的几辆洋车才超过电车。

有人说电车价格贵，是因为北京商会不准电车票价定得低，以免人力车夫失业。丁西林不以为然，北京的洋车，无论如何，都不会失业，因为乘坐洋车的忙人将洋车当船铺用，在洋车上闭目养神，不会乘坐电车；有钱的阔人乘坐洋车点到点，门到门，一步不肯走，他们也不会乘坐电车。因为电车比洋车快，票价贵一点也可以接受（参见丁西林，《北京的电车真开了》）。

南京小火车

1921 年，全长 28 公里的南京到汤山的土路建成，为满足南京人到汤山泡温泉的需要，1922 年南京开通了下关至汤山的游览汽车，这是南京最早的公交车线路。

1923 年，宁垣汽车公司开通了沪宁火车站至门帘桥的公交线路，沿途设下关大马路、三牌楼、丁家桥、鼓楼、东南大学、珍珠桥、大行宫等 9 站，线路长 9 公里。

1927 年民国政府建都南京后，南京的公共交通事业得到了发展，那时南京市区的公共交通由市区小火车、公共汽车、马车、人力车、出租车以及轮渡等交通工具组成。到了 1937 年，南京城内有共交线路 8 条，每天营运公共汽车120~140 辆。

宁省铁路北极阁站

南京公交还有一点特别之处，南京有条由城南中正街向北驶，出金川门到江口的小火车，大名为宁省铁路，开的是火车，担负的则是市内公交的功能。沿线分为江口、下关、三牌楼、丁家桥、无量庵、国民政府、中正街，除江口站、下关站在下关，其他站都在市区。小火车每日开行，往返各8次，上午4：50头班车，下午9：45末班车，间隔2小时开行1次。车票价格也不高，每站三等售价5分，二等10分，头等15分，往返票价7折。

公交时代的到来

1936年，上海的有轨电车线路有18条，无轨电车线路12条，公共汽车线路19条，加上长途客运线，上海有60余条公交线路，基本形成了稠密的公交网络，覆盖整个上海市区。

南京作为民国时期的首都，公交业也较为发达，鼎盛时期，南京有宁垣汽车公司、关庙汽车公司、兴华汽车公司、振裕汽车公司、首都汽车公司、江南汽车公司六家公交公司。最早的南京公交车是迷你型，只有12个座位。车门在车厢后面，座位是马蹄形的，木条座椅。后来比较豪华的公交车是中山陵的旅游专线，夏天用湘竹遮帘，冬天用黄绸窗帘，座位是皮垫沙发。1933年，南京的江南汽车公司自行设计制造的公交车，座位由马蹄形改为横排朝前，车身漆淡湖蓝色。最早的南京公交车上是无人售票的，在沿途设立了售票站点，到了1928年开始每车设一位售票员，而且由于公交公司之间的竞争，有的公交公司还用"美女售票员"增加竞争力。

享誉东南的江南汽车公司是南京公交车的著名公司，1931年由吴琢之创办，民国元老张静江是股东之一。吴琢之在经营理念上，视乘客为衣食父母，生活养命之源，要求职工对待乘客礼貌、诚恳。江南公司的司机和服务人员，都身着统一式样的服装，佩戴领章帽徽，标明工种工号。为了提高服务质量，吴琢之采取了许多便利乘客的措施。市内公共汽车各站有候车篷，避免乘客日晒雨淋；设置末次车指示牌，当末次车经过时由售票员将牌翻过，使乘客不再等候。江南公司

20世纪30年代江南汽车公司

还经营长途客运，主要跑京杭线长途，在京杭路宜兴站内建立食堂，方便旅客就餐；市区设分站，免费接送长途旅客。

1935年，京湖路开运之初，营业清淡。农历正月，江宁湖熟乡间有一农民因家里死人，急欲赶往南京向亲友报丧，他估计春节期间行人稀少，不会有长途班车，准备步行去南京城。当他走到湖熟镇上，却看见汽车站停靠着公交车，就打听班车是否停运了。车站回答"照常开行"，尽管就只有一个乘客，江南公司的班车仍照样准点发车，一辆大客车只载了一人，有人向吴琢之汇报，这样经营，公司会亏损。吴琢之强调不能失信于民，严守信誉，准点发车不可改变。这位农民回去向乡里乡亲一宣传，江南公司的美名在附近四乡八镇广为传开，乡亲们外出都优先考虑乘坐江南公司的班车。

私家车

民国时期的私家车多为黄包车，而真正的汽车，尤其是私家使用的小轿车，在当时是很少的，普及程度可能相当于如今的私人飞机，只有少数权贵才可能拥有。

1924年，逊位皇帝溥仪通过内务府购买了三辆当时流行的别克汽车，分别花费银圆4600元、4000元和3400元，从京师警察厅领到1381、1382、1383铜牌车号。别克K-44，时速可达到70公里。

教授的私家车

胡适1922年从美国留学归来，出任北京大学教务长兼代理文科学长。后来南下上海，出任中国公学校长。1930年5月19日辞去中国公学校长，赴北京任职，11月28日全家从上海迁往北京，住在米粮库四号。这个大庭院中有一间房是汽车间，胡适购买了一辆二手车。

当时私人有汽车的很少，车主非贵即富，故宫博物院院长马衡有一辆私家汽车。个别的知名教授，因为身兼数职，一是收入颇高，有足够的经济支撑；二是兼职工作地点分散，需要以车代步；三是朋友赠送，因此他们也有了私家汽车。

1938年陈岱孙在从长沙赴昆明的途中

183

20 世纪 30 年代，顾颉刚受聘北京大学和燕京大学，并任燕京大学历史系主任，北大在城里，燕大在郊外，相距 30 公里，顾颉刚则住在西皇城根 5 号。为此他买了一辆轿车，奔波于两校及各种应酬活动之间。他每月支付司机薪水 20 元，汽油花费 100 元。

经济学家陈岱孙，1920 年毕业于清华大学，获得庚子赔款公费留美资格。1922 年从美国威斯康星大学毕业后，又进入哈佛大学研究院，先后获得文学硕士、哲学博士学位。1927 年回国后，任清华学校大学部经济系教授，1928 年清华学校更名为清华大学，陈任经济系主任。他一直独身，美国友人送了他一辆黑色雪佛兰轿车，他便开着这辆车进城或出游。

陈岱孙的这辆雪佛兰车子，不是小轿车，而是类似小客车的中型汽车，车厢宽敞，可以当房车。陈岱孙一生未婚，是个钻石王老五，这辆车也成了他的坐骑，伴随他走南闯北。卢沟桥事变之后，北京、天津的大学西迁，清华大学、北京大学、南开大学在湖南组建长沙临时大学，从北京、天津撤退出的三校师生通过各种途径，陆续集中到长沙，陈岱孙开着他的雪佛兰，由北京到长沙。保定失守之后，石家庄沦陷，随后太原、上海、南京、杭州、济南相继陷落。1938 年长沙临时大学西迁昆明，组建西南联合大学，陈岱孙又驾驶着这辆雪佛兰，从长沙开到昆明。

影星的座驾

因为拍电影，胡蝶学会了骑马、开汽车。民国时期汽车很少，也没有什么驾培学校，由专业教练教人开车。一般都是师傅带徒弟式的方式，徒弟跟着师傅走，边看边学，有个一年半载功夫也就学会了。女人学开车就更困难。胡蝶为了拍电影的需要，刻苦学习驾驶技术。她拦下一辆出租车，付了双倍车费，让司机教她开车。先在空旷地方练习，再在道路上实际行驶，好在那时候车少路宽，车速又慢。学习了几天之后，胡蝶就能驾车上路了。等到胡蝶成名后，她花白银 380 两，购买了一辆福特牌轿车。

胡蝶和她的座驾

与胡蝶同为影坛双子座的阮玲玉，1929 年转入联华公司之后，事业上一马平川，知名度迅速上升，薪酬涨到了 700 元，每拍一部影片还有可观的片酬。阮玲玉也购买了自己的小汽车，不过她没学过驾驶，自己不会开，她雇用了私家司机，专门为她开车。当时司机的薪酬大概每月二三十元。

豪门小姐玩车

20 世纪 20 年代末 30 年代初，上海滩有两辆最时尚的别克敞篷轿车，一辆米色车身、浅米色车棚的是赵四小姐的。另一辆深灰色车身、灰白色帆布棚的是经营钱庄、当铺、米店产业的富商小马家（区别于开吴宫饭店的富商大马家）的。

小马家的公子马冠良娶了大家闺秀严仁美。严仁美的家世显赫，其曾祖父严筱舫曾是李鸿章幕僚，创办了中国通商银行。马冠良、严仁美夫妻经常驾驶敞篷别克，出去兜风。赵四小姐的那辆别克敞篷车，也经常带着兄嫂赵燕生、吴靖夫妇，一块去玩。车子走过的地方，吸引路人眼球，很拉风。

民国时期小轿车数量少，开私家车的主要是男性，会开车的女性很少，上海滩买办、地产大鳄周纯卿的女儿周素琼就是其中的一位。

周素琼家的老房子在南京西路 806 号，是一处花园洋房。主楼高四层，面宽五开间，非常气派，在上海滩私家住宅中非常少见。花园分前花园、后花园，还有一处停车场，可停放一二十辆轿车，这在上海私家住宅中也不多见。周素琼的父亲周纯卿是洋行买办，也是房地产商，喜欢玩汽车，他有三辆高级轿车，还有两艘游艇。他的车牌号是 1 号，也是老上海知道的大名鼎鼎的一号汽车，周纯卿也被称为一号汽车车主。周素琼会穿着高筒马靴，策马飞驰，高头大马被她驾驭得服服帖帖。上海一号汽车上也经常看到她的身影。

民国时期，汽车、火车、飞机等现代化的交通工具都有了，人们旅行的活动范围扩大，在乘坐大轮船、飞机的同时，喜欢寻幽访古的游客也会选择坐马车，骑毛驴。

骑驴骑马

明孝陵是明代开国皇帝朱元璋的陵寝，位于南京东郊，一向是文人朝拜的圣地，南社诗人每来一次南京，都要到明孝陵拜谒，在那里吟诗痛哭，壮怀激烈。而那个时期，出朝阳门（1929 年为纪念孙中山改为中山门，又修建了一条从下关到中山陵的迎梓大道）就属于荒僻的地方，去明孝陵的路都是土路，路窄，也无法行驶汽车，讲究排场的贵族老爷、小姐们会租上马车，慢悠悠地溜达进入。少壮的男子会骑上一匹马，年龄大一些的则骑上一头温顺的小毛驴，一路悠闲地向明孝陵进发。

1923 年 6 月 2 日的清晨，天刚蒙蒙亮，南京城内还很冷清，马路上人影稀少，哒哒的马蹄声，打破了街市的静寂。马车一路小跑，向东郊驶去……

20 世纪 20 年代的南京西式马车

　　经过大行宫，道路变窄，一个戴着眼镜的年轻女子掀开车帘向外探望，看到的是一路乱石满道，破壁颓垣。马车行进了三里路，就到了大明王朝宫殿遗址——明故宫。几个大学生模样的女子下了马车，跨过五龙桥，明故宫遗址旁有一座古物陈列所，陈列着一批古代的文物，包括宋本业寺嘉定经幢、冶山阴八卦石、凤凰台诗碣残石、明隆庆井床、明报恩寺塔砖等，其中最引人注目的是室内中间所立的方孝孺血迹碑，据说天阴时血迹鲜赤晶莹。

　　走马观花地看过之后，这几个青年女子走出了陈列所。戴眼镜的女子还在慢慢地巡视四周的景物，其他女子已经上了马车，只有一个女子还在车旁等她。戴眼镜的女子是石评梅，等她的是闺蜜芳蕅，她们是北京女子高等学校第二组国内旅行团的成员，南京是她们南下旅行的一站。马车向朝阳门方向驶去，穿过朝阳门，向左侧拐向一条颠簸的小道，向明孝陵方向驶去，车子颠簸得厉害，一路青草遍径，田畦皆碧。快到明陵的时候，已看见石人石马，倒倾在荒草间，绿树中已能隐约地望见红墙。

　　她们下车走了进去，青石铺地，苍苔满径，两旁是苍松古柏。循着孝陵的红围墙下，绕至紫金山前，石评梅一个人离开了同伴，遇见一个牧童，在牧童的指引下前行。走着走着，忽然听见淙淙的水声，顺着水声寻找过去，发现一条小溪，走进一看，小溪的水来自上方的山涧，溪水清可见底，映着五色的小石，还有可爱的小蟹在爬动……石评梅掬起溪水，洗了一把脸，喝了几口泉水，用手绢包起几块小石头，正准备向前走，肖岩在后面喊了一声："等等我。"原来，见到石评梅一个脱离大家，肖岩悄悄地跟了上过来。

"看，快到了！"牧童的声音，惊醒了沉醉在美妙景色之中的石评梅和肖岩。抬头一看，只见一片青翠山峰，岩如玉屏，走过石桥，拾级而上，至半山就看见了寺院，这就是紫霞道院。在牧童的指引下，她们向名声显赫的紫霞洞走去。走不远，看到了一个洞穴，瀑布倒挂，宛然白练，纤尘不染，清华朗润，沁人心脾！靠近时就可以受到紫霞洞深邃阴凉，令人神清。山中方一日，世上已千年。忽然空中传来钟声，敲破山中的寂寞。肖岩说："该回去了，芗荃她们不知道我们到哪里去，会着急的。"

于是她们沿着来时的路，一路推开藤枝树叶往回返。回头再看紫霞道院，缥缈的白云，仿佛停在青峦之上。高山流水，兴尽于此。寻访明孝陵，发现了紫霞洞这样的仙境，也算是访古探幽的意外收获（参见石评梅，《模糊的余影》）。

乘坐马车游玩在民国时期很流行，如果三五人结伴而行，坐一辆马车很划算，坐马车按人头收费，每人两毛钱。邓云乡来南京时，与几个朋友相约去中山陵。先在新街口的广东饭店大三元酒家吃了午饭，在新街口西面马路边上就有马车，要了一辆马车，一直向东郊悠闲而潇洒地出发了。马是老马，车旧一些，白垫子干干净净，马不跑，只是款款前行，颇有"疲车羸马招摇过"的感觉（参见邓云乡，《水流云在琐语》）。

20 世纪 40 年代的客运马车

火车

1876 年 7 月 3 日，英国怡和洋行未经清政府批准在上海修建的吴淞铁路通车，这是中国第一条营业性铁路，后来被清政府购买回来并拆除。1879 年，李鸿章奏请修建唐山至北塘的铁路，仅修成唐山至胥各庄一段。

清末，中国境内已经修建了京榆铁路（1900 年）、南满铁路（1905 年）、正太铁路（1907 年）、沪宁铁路（1908 年）、京张铁路（1909 年）等几十条铁路。线路最长的津浦铁路，北起天津总站，南至南京浦口车站，始建于清末的 1908 年，全线通车是 1912 年，已经进入民国时期。全长 1009.48 公里，沿线有车站 85 个，是民国时期最长、最著名的铁路。在这条线路上，1923 年 5 月 6 日曾经发生过震惊中外的津浦临城列车大劫案。

民国时期的火车分为头等、二等、三等、四等车厢，舒适度、票价有明显差别。头等车厢空间大，座位宽敞，椅子上铺鹅绒，设置齐全，车厢内铺设地毯，有卫生间，甚至化妆间。二等车厢是软垫椅，三等车厢车座是硬板。候车进站待遇也不一样，头等、二等车厢乘客候车有专门的候车室，三等车厢没有候车室、没有卧铺，三等车厢的乘客不能进餐车。

头等车厢的票价最贵，是二等车厢票价的二倍，是三等车厢的四倍，（即"一二四制"，还有一种是"一二三制"）。1927 年的沪宁铁路客票价目表上，从南京到上海，头等车厢票价 10 元，二等车厢票价 5 元，三等车厢票价 2.5 元。当时一担大米的价格只有六七元，工人收入较高的月薪不到 10 元，也就是说一张头等车厢票价，抵得上普通工人 1 个月甚至两个月的收入。有学者研究认为，民国时期的购买力 1 元相当于如今的 200 元，那么，由南京到上海，头等车厢票价相当于 2000 元，三等车厢票价也要 500 元。

民国时期的火车，三等四等的普通车厢，不实行对号入座，乘客上车自己找座位，如果乘客多，后来的乘客就可能没有座位，也就是我们所说的站票。火车票售出概不退票。有文章说，民国时期火车票不能提前预订，只能在开车前一两个小时购买。似乎并不准确，张恨水的文章记述可以买联运票，省去临时购票的时间，联运票对于其他车票来说就是预售的。

沪宁线豪华头等车厢

民国时期的火车车速慢。一是停靠站点多，津浦线 1000 多公里，沿途 85 个车站，这一停靠时间就长了，有的停车几个小时。二是那时候都是蒸汽机车，烧煤的，时速慢。1876 年淞沪铁路上的英制先导号蒸汽机车时速为 24~32 公里，如果火车头拖挂的车厢多，更是影响车速。南京到上海京沪线 300 多公里，火车需要跑一天。辛亥革命后孙中山当选为中华民国临时大总统，1912 年元旦从上海赴南京就任，开了一趟特快专列，一路用时 8 个小时。天津至浦口的津浦线 1000 多公里，鲁迅 1913 年 6 月回绍兴探亲从天津到浦口，耗时 30 个小时。如果加上北京乘坐火车至天津换乘津浦线，在南京浦口坐船渡江，再换乘京（南京）沪线，由北京到上海大约 50 小时。

铁路在中国建成初期，通车没有电力，照明用煤油灯，那时候夜间无法行车。进入民国，火车可以夜行了。那时候火车上也供应茶水、饭菜。张恨水 1934 年 5 月去西北采风，走的是陇海线，列车要比京（南京）沪线、津浦线列车差，二等车厢硬凳子，没电灯。不过车厢里可以泡茶，费用三角钱，供应中餐，一菜一汤，费用 1 元。相比之下，京沪线在全国线路中享受着优待。1930 年国民政府铁道部改造京沪线路，并从德国进口了三辆蓝钢列车，火车头购自英国，车厢仅九节，车速大大提高，南京至上海只需 5.5 小时（沿途只停靠镇江、常州、无锡、苏州四个大站）。尽管车票比普通车贵一块，乘坐者仍然趋之若鹜。当时上海滩的知名影星来南京演出，也喜欢搭乘蓝钢列车，胡蝶、舒绣文、吴茵、徐来、赵丹、金山、王莹等都是"蓝钢"列车上的常客。1947年底，导演蔡楚生、郑君里率电影《一江春水向东流》剧组30余演职人员包下"蓝钢列车"一节车厢，从上海来南京参加首映仪式。蓝钢列车抵达下关火车站时，受到上千市民的欢迎。津浦线也有蓝钢列车，一等座车厢的票价是64块，相当于一个小学校长或中学老师一个月的工资。三等车厢票价是十几块钱，相差很多。

鲁迅回乡探亲

1913年6月19日，鲁迅回绍兴探亲，8月7日返回北京，前后共50天，去的时候搭乘火车，火车是分段行驶，不像如今是直达，沿途要换乘，还要住宿，一路辛苦；回程则乘坐轮船，一路寂寞。

《鲁迅日记》中详细记载了这次回乡路上的情形。

1913年6月19日16：40火车从北京发车，19：20抵达天津，当晚投宿在寓泰安客栈，住宿条件和饮食都很差，食不下咽。

第二天坐上南下的火车，10：20火车从天津驶出，一路向南。车过黄河涯，沿途有10多个小孩子向火车扔石头，石头打中了一名乘客的头部，顿时血流满面，乘客很惊讶，议论纷纷，却又无可奈何，受伤者只能自认倒霉。夜里火车停靠在山东兖州站，有脑袋后面垂着小辫子的士兵窥视车厢，很快就有四五个士兵登上车厢，进行检查。查什么，不清楚，士兵东张西望，不时地催促正靠在座位上入睡的乘客起来。鲁迅随身带着一个提篮，被士兵提起来，左右打量。没有查到他们要查到的，不久，士兵就下车了。经过这么一折腾，有的乘客睡意全无。

火车在兖州停留了很长时间，21日凌晨1：00，从兖州站驶出。这一段路程比较平稳，没有折腾。13：00抵达安徽明光。火车进站时，发生了一个意外。车上一工作人员，从车厢上一跃而下，没有站稳，跌倒在铁轨上，腿被车轮碾轧，一只腿从膝盖下碾断，另一脚的足趾轧碎。到达滁州是15：00，天空下起了大雨，出站的乘客只好在车站里滞留，好在雨下得时间不长。

一个半小时候后，火车抵达了本次的终点站——江苏南京浦口车站。那时候南京长江上还没有桥梁，北方来的火车抵达浦口终点站，需要换乘轮渡过江。又下起了大雨，乘客下车之后，乘坐小舟渡长江。摆渡过长江，鲁迅找了一家由扬州人开办的第一楼，暂且休息。而后换上一套干衣裳，去润昌公司买毛毡、烟卷，花费七元八角，毛毡用来遮挡雨水。晚上去沪宁车站（即位于下关的南京西站），坐上京（南京）沪线火车，这次没有晚点，比平时还早了半个小时，22：30 发车。

经过三天乘坐，22 日早 7：00，火车抵达上海。午饭后鲁迅去了中华书局（1912 年创办于上海，在国内各大城市设有分局），为教育部同事戴芦舲委托的物品办理邮寄。而后去虹口日本饼饵店买饼饵两盒，花费 1 元 8 角。又去仁里西泠印社购景宋本《李翰林集》《渠阳诗注》《宾退录》《草莽私乘》《鸡窗闲话》等书，书价 10 元 2 角 8 分，后两本书准备赠人。忙碌了一天，有些困倦，下午鲁迅在孟渊旅舍客房睡觉，一觉睡到晚上。晚上从旅社出来散步至三马路买芭蕉，共计 28 斤，路上吃一点，其他的带回绍兴。

23 日，阴转多云。早晨在旅社结过账后，赶往沪杭车站，7：30 火车驶出车站月台，向杭州进发。透过车窗，看到飘落的雨丝，不过雨持续的时间不长，一会儿雨停天晴。12：40 火车抵达鲁迅此次回乡火车的终点站——杭州南星站，南星站建于 1906 年，距离杭州站 3 公里。六七个士兵上来检查行李，挑开二三个纸包，没有发现违禁物品，对旅客放行了。

回绍兴，乘坐火车只能到南星站，距离故乡还有一段路程，只能改乘轮船。钱塘江水位上涨，水流湍急，江上船只很少，等了 3 个小时，托运的行李才运到。于是只好向西兴镇上的俞五房过塘行（承办行李托运、代雇舟轿的运输行）雇小舟去绍兴。小舟经过萧山时，停靠岸边，鲁迅购买了杨梅、桃子，一路行舟，一路品尝水果。小舟在河道里行驶，渐渐夜幕降临，船夫摇桨，在夜色中划行，鲁迅躺在船舱里，静静地听着船桨击打水流的声音。夜间下雨了，雨点落在船棚上，与桨声、河水流淌声交融在一起，风又飘飘，雨又潇潇，想起李商隐的诗句："新滩莫悟游人意，更作风檐夜雨声。"

夜雨行舟。24 日早上雨停歇下来，天空放晴了。7：30，小舟终于行驶到鲁镇，"阔别多年的故乡，我回来了。"鲁迅心里念叨着："到家了。"

轮船

与火车相对的远行交通工具，主要是轮船。在车速不是很快的年代，长江上的轮船实现了"朝辞白帝彩云间，千里江陵一日还"的梦想，而且白天观赏江景，夜间枕着波涛而眠，也很惬意。至于更为遥远的旅途，如漂洋过海去国外，大轮船更是首选。

寂寞归程

1913 年 6 月 19 日鲁迅回绍兴探亲，去的时候乘坐火车，返回北京时则改乘轮船。7 月 27 日下午离开故乡绍兴，乘小舟去西兴。在故乡时，许多亲朋好友得以相见，与发小回忆童年的趣事，非常开心。这时候一人独居孤舟之中，颇有寂寥之感。28 日晨到达西兴，写便签让摇舟的船工带回绍兴给二弟周作人，告知平安。然后去俞五房运输行雇轿渡江至南星驿站，午后乘坐火车至拱宸，上了驶向上海的大东公司的船班。

29日晨船航行到嘉兴，17：00，到了上海。当船在码头停泊时，除了船客，码头很冷清，没有旅馆客栈在此招揽生意。鲁迅准备在码头附近的旅馆住宿，然而听说是散客一人，各家旅馆都以客满为由，谢绝入住。无奈之下，鲁迅花高价，要了两辆人力车，一车坐人，一车带行李，拉到虹口松崎洋行投宿。晚上给二弟写了一张明信片，告知上海码头与旅馆遇到的情况。

第二天，多云，鲁迅一整天待在洋行客房中，午后下起了小雨，闲着无聊，给二弟写了一封书信。第三天雨转晴，但是没有购买到回北京的船票，只好继续留在客房中，觉得很闷。

8月1日，又下雨了，等到天空放晴时，洋行告诉鲁迅一个好消息，到天津的塘沽号船票买到了，票价10元，第二天16：00启程。

8月2日上午鲁迅去书店购买了一册日译都介纳夫著的《烟》，书价1元4角，准备坐船时阅读。14：00登上塘沽号，船舱房间污秽不堪。与鲁迅同居一间的叫徐翘（字小梦），他到青岛。给二弟又寄一明信片。16：00，塘沽号准点发船。

在塘沽号上也看海景，读书，每天如此。船在青岛、大连停靠。

8月7日上午8：30抵达天津。鲁迅住在富同客栈。14：00去天津西站，14：30去北京的火车发车，傍晚18：30抵达北京，19：00鲁迅回到北京的住所绍兴会馆，为期50天的探亲旅程至此结束。

长风破浪会有时

1923年5月，石评梅与北京女高师旅行团一行26日南下旅行，先是乘坐火车抵达湖北汉口。坐轮渡过江到武昌，考察武昌高师附中等学校。

5月26日，旅行团乘坐汉阳兵工厂的武胜轮去兵工厂参观。武胜轮在长江中破浪前进，当见烟波江上，浪花飞溅；站在甲板上放眼望去，龟山临左，蛇山傍右。武胜轮船速很快，船入汉水未跑多久，汉阳已在眼前，两岸树木林立，浓绿蔽日，让人不觉想起唐人崔颢"晴川历历汉阳树，芳草萋萋鹦鹉洲"的诗句，李白登黄鹤楼见到崔颢题诗，写道："眼前有景道不得，崔颢题诗在上头。"

武胜轮靠岸后，旅行团舍舟登陆，陡觉炎热凌人。参观完兵工分厂之后，原路返回，一路风浪很大，然而船上赏江景却与陆上赏风景不一样，汉江苍碧，一望无际。

旅行的下一站是汉口，旅行团乘坐江新号轮船，5月28日10：00乘车到六码头上船。石评梅与芗荟住在三层舱中房舱66号，船上的房间不大，但比火车舒服。连日在湖北精神劳顿，异常困乏。下午石评梅在船上睡大觉。22：00开船了，芗荟唤醒石评梅上甲板看夜景。夜间冷风阵阵寒彻骨，岸上明灯闪烁，映在苍碧的江水里，也看到几只小船在江中荡漾，借着月光、灯光依稀可以看见竹笠蓑衣的渔翁。

29日7：00醒来，石评梅拉上肖岩到甲板上眺望江岸，云峰起伏，远山含烟，风平浪静。到了下午便看到江心一座孤山矗立，青翠如螺，那就是小孤山。江新号从小孤山下穿过，临江有一排楼阁清晰地跃入眼帘，船绕其下，仰望清媚江山，其风景只可臆想，不能笔描。

30日早，石评梅被一阵凉风吹醒，透窗而入的凉风，让她精神清爽。梳洗后，用了早点，又拽着芗荟至甲板，江心烟雾弥漫，朦胧隐着一轮晓日，风景极美。14：00江新号到达南京下关码头。下船后仲鲁才发现，皮包被刀子划破了，一支自来水笔不翼而飞。

她们一行在南京考察了东南大学、南京高师附中附小、江苏省立第四师范等学校，又去鸡鸣寺、明孝陵、莫愁湖等名胜古迹游玩。再乘火车至杭州考察、参观、游玩。6月15日，在上海乘坐颍州船轮船去青岛。

那时候大轮船吃水深，不能停靠码头，一般都停泊在江中，旅行团成员下午乘着小船渡黄浦江，在浦东登上颍州号。船第二天一早才启程，当晚大家都住在船上。旅行团包了一个舱。夜幕降临，黄浦江岸灯火辉煌，江上帆船、海船都一列地排着，红灯绿灯在波光中闪烁，映出一道光路。

颖州号是夜间开船的，早上醒来，发觉船还停泊在江中没动，从那圆窗中望去，江上白雾升腾，所有的船只都锁在那白雾中间。大雾锁江，轮船因此继续停泊。忽然天空暗下来，大片黑云压顶，不久，大雨倾盆而至。

20世纪40年代的客轮

中午12：00，雾气渐渐散去，江面辽阔，汽笛一声长鸣，颖州号慢慢地开驶了！石评梅与同学们站到甲板上望着吴淞口，上海渐渐远去。18：00颖州号驶入大海，此时稍稍感觉船只簸荡，没有在长江中行驶得那么平稳。

17日早晨，石评梅走出舱门，一望水天相接，青翠的海水，激着白色的浪花，荡着鱼鳞般的波纹。不一会儿太阳出来，映着碧波，幻出万道银光。海面波涛滚滚，颖州号破浪前进。

下午海上起了大雾，船的速度放慢下来。到了晚上，因为雾太大，颖州号只好停驶，抛锚停泊。第二天早上大雾仍然没有散去。很多同学都是第一次乘海轮，同学大半面色不佳，有的同学呕吐起来，状态狼狈。

等雾气渐渐散去，颖州号又乘风破浪，12：00颖州号终于抵达青岛，水天一色，风景殊佳。下船时瓢泼大雨又突然来袭，让大家措手不及，衣单天寒，乘坐海轮的体会，让大家非常难忘。

海轮上缔结好姻缘

民国时期出国留学，尤其是到大洋彼岸的国家，基本上都是乘坐海轮，在海上要生活半个月。

1923 年冰心从燕京大学毕业，获得了"斐托斐名誉学会"的金钥匙奖和燕大女校的姊妹学校美国威尔斯利大学研究院的奖学金，赴美国波士顿的威尔斯利学院留学，攻读英国文学。吴文藻 1922 年毕业于清华学校，准备去美国达特茅斯学院社会学系深造。梁实秋 1923 年 8 月毕业于清华学校，也接到了美国科罗拉多州科罗拉多学院的录取通知。许地山 1920 年毕业于燕京大学之后留校任教，1923 年赴哥伦比亚大学研究院哲学系学习。

1923 年 8 月 17 日，冰心和一群年轻人从上海登上约克逊号邮轮，赴美留学。船启程前，冰心在贝满女中的一个同学来信请冰心上船后找她的弟弟、清华学校学生吴卓。当时乘客差不多全是中国留学生，光清华学校的就有近百人。上船之后，通过许地山的介绍，冰心认识了梁实秋。此前，梁实秋、顾一樵等人在上海创办文艺刊物《海啸》，约请许地山、冰心撰稿。上船第二天，冰心让校友许地山去找吴卓，找到了一位清华的吴同学，冰心与仪表堂堂高个子的吴同学一见面，就互有好感，两人攀谈起来，有共同语言。等到梁实秋一出现，说起来姓名，冰心才知道人找错了，此吴同学是吴文藻，不是吴卓。然而就是这一错，成就了一段姻缘。

海上近半月的旅行，使冰心与吴文藻建立起一种奇特的友谊。踏上美国国土后，尽管两人各奔东西，进入两个学校学习，但是一直保持联系，保持书信往来，渐渐书信语言变得炽热，他们由相知而相爱，并于 1929 年结为秦晋之好，成为相伴一生的伴侣。

飞机

飞机在民国时期还是稀罕物，有运输机，也有民用客机，除了公务之外，只有极少数人能够乘坐，因为价格昂贵，很多人想都不敢想。有一则机票价格的记录，1945 年 12 月 21 日中国航空公司客机从重庆飞往上海，单程票价 102000 元。

1929 年 5 月 1 日，中华民国政府特设中国航空公司成立，1930 年 8 月与美商中国飞运公司合营，改组为中国航空公司。1935 年，中国大陆有两家航空公司，中国航空公司、欧亚航空公

1946 年 9 月上海龙华机场

司。中航主飞南北航线，欧航主飞东西航线。从北京飞天津的单程机票 180 块大洋，从天津飞青岛的单程机票 460 块大洋，从青岛到南京的单程机票 430 块大洋，从南京到上海的单程机票 160 块大洋。这样的价格，即便高收入者也消费不起。

飞机都是进口的小型客机，最多的也就坐三四十人，更小的飞机只有十多个座位。飞机少，机组人员也少，到了 1948 年，中国航空公司的空姐才 20 多人。一般的客机只有一名空姐，三四十个座位的客机有两名空姐。

徐志摩飞机失事

徐志摩与陆小曼结婚后，忙于挣钱养家，在上海、北京、南京、苏州等处奔波，乘坐飞机可以实现朝发夕至，因此，他时常乘坐飞机。

传闻徐志摩曾经问梁实秋："你坐过飞机没有？"梁实秋回答："没有坐过。一来没有机会，二来没有必要，三来也太贵。"

徐志摩坐飞机体验到比火车更快的速度，他说："坐飞机很有意思的，速度快，御风而行，平稳之至。而且在飞机里可以写稿子。自上海到北京，比朝发夕至还要快，早上还在北京吃早点，到上海正好吃午饭。"徐志摩住在上海，在苏

20世纪40年代的新型客运飞机

州东吴大学、南京中央大学讲课，还在北京兼职。到苏州、南京，可以乘坐火车，到北京则乘飞机。

1931年11月19日，徐志摩本来没有课，但是他听说林徽因在北京协和小礼堂演讲，为外国使者讲解中国建筑艺术，非要去捧场不可。早上8点搭乘中国航空公司的济南号邮政飞机，由南京飞往北京。这是架司汀逊式六座单叶九汽缸飞机，1929年由宁沪航空公司管理处从美国购入，马力350匹，速率每小时90英里，在两个月前刚刚换了新机器。

10点10分，飞机降落在徐州机场，徐志摩给林徽因发了一封电报，要她来机场接。并且给陆小曼也写了一封信，说想要回家。10点20分，飞机从徐州起飞，飞临济南南部党家庄上空时，忽遇大雾，航向难辨，驾驶员降低飞行高度，不慎飞机撞上白马山（又称开山），邮政号坠入山谷，机身起火，徐志摩与两位机组人员王贯一、机械员梁壁堂遇难，无一生还。徐志摩年仅34岁。

下午3点梁思成租了一辆汽车去南苑机场接徐志摩，结果等到4点半，人仍未到，汽车只好又开了回来。对此，林徽因对梁思成说："志摩这人向来不失信，他说要赶回来听我的讲座，一定会来的。"

等到晚上，林徽因开讲座时，徐志摩还没有出现。回家后，梁思成告诉林徽因，徐志摩未回，胡适推测途中有变故。

20日早晨，胡适和林徽因看到了北京《晨报》刊登的消息：

京平北上机肇祸，昨在济南坠落！

机身全焚，乘客司机均烧死，天雨雾大误触开山。

11月22日上午9点半，梁思成、金岳霖、张奚若三人赶到济南，在齐鲁大学会同乘夜车到济南的沈从文、闻一多、梁实秋、赵太侔等人，一起赶到福缘庵。他们抵达失事地点时，当地人已经给徐志摩的尸体入殓，穿着小衭、戴着瓜皮小帽，额头上磕破的大窟窿也收拾干净。

"悄悄的我走了，正如我悄悄的来；我挥一挥衣袖，不带走一片云彩。"徐志摩的《再别康桥》，似乎是他的谶语。

玩飞机的奇女子

在飞机刚刚进入国门不久，有个奇女子玩起了飞机，成为开飞机的女驾驶员，她就是李霞卿。

李霞卿原名李旦旦，是位影星。1926年李霞卿的父亲在上海与别人开办上海民新影片公司，14岁的她以李旦旦之名出演影片《玉洁冰清》中女主角的妹妹，一举成名。后来又主演了《和平之神》《西厢记》等影片，成为上海演艺界名噪一时的红星。李霞卿不仅外形漂亮，而且胆子大，她喜欢骑马驰骋，水中遨游，还会开车。

但是她的演艺生涯只有几年，1929年她便离开荧幕，去英国留学。1933年，21岁的李霞卿去瑞士日内瓦瓦康塔那飞行学校学习飞行，1935年又到美国奥克兰市波音航空学校深造，并考取了飞行执照。她还成了美国妇女航空协会的会员，加入卡特皮勒飞行俱乐部。

1936年李霞卿回到上海，在中国获得飞行执照，在上海开始飞行表演。同年，上海市民献机命名典礼在龙华机场举行，观众多达15万人，李霞卿与一位驾驶员驾驶飞机进行空中表演，轰动一时。此后，李霞卿又驾机飞抵南京、北京、洛阳、成都、西安、昆明、贵阳、太原等地表演。

1936年淞沪会战时，李霞卿曾申请作为飞行员参加空战，未获中国政府批准。此后，她积极参与对中国抗战士兵的救治工作。1938年开始，李霞卿在美国和加拿大巡回飞行和演讲，为中国抗战募捐。1939年初，李霞卿应美国援华药物局的邀请，驾驶新中国精神号单翼轻型飞机，在美国纽约、华盛顿等城市巡回飞行，为国际援华活动宣传。抗战胜利后，迁居香港。

驾驶飞机的李霞卿

娱乐

到了清末，八旗制度颓败，那些依靠祖宗福荫的八旗子弟，领着月钱（俸禄），游手好闲，好逸恶劳，只会享受。有的甚至把祖上的房产、古玩变卖一空，穷困潦倒。到了民国，遗老遗少的封爵都没有了，但八旗遗风尚在。清末民初的北京城，时常可以看到提笼架鸟、泡茶馆、驯鹰的公子哥。

斗虫斗鸡

蒲松龄《聊斋志异》中有《促织》一篇，专说明代的斗蟋蟀。蟋蟀属于玩虫一类。斗蟋蟀的始祖可以追溯到宋代的贾似道，满洲人将其发扬光大。每到秋天，各位玩蟋蟀的大爷们，便派出仆人四处下战表，美其名曰"乐战九秋"。接到帖子者，也必郑重地带着自己的"爱将"赴会一战。女作家苏雪林年轻时，也玩过斗蟋蟀。

苏雪林斗蟋蟀

东吴大学教授苏雪林

1925年中秋节，苏雪林从法国留学归国，与江西五金商人家庭出身的张宝龄在安徽太平老家岭下村举办传统婚礼。苏雪林在东吴大学兼课，张宝龄也受聘东吴大学工程学教授，1926年，张宝龄、苏雪林举家迁往苏州。东吴大学安排他们在天赐庄与一对美国夫妇合住一栋两层的小洋楼。楼前有一个园子，长满高树杂草。课余，苏雪林开荒种地，种植四时蔬菜。养了各种金鱼，观赏取乐。

夫妻二人还玩起了斗蟋蟀，在园子里捉了十几条。当时正值北伐，南口冯玉祥与吴佩孚、张作霖交战。夫妻俩就按照南北各军将领的名字给蟋蟀命名。苏雪林倾向革命军，第一号盆子命名为蒋总司令，依次是唐生智、何应钦。张宝龄站在张作霖一边，第一号称之为张大帅。"张大帅"很能打，不仅打败了"冯焕章"（冯玉祥），连"蒋总司令"也招架不住。张宝龄得意扬扬，苏雪林气不过，趁张宝龄出去时，悄悄将"张大帅"换下了，以"蒋总司令"顶窝。她的"蒋总司令"变身张宝龄的"张大帅"。原来的"张大帅"摇身一变成了北伐的"蒋总司令"，"战局"逆转，"北伐军"势如破竹，节节大胜。对于形势逆转，张宝龄很是纳闷，后来一观察，发现端倪。大笑一阵，在夫人面前，也只能如此了（参见潘文龙，《苏州名人故踪》）。

金岳霖斗鸡

斗鸡是一种起源于亚洲的世界性的娱乐活动，中国是驯养斗鸡的国家之一。

唐代的文学家韩愈曾用诗描写过斗鸡的场面："裂血失鸣声，啄殷甚饥馁，对起何急惊，随旋诚巧绐。"

哲学家金岳霖也是个玩家，斗蟋蟀、斗鸡都玩。金岳霖1914年毕业于清华学校，后留学美国、英国，又游学欧洲诸国，回国后主要执教于清华和北大。青年时代饱受欧风美雨沐浴，生活相当西化，西装革履，仪表堂堂，极富绅士气度。但他却喜欢中国式的玩法，他养蟋蟀，也有斗鸡。屋子里摆着许多蟋蟀盆，经常与孩子们在一起斗蟋蟀。玩蟋蟀、斗鸡时，他不像绅士，非常投入，完全是个玩家。斗蟋蟀如果输了，他会从口袋里拿出苹果、梨子送给孩子们，愿赌服输。在孩子们的眼里，金岳霖也是个大小孩。

金岳霖还养了一只斗鸡，不过这只斗鸡只是他的宠物，并不用来比斗。斗鸡在金岳霖家里有特权，享受与主人同桌进食的待遇。吃饭时，斗鸡毫无顾忌地爬到桌子上，伸脖啄食桌上菜肴，金岳霖竟安之若素，与斗鸡平等共餐。

京城玩家王世襄

说到会玩，玩出学问，玩出名堂的，不可不说京城玩家王世襄。他是家具收藏大家，也是著名的玩家，玩虫、逗鸟、养鱼、遛狗、驯鹰，过去那些纨绔子弟喜欢的玩意，王世襄几乎都会，而且能说出门道。

王世襄在《京华忆往》中说：他幼时家境优越，从小学到大学，始终玩物丧志，业荒于嬉，秋斗蟋蟀，冬怀秋虫，挈狗捉猫，皆乐此不疲。养鸽放鸟，更是不受节令限制的常年癖好。

郊外捉蛐蛐

蛐蛐的歌声很好听，但捉蛐蛐可是一门技术活，不仅要吃苦，还要懂得选地点，懂得如何抓。还要有整套的装备——铜丝罩子、蒙着布的篓子、帆布袋、罐子、大草帽、芭蕉扇、水壶、破裤褂、雨鞋，等等。

为了捉蛐蛐，立秋刚过，少年王世襄一大早就出了朝阳门，顺着城墙根往北，向着东直门自来水塔方向走。他摸到呼家楼李家菜园后边的那条小沟，去年在那逮到过一条青蛐蛐。但是这次扑空了，蛐蛐搬家了。他又向西坝河的小庙进发，路两边是一人来高的坡子。逮蛐蛐可费劲了，一只脚踏在坡下支撑身子，一只脚蹬在坡腰，将草踩到，腿要弯曲成六十度，弯着腰，一手用扇子对着草丛扇着，惊扰蝈蝈，一手拿着罩子，等着蛐蛐出现就罩上。费了老大的劲，逮着几只蛐蛐，却都不理想。人也给热得不轻，小褂湿了，裤子上半截是汗水，下半截是露水。过了晌午，费了九牛二虎之力，才捉到一只黄麻头青翅壳的蛐蛐，后来又陆续捉了六七只，仍然没有大家伙。太累了，回到西坝河庙前茶馆喝水，一口气喝了七八碗。

　　日到三杆，太阳西斜，王世襄收拾好坛坛罐罐，才回家。路上有卖烧饼的，吃了两块就不想吃了，累坏了，加上逮的蛐蛐不理想，没有了食欲。逮蛐蛐只是知道渴，不知道饿。到家以后，要等歇过劲来，才知道饿，这时饱餐一顿最满足。

　　第二年他又骑上自行车往更远的地方苏家坨。清晨骑车出发，一路骑得飞快，但是到达苏家坨时已经晌午。先借住在村西头的老王头家几日，然后出村子，察看地形，他选择了距离村子一二十里开外的西山。

　　第二天清晨，王世襄骑着自行车去西山，东拐西转，找到了一道土好草丰的坡子，根据经验，这里有货。仔细观察后，发现了蛐蛐的窝便用签子挨个插，扎二三十下不见得扎出一条蛐蛐来。换方向再扎，终于逮了一条紫蛐蛐。这时候已经满头大汗，口干舌燥，肚子也叫了，啃了两口馍，又回头寻找，又抓到一条。这就折腾了一天，不过四条蛐蛐。

　　在老王头家吃了贴饼子，喝了两碗棒渣粥，等到晚上，月亮挂在了天空，王世襄拿着电棒、手提签子，又出村了。天上一轮新月，满头繁星，地里、草丛中满是蛐蛐、虫子的声响，王世襄对这里的环境不熟，夜间更是分不出方向，不敢走岔路，只好顺着大车道。走到几棵大树旁，忽然听到几声苍老宽宏的虫子鸣叫声，王世襄听出了是一个翅子蛐蛐。不过因为天黑，不敢抓，怕抓不住跑了。他就这样等着，等到了天亮，一签子扎下去，把这个小东西给逮住了，果然是一只尖翅的叫虫。

　　他在苏家坨三天两夜，也就逮到五条像样的蛐蛐，尽管斩获不多，却很辛苦。其中的乐趣让王世襄得到极大的满足。这就是王世襄高中时期，两次捉蛐蛐的经历。

　　捉了蛐蛐带回去养着，养蛐蛐的罐子也很讲究，制作精美。

　　王世襄在其著作《京华忆往·秋虫篇》中对捉蛐蛐、买蛐蛐、养蛐蛐、斗蛐蛐有过详细描述。

遛狗放鹰

　　王世襄还喜欢遛狗、驯鹰。他十七八岁时，拜善扑营头等布库瑞五爷、乌二衮为师，学习摔跤。受他们的影响开始溜獾狗、架大鹰。

　　1932年，王世襄开始养狗，第一条狗是黑花，黑头，白腿，身上有三块黑。1934年他读燕京大学时，家里养了三条狗——黑花、青花、雪儿，平时狗就放在他家在成府刚秉庙东的一个园子里。养狗、放鹰，成为他课余时最畅快的事情。高中时，因为家

1936年王世襄架鹰捉兔归来

在城里，没时间放鹰，只有熬到星期天，才能有机会，大清早出北京城，到了郊外，已经是中午，放鹰没几次，就要往回赶，等到了城里的家中，已经夜幕降临。对于好玩的王世襄来说，放鹰不痛快。上燕京大学时，因为家里在东门外有一个大园子，狗和鹰平时都放在园子里养着，远离北京城，出了园子就可以放鹰，省去了路上的折腾。下午不上课时也可以去园子，加上逃学旷课，每周至少可以放鹰二三次。

遛狗、养鸽、放鹰，不仅需要智慧，还要有耐心，通过科学的喂养、训练，与动物建立感情，了解它们的脾性，进行训练。而且，遛狗、养鸽、放鹰也是体力活动，狗跑，人也走；鹰飞，人跟着转。王世襄自己说，他到79岁时，还能赶公交汽车，用自行车驮着液化气罐，自己去气站换气，完全受益于年轻时的獾狗与大鹰。

梅兰芳养鸽子

梅兰芳戏装像

养鸽子也是过去八旗子弟的爱好之一。带有鸽哨的鸽子在天空翱翔，阵阵哨音，响彻云霄，仿佛天籁。观赏鸽子飞舞，倾听哨音，那时候也叫"望天"，愣个神，放放空，也是一种闲情雅致。

梅兰芳8岁学戏，14岁搭班"喜连成"参加演出。少年梅兰芳外形条件并不出众，但是他勤奋刻苦、爱动脑筋。梅兰芳眼睛有点近视，看远处不清楚，最大的问题还是眼睛无神，唱戏中的眉目传情无法表达，为此梅兰芳很是苦恼。

听说养鸽子可以练眼神，梅兰芳就养了几只，每天早晨放鸽子，等到鸽子飞上天时，他就目不转睛地看着，鸽子飞到哪里，眼睛就盯到哪里。开始，鸽子飞得稍远，视线就模糊，他不放弃，眼睛睁得更大，凝神专注，渐渐，模糊的视线清晰了，稍远处的鸽子的数量、飞行姿态也可以分辨出来。

看鸽子飞行，果真可以练习眼力，梅兰芳的鸽子也养得多了起来。每天早上放飞，梅兰芳并不是一股脑将鸽子全部赶出去，而是分批放飞，一次十几只，手舞竹竿，驱赶新鸽追赶老鸽，然后眼睛随着鸽子的展翅波动，捕捉鸽子的飞行轨迹。这批鸽子放飞了，接着再放第二批。一个早上可以练习十几次。这样日复一日的练习，梅兰芳的近视好了，最重要的是眼睛变得有神。就这样，通过养鸽子、放飞鸽子，梅兰芳练就了一双好眼力，舞台上顾盼之间，用眼神传递出角色内心的情感。

汪曾祺放风筝

"草长莺飞二月天，拂堤杨柳醉春烟。儿童放学归来早，忙趁东风放纸鸢。"高鼎的诗描述了春天里孩子放风筝的情景。这样的场景，是很多孩子童年经历过的。民国时期放风筝是一项全民活动，并非只有贵族子弟才玩，贫寒人家的子女同样放风筝。

汪曾祺的父亲是位画家，喜欢各种乐器，特别喜欢带着孩子玩耍。汪曾祺小时候就跟着父亲养蟋蟀，养金铃子。给他印象最深的是放风筝。清明还没到，父亲就领着汪曾祺等一群孩子去麦田里放风筝了。

风筝是他们亲手制作的，长蜈蚣造型，因为蜈蚣脚很多，蜈蚣风筝又称百脚。蜈蚣风筝属于大型风筝，整个风筝呈一字长蛇状，披披挂挂，长的可以达到十多米。普通的纸做面子抵挡不住高空罡风的冲击，因此，风筝的面往往以绢为料，颜色是染上去的（参见汪曾祺，《多年父子成兄弟》）。根据需要染成不同颜色，飞舞起来五颜六色，非常漂亮。拉风筝的线，用普通的丝线禁受不住，需要改用麻线，汪曾祺的父亲采用了胡琴的弦。大型风筝在空中飞舞时，承受的力很大，还需要用特制的绞盘，才能收放风筝。

　　"结伴儿童裤褶红，手提线索骂天公。人人夸你春来早，欠我风筝五丈风。"（清·孔尚任诗）蜈蚣风筝飞上了天，摇摆着尾巴，张牙舞爪，汪曾祺与小朋友欢快地叫喊着，草长莺飞，触目皆景，多么令人难忘的愉快童年。

龙头风筝

诗词歌赋、琴棋书画，是中国文人的雅好和修养之道。民国时期痴迷琴棋书画的大有人在，也颇具水准。不染烟酒不贪不赌的段祺瑞，平生第一嗜好是对弈，因棋而喜，为棋而悲，沉浸其中，这似乎不符合政治家的身份，而更贴近文人的性情。擅书能画者更多，够得上书画家称号却不以书画为职业的不在少数，徐世昌的书法，何香凝的绘画，不比职业画家的水平低。

科学家爱音乐

"凡音之起，由人心生。"音乐可以启迪智慧，激发灵感。能弹奏，善唱歌，会谱曲，对专业人士来说并不稀奇，但对科学工作者来说，就不同凡响了。民国时期，就有几位大科学家有这样的本事，他们的科研成就也与音乐也有关。

钱学森弹钢琴

钱学森是大名鼎鼎的科学家，工程控制论创始人，两弹一星元勋，而读者对于他的艺术家身份却不知晓。钱学森多才多艺，艺术修养很高，学过绘画，水彩

钱学森与蒋英

画很棒；又能弹钢琴，拉小提琴，吹竹笛。如果他不走科学之路，一定是位颇有成就的艺术家。

小时候，钱学森就学会了吹口琴，抑扬顿挫，很有艺术家的气质。他的一生与科学和艺术紧紧地联系在一起，不仅他以音乐、绘画调剂生活，而且他也与艺术为伴，他的夫人蒋英就是歌唱家、声乐教育家。

1947年8月30日，钱学森与军事家蒋百里的女儿、留学德国的歌唱家蒋英在上海国际饭店结为伉俪，他送给新娘的礼物是一架德国制造的黑色三角钢琴。五线谱将两人串联在一起，音乐成为他们共同的语言。新婚不久，钱学森夫妇赴美国波士顿，钱学森在麻省理工学院谋得一份职业。蒋英在德国柏林音乐大学学钢琴，在瑞士路山学院学唱歌，英语不流畅，钱学森就辅导她英语，蒋英则将德语歌翻译成英语，夫妇俩经常练唱。钱学森也能娴熟地弹奏钢琴，拉小提琴。

李四光谱写小提琴曲

地质学家李四光也是一位多才多艺的科学家。虽然是"理工男"，但国学功底深厚，文章写得漂亮，还能写旧体诗，此外李四光还有业余音乐家的头衔。

李四光在音乐方面的造诣很高，1913~1918年他在英国伯明翰大学学习采矿、地质学，迷上了拉小提琴。回国前，他谱写了中国最早的一首小提琴曲《行路难》，比马思聪创作小提琴曲还早。1920年李四光回国，请音乐家萧友梅提过意见，可见其小提琴曲是专业水准。

214

段祺瑞下棋

皖系军阀段祺瑞，曾出任过北洋政府总理，因为不抽、不喝、不嫖、不赌、不贪、不占，有"六不总理"之称，段祺瑞的嗜好是下棋。

段祺瑞做总理时，北京出现了一位"围棋天才"，少年棋手吴清源。11岁时经段祺瑞棋客顾水如的引荐，进入段府陪段祺瑞下棋，段允诺每月资助吴清源100大洋。

每周的星期日一大早，棋手们便来到段府，陪他下棋，之后一起吃早饭，已经形成惯例。棋手们知道，陪下棋也就是让段祺瑞过把瘾，实力强的让着点，保证段祺瑞赢棋。对于一个少年棋手，段根本没放在眼里，他下棋很快，出手无理手，先声夺人。吴清源看出他的破绽，以柔克刚，赢了他。堂堂的总理，竟然让一个少年棋手赢了，段祺瑞脸面挂不住了，气得躲进里屋，半天没出来，早饭也没吃。吴清源陪段祺瑞下棋，是为了挣钱养家糊口。于是第二天，他又主动登门，向段祺瑞索要100块大洋的资助。段祺瑞如数将银圆给了吴清源。此后，段祺瑞不再找吴清源"手谈"，但是每月的资助却从没断过。

1928年吴清源东渡日本学棋，段祺瑞其实是他的主要资助者。1936年，吴清源棋艺小成，去医院探望已经下野的段祺瑞，两人再度"手谈"一局，那一次，吴清源"输"了。

段祺瑞的长子段宏业，染有抽鸦片的恶习，下围棋技艺却比老子高一筹，父子对弈，段宏业对亲爹从不手软，有一次把段祺瑞杀得惨败，段祺瑞鼻子都快气歪了，瞪眼呵斥："没出息，就只会下棋！"

段祺瑞的侄子段宏纲也喜欢下棋，也经常与段祺瑞对弈。当时出入段府的棋客很多，一些拉帮结派、趋炎附势而又附庸风雅之辈也常来凑热闹，段府俨然成了个围棋俱乐部。中国银行总裁王克敏、前清十代肃亲王之一的善耆、曾任直隶总督的杨士骧的兄弟杨士骢、大富豪李律阁，等等，也都前来捧场。鉴于棋手们生活艰难，段祺瑞对棋手颇多奖励。段氏资助这些人大体上有两种方式：一是挂虚职、支干薪；二是对局时给奖金。

1926 年段祺瑞被冯玉祥将军赶下台后，隐居天津，日常活动是诵经、搓麻将、下围棋。1933 年段祺瑞离开天津来到上海，定居在霞飞路（今淮海中路）上海新村附近。到上海后，段祺瑞牵头办起了"上海弈社"，聚拢了一大批上海围棋名手。后来与张静江等一批棋手汇合，南北交流，促使围棋活动日益兴盛，上海成为全国围棋名手汇集的中心。

画坛轶事

民国时期的画坛，巨擘云集，故事很多。张大千早年扬名是因模仿石涛画作，以假乱真。傅抱石也因仿制名人印章，在南昌城有"印痴"的大名。齐白石是木匠出身，卖画为生，曾经想用画换白菜，被卖菜的一顿奚落："竟然用画的白菜换我一车真白菜，太不像话。"想必白菜大爷要是泉下有知，知道白石老人画作如今的身价，真要哭晕几十次了。那时的人们并不把画作全当商品看待，遇到知音，惺惺相惜，就会向懂自己的朋友送上画作表情达意。

南张北溥惺惺相惜

溥心畬，原名爱新觉罗·溥儒，为清恭亲王奕訢之孙，与张大千有"南张北溥"之誉，又与吴湖帆并称"南吴北溥"。曾经受业于溥心畬的书画大家启功说，溥心畬的绘画技艺，得益于天资，他的天资远胜于功力。当然溥心畬也曾大量临摹古代名画，对于他帮助最大的是一卷无款宋人山水，从用笔至设色，比原卷还高出一筹。

1930 年，张大千与溥心畬在溥家萃锦园读书论画。溥心畬拿出一个装满自己作品的箱子，请大千选取，张大千拿了一张没有背景的骆驼，溥心畬随即题款在上。

一张大书案，两位各坐一边，案上放有很多册页纸，两人各取一张，随手绘画。一树一石，或一花一鸟，两位大家运笔如飞。将所画半成品册页掷给对方，由对方依据所画内容进行补笔。如此往来，三个小时左右，两位画了几十张之多。还给启功等在旁伺候的小字辈画了扇面。

张大千出示所画《三十自画像》，请溥心畲题诗：

张候何历落，万里蜀江来。

明月尘中出，层层笔底开。

溥心畲《山居图》1935 年

张大千《高士图》

217

　　　　　　赠君多古意，倚马识仙才。

　　　　　　莫返瞿塘棹，猿声正可哀。

　　张大千、溥心畬惺惺相惜。二人合作过一幅《松下高士图》，溥心畬绘一株松树，张大千补画山石、高士，并题诗曰："种树自何年，幽人不知老。不爱松色奇，只听榕声好。"

寂寞中潜心创作

　　1925 年冬林风眠从法国留学归来，由蔡元培推荐为国立北京艺专校长兼教授。1928 年，受蔡元培的赏识，又被国立艺术学院（不久改名国立杭州艺专，即中国美术学院前身）聘为首任院长，直到 1938 年。他以"兼容并包、学术自由"的教育思想，不拘一格广纳人才。

23 岁的林风眠（中），与好友林文铮、李金发在柏林

　　1938 年春，杭州艺专与北京艺专在湖南沅陵合校，改称国立艺专，林风眠出任校务委员会主任委员。后因与教育部及校内某些负责人意见不一致，林风眠辞职，辗转贵州、河内、云南等地，最后抵达重庆。他避开繁华的文化中心北碚，独居长江南岸大佛殿的一间旧房，专心于绘画创作。在远离文化中心地带的土屋，一住就是六年多。生活简陋，一只白木桌子、一条旧凳子、一张板床。桌上放着油瓶、盐

罐，以及插了几十支画笔的笔筒，泥墙壁上挂着几幅水墨画。

林风眠每天埋头作画，醉心于水墨和油彩的交合与新生，有时一日能画数十幅。屋里厚厚的一叠裁成方形的宣纸消耗得很快。

1945 年林风眠回到杭州，仍在杭州艺专任教。他喜欢苏堤散步，西湖美景深深地印在他脑海中，积累着创作的素材。在他的笔下，嫩柳、小船、瓦房、睡莲，宁静优美，生机无限，流淌出西湖的秋色、春色，是林风眠对西湖的回忆。

潘玉良对镜画人体

潘玉良是具有传奇色彩的中国女画家、雕塑家。早年她误落风尘，遇到潘赞化，帮助她脱离苦海。成为潘赞化侧室后，潘玉良开始识字断文，她喜欢上了绘画，成为画家洪野的学生。1918 年，潘玉良考入上海美专。

第二学年班里开设了人体素描课，初次遇到裸体模特，男女同学都低下了头，玉良更是觉得难为情，放不开手脚，人体画画得很不好，受到老师的批评。为什么风景画画得很棒，人体画却画得很糟糕？大概是练习少的缘故。去浴室洗澡时，潘玉良一下子眼睛发亮了，如此多的人体，真是练习人体动态的好机会。她拿来铅笔和速写本，对着浴室的女人体，迅速画了起来。她

潘玉良自画像

大胆与专注，却遭到了浴室女客的非议，招来一顿暴打。

浴室人体不能画，画室人体课次少，如果解决人体画练习？潘玉良苦思冥想。突然间，她想起来，别人不该画，我画自己谁又能干涉？于是，她在自己家中，关好门窗，拉上窗帘，脱去衣服，赤条条地坐在镜前，对着镜子中的自己，画起人体素描。如此，潘玉良的人体画很快就画得很棒了，毕业时，她以优异的成绩跨入优秀毕业生行列。

1921 年潘玉良考上官费赴法留学，进入国立里昂美专、巴黎国立美术学院。1937 年潘玉良开始尝试用毛笔进行人体写生，同年 6 月 10 日，她在南京华侨招待所举办个人画展，陈独秀为画展题词："玉良女士近作此体，合中西于一冶，其作始也犹简，其成功也必巨，谓余不信，且拭目俟之。"

傅抱石治印以假乱真

傅抱石，原名傅瑞麟，生于江西南昌，年少时在瓷器店学徒，自学篆刻、书画。傅瑞麟学篆刻，首先用于谋生，赵之谦《二金蝶堂印谱》成了他最初的范本和教科书。他不断模仿赵的印章技法，越学越像，可以乱真。即便是懂得篆刻的人，也真假难辨，连教他刻字的师傅也为之赞叹。

读江西省立第一师范学校时，尽管是免费住宿，但是对于家庭一贫如洗的傅瑞麟来说，生活仍然很困难。门卫老张知道他善于治印，就鼓动他仿制名人印章。当时南昌城内的士绅喜欢收藏，赵之谦的印章很走俏。傅对赵之谦印颇有研究，临仿得心应手。于是很快仿刻了几方赵之谦印，经过老张的中介，出手了，傅瑞麟也得到了可观的酬劳，家庭窘况得以改观。从此，南昌城里不断有"赵之谦"的印章出现，好事者常常津津乐道，第一师范里的"印痴"傅瑞麟也成了南昌城里的知名人物。因为赵之谦印频繁出现，终于东窗事发，那些买了假印的士绅向第一师范的校长告发了傅瑞麟。校长非常欣赏傅瑞麟的才华。并没追究此事，倒是劝那些买了假章的人息事宁人，意思是仿赵之谦印章几可乱真，手艺也很不错，如果这事闹得沸沸扬扬，附庸风雅的士绅也很难堪。

而后，校长建议傅瑞麟不要再仿制名人印章，依他的水平，可以挂牌治印，对外销售。校长为此专门在报刊上刊登了"瑞麟治印"的启事，并建议瑞麟取个斋号。傅瑞麟推崇爱国诗人屈原"抱石自投汨罗以死"的精神，又推崇画家石涛，于是取名"抱石"，斋号"抱石斋主人"，治印每字五角。从此画坛升起了一颗新星——傅抱石，成为20世纪中国画绘画大师（参见林木，《傅抱石评传》）。

傅抱石当时最拿手的本事是治印，也是最自信的技能。1933年，他得到徐悲鸿的帮助，公费赴日本留学，从金原省吾博士研读美术史论。在日期间，傅抱石涉足素描、雕塑、日本画和工艺美术，仍不忘中国书画和篆刻。他的一方镌刻二千多字的《离骚》，获得日本篆刻竞赛头奖，因注重神韵，被东瀛行家誉为"精神雕刻"。

鬻书治印为稻粱谋

民国时期的文人，有不少靠撰写墓志铭、鬻书卖画，养家糊口。

李瑞清沪上鬻书

李瑞清，前清进士、庶吉士，候补选官江南，任江宁提学使兼两江师范学堂监督，以培养天下英才为己任，胡小石、吕凤子、张大千、张丹书、汪采白均出其门下。

辛亥革命时，江宁布政使范增祥携印逃走，大小官吏惊慌失措，纷纷逃散，唯独李瑞清在学堂给学生上课如常。两江总督张人俊中保李瑞清摄充江宁布政使。李瑞清临时受命，刻一木印权用，急购米三十万斛，安抚军民；又自己出资遣送学子们回乡。南京城被革命军攻破时，提督张勋、两江总督张人俊弃城逃走，李瑞清却没有去外国军舰避难。新军都督程德全数度挽留，希望李瑞清在新政府做官，遭到拒绝。随后李瑞清将布政使库内所存三万元，及两江师范学生清

李瑞清写的对联

册移交之后，两袖清风地离开南京移居上海。

李瑞清为官清廉，官俸除了养家，也用于资助学生，一无田产，二无积蓄。移居上海时，全家三十多口无以为生，经常断炊，过着贫困潦倒的生活。他的侄女年方十八，因无钱就医而死。他悲痛欲绝，不得已卖书画为生。

李瑞清的书法上追周秦，博综汉魏六朝，行书得黄山谷精髓，真书出自晋唐，尤以擘窠大字磅礴有力。鬻书初期，李瑞清的书法并不为世人熟悉，销售不畅，常常因为饥饿，头脑发晕，几次辍笔。但当袁世凯派人送给他1200两银子，希望他复出辅佐，却被李瑞清严词拒绝，并摔银于地，表示鄙视。

李瑞清喜学金文及碑刻，自称"北宗"。李瑞清不仅善书，亦擅画。他一生以临石涛画为最多，但皆不似石涛。其画格调高古，功力非凡。1915年后，李瑞清的书名大振，生活略有好转。

李瑞清为人极度正直，对艺术亦然。沪上有很多书画家，如吴昌硕鬻书作画，订单很多，常由学生代笔。谭延闿曾对李瑞清说："你侄儿李健的字逼似你，连我都难辨，你何不叫他代笔呢？"李答道："我以心血易人金钱，不可欺也！"因此李瑞清的书法，从不找学生代笔，都是亲力亲为。

齐白石卖画为生

齐白石1919年与胡宝珠结婚，从此定居北京。早年齐白石没什么名气，书

齐白石在作画

画价格较低。定居北京时，齐白石的书画已经被社会认可，价格自然上涨。

1921 年，齐白石托人请画坛宗师吴昌硕为他订出了书画润例：4 尺 12 元（相当于 8.6 两银子，下同），5 尺 18 元（12.9 两），6 尺 24 元（17 两），8 尺 30 元（21 两），册页折扇每件 6 元（4.4 两）。齐白石擅长画虾、鸡，他画动物是以只计费的。一只小鸡与十只小鸡，价格不一样。画例不是润格，画例就是卖画的条例，表明卖画的价格。润格是指书画的润笔费，不是卖画价格。

齐白石以卖书画为生，卖画治印，从不讲情面。除个别亲友外，对外卖画，不论是谁，都要照价付酬，不赊账，不减价。齐白石写过一个卖画例："无论何人不赊欠不退回，少一文钱不卖。招饮不画，送礼物不画，介绍不酬谢，刻印亦然。"齐白石卖书画，并不迎合顾客，不媚俗，对于品德低下的客人，给钱也不卖书画，保持了一个艺术家独立的人格与艺术创作的自由。

1931 年，齐白石又自订润格，其价格又调价了，花卉作品 4 尺 20 元（14 两），8 尺 72 元（51 两），扇面 2 尺 10 元（7 两）。

抗日战争时期，齐白石停留在北京，他在大门上贴上启事：闭门谢客。拒绝为日本人画画。

养花怡情

养花怡情，使人变得优雅，急躁的脾气得以控制。遇事不急不躁，处之泰若。花是有生命的精巧之物，需要细心照顾，精心呵护，才能枝繁叶茂，生机勃勃。

周瘦鹃养花制作盆景

近代养花高手是鸳鸯蝴蝶派的代表作家周瘦鹃，他还有一个身份——盆景大师。

1931 年 10 月，周廋鹃用积攒了二十年的稿费在苏州南郊买下半亩地，建筑了一处宅院——紫兰小筑。在院子里种植花草，其中以紫罗兰最多。周瘦鹃痴迷紫罗兰，与他年轻时的恋情有关，当时他与女学生周吟萍相恋，却遭到女方父母反对，将女儿另嫁他人。周吟萍英文名 Violet（紫罗兰），从此周瘦鹃就迷上了紫罗兰。

除了办报、写稿，周瘦鹃的主要精力花在了养花种草上面。他每天清晨 6 点起床，在庭院中散步，观看花草的长势，而后浇水施肥，耙梳盆泥，铺盖青苔，锄地刈草，修剪枝条。周瘦鹃不仅对花草有很深的感情，而且对花草的培育也有丰富的经验。他修剪枝叶，采用老树桩根，依据形制，发挥想象，巧手安排，构建出花草的新造型。1939 年，周瘦鹃培育的盆景在上海中西莳花会上名列榜首，捧回彼得葛兰奖杯，让人们对中国盆景刮目相看。

花草，凝聚着周瘦鹃对美的追求，对生活的挚爱。每当骄阳照射时，他轻轻地将一盆盆花卉搬进屋里，夕阳西下时，他又小心翼翼地把它们移到园中。日日如此，不厌其烦，细心呵护。周瘦鹃说凡是制作盆景的高手，必定胸中有丘壑，腹中有诗书，盆景的造型之奇美，意境之美，与制作者的修养、内涵紧密联系。

花草之美在周瘦鹃笔下流淌，《花花草草》乃是他写花草的文章结集。"蕉石传神唐伯虎，竹技貌肖夏仲昭。生香活色盆中画，不用丹青着意描。"

张恨水菊花待客

1930 年张恨水拿到《春明外史》和《金粉世家》的版税，加上积攒的稿费，约有 8000 多元，在北京租了一个大院落——大栅栏 12 号，前后七八个院子。张恨水喜好养花，尤其偏爱菊花。"霜前月下谁家种？槛外篱边何处秋？"张恨水在院子里、走廊下种满了菊花，都是张恨水亲手伺候，他自己培花秧子、接种，在他的经营下，院子里的菊花越来越多。

张恨水的朋友多，院子大了，朋友来往聚会也方便。经常有朋友来大栅栏 12 号拜访。就在菊花丛中，泡上一壶清茶，赏菊聊天。到吃饭时候，就邀上二两白酒，端上菊花锅子，以花招待客人。这入口的花瓣，就是张恨水自己培养的（参见张纪，《我所知道的张恨水》）。

"东篱把酒黄昏后，有暗香盈袖。莫道不销魂，帘卷西风，人比黄花瘦。"菊花满院，诗意黄昏，把酒临风。如果下过一场浓霜，隔着玻璃窗，看那院子里满地的槐叶，太阳将枯树影子，映在窗纱上，心中更觉清净。手握一杯香茗，远望院子中的满盆菊花，颇有诗情画意的境界。

民国时期有很多收藏大家，他们中不乏为了收藏国宝不惜毁家疏财之人，为了国宝不流失海外，举债购买。生命诚可贵，国宝不能丢，他们的义举，让今人慨叹。

收藏大佬张伯驹

隋代展子虔的《游春图》是中国存世最早的画卷，青绿山水画之祖；陆机的《平复帖》是传世年代最早的名家法帖，现今传世墨迹中的"开山鼻祖"。这两件国宝级文物，如今都是故宫博物院的镇院之宝，它们都是张伯驹捐献给故宫博物院的。

张伯驹出生于官宦人家，与溥侗、袁克文、张学良被称为"民国四公子"，却没有纨绔子弟的习气。他嗜好中国传统文化，致力于收藏字画名迹。1927年张伯驹收藏了第一件字画——康熙皇帝御笔"丛碧山房"横幅，便以"丛碧"为号，开始涉足收藏，他收藏了大量古代书画，其中不乏国宝级的文物，除了《游春图》《平复帖》之外，尚有李白的《上阳台帖》、杜牧的《赠张好好试卷》、蔡襄的《自书诗册》等。经他手储藏的中国历代顶级书画名迹有 118 件之多，被称为"天下第一藏"。

4 万元购买《平复帖》

张伯驹最早是在湖北一次赈灾书画会上见到西晋陆机的《平复帖》的，此帖比王羲之的《兰亭集序》还早七八十年。当时归恭亲王之孙溥儒所有。

1936 年溥儒将所藏唐代韩幹《照夜白图》卖于上海的叶某，张伯驹唯恐此卷转手出境，急函主政北京的宋哲元，请求阻止此卷出境，然而为时已晚，此卷已被叶某转手卖到英国，对此张伯驹久久不能释怀。张伯驹深恐《平复帖》蹈此覆辙，便委托琉璃厂一老板向溥儒请求转让。溥儒索价大洋 20 万元，张伯驹力不能胜。第二年又请张大千向溥儒求购，愿以 6 万元求让，同样在 20 万元要价前止步。1937 年 7 月 7 日卢沟桥事变发生，张伯驹由上海抵达北京，腊月二十七日，张伯驹由天津回北京，车上遇到傅增湘（沅叔），谈及《平复帖》，闻听溥儒丧母，急需钱财为母发丧，经傅沅叔斡旋，以大洋 4 万元购得。后来张伯驹得知，一位白姓画商听说此事后，曾想出价 20 万元购买此贴，再卖给日本人。庆幸的是国宝《平复帖》此时已在张伯驹手里了，张伯驹感慨："在昔欲阻《照夜白图》出国而未能，此则终了夙愿，亦吾生之一大事"。

抗战中期，日军铁蹄践踏中国大地，战火燃及内地。1941 年，张伯驹全家迁往陕西。唯恐国宝闪失，为避免沿途的检查，临行前，将《平复帖》缝进被褥，带出北京，一路担惊受怕，但是藏有《平复帖》的被褥始终不敢离身，所幸虽经离乱跋涉，但书帖完好无损。

变卖房产"救"下《游春图》

20 世纪 30 年代，溥仪到东北当伪满洲国皇帝时，带走了故宫 1200 件珍贵文物，1945 年，随着日本的战败，一些珍贵字画开始流于市面。时任故宫博物院专门委员的张伯驹向故宫博物院建议，采取两种方法收购这批字画：一是所有赏溥杰单内者，不论真赝，统由故宫博物院作价收回；二是选精品经过审查价购买收回。当时这批文物中有价值的精品约四五百件，按当时价格，不需太多经费，便可大部分收回。1946 年，北京古玩界传出消息：琉璃厂玉池山房老板马霁川手上有展子虔的《游春图》（存放在穆蟠忱先生家），正在寻找买主。张伯驹闻听后，向故宫博物院建议，此画系故宫文物，稀世珍宝，不适合民间收藏，当由故宫出面买下，并表示如果院方经费不够，自己愿意帮助周转，但故宫博物院院长马衡没有答复。眼见《游春图》将流入他人之手，无奈之下张伯驹决心个人收购。

《游春图》当时由琉璃厂的 6 家古董行拥有，委托马霁川出面洽谈。马霁川索价 800 两黄金。如此的天价，让张伯驹很是为难，他拿不出那么多钱，然而如果不买下，《游春图》这样的国宝就可能转手售出国外，唐代陈闳的《八功图》卷和元代钱选的《杨妃上马图》便是这样流至国外的。故宫不愿意收，天价自己支付不起，左右为难。张伯驹一面请墨宝斋的马保山先生从中周旋，一面走进琉璃厂，奔走在荣宝斋、一得阁、德古堂等古董店，挨家游说："《游春图》承载中华民族历史，万万不能出境，谁要是把它转手给洋人，就是民族败类，千古罪人。"这样一来，闹得沸沸扬扬，满城风雨，商家便有所顾虑。《游春图》的拥有者觉得转给洋人，舆论不好交代，只好又托中间人马保山先生与张伯驹联系。"张先生，你究竟能给什么价？"经过几轮磋商，最后谈妥黄金220两。就是这样的价格，张伯驹仍然拿不出，因为张伯驹当时已经收购了一些宋、元时期的字画，手头拮据，不得不将弓弦胡同占地13亩的原购于李莲英的房院（李莲英旧墅）卖给辅仁大学，买卖以美元成交，又用美元换成24根金条，并退掉原先谈妥的几桩收购，凑成220两黄金。然而一手交钱一手交货时，马霁川说张伯驹的黄金成色不好，要求再加20两黄金，否则另觅新主，万般无奈，张伯驹又让夫人潘素变卖了一件首饰，得黄金20两，凑成240两黄金，从马霁川手中拿下了隋代展子虔的《游春图》。由此，张伯驹自号"游春主人"，所居承泽园（原果亲王胤礼赐园）改为"展春园"，可见张伯驹对《游春图》的喜爱（参见张伯驹潘素文献整理编辑委员会编《张伯驹生平简表》）。

一个月后，南京总统府秘书长张群得知《游春图》的下落，愿意以500两黄金的价格收藏。张伯驹复函："张伯驹旨在收藏，贵贱不卖，恕君海涵。"

隋代展子虔《游春图》

宁丢性命不卖珍藏

在张伯驹的收藏生涯中，最为惊险的不是变卖家产，而是被歹人绑架。

从 1935 年起，张伯驹开始兼任盐业银行上海分行经理，每周去一次上海。1941 年 6 月，盐业银行襄理李祖莱勾结汪精卫政权 76 号特工总部警卫总队副总队长吴四宝，在上海绑架了张伯驹。

那天张伯驹一下飞机，就坐上了盐业银行的专车，向银行所在地开去。然而他们没有注意到，有一辆黑色小汽车一路尾随。一进胡同口，后面的车就超过了他们，把他们逼停，从车上跳下几个持枪的汉子，将张伯驹从车上拉下来，架到那辆黑色小汽车上。"张伯驹被绑架了"，消息轰动上海滩。后来，绑架者的身份也搞清楚了——汪伪特工总部的"76 号"。绑匪向张伯驹夫人潘素索要 300 万伪币，否则撕票。绑架者明显是冲着张伯驹的钱财来的，不过当时张家除了字画，并没什么现钱。300 万元不是小数目，向朋友借，短时间也筹集不到。最可行的方法就是变卖张伯驹收藏的字画，潘素知道字画就是张伯驹的命，岂能变卖？张伯驹明白绑匪的意图，绝食抗议，连续数日绝食，张伯驹身体虚弱，气若游丝。绑匪怕张伯驹死了，无利可图，就安排家属相见，劝止张伯驹绝食。这样潘素与张伯驹见了一面，当见张伯驹人形消瘦，憔悴不堪，潘素顿时泪流满面，问及是否考虑变卖字画筹钱事宜，张伯驹连忙摇头，悄悄地叮嘱她："家里的字画千万不能动，尤其那幅《平复帖》！我死了不要紧，这个字画要留下来，千万不可卖掉字画换钱来赎我，否则的话，我宁愿不出去。"在张伯驹眼里，这些蕴含了中国文化的字画，其价值超过了自己的生命。字画一旦到了这些绑匪手中，他们很快会变卖，字画很可能就流失到国外。

绑匪索要巨额赎金，张家拿不出。撕了票就没有赎金了，绑匪为财，看重的是张伯驹收藏的字画，几次催促交赎金。张家没有变卖字画，也确实拿不出来那么多赎金，就这样僵持了近八个月，赎金从 300 万元降到 40 万元，潘素多方筹借了 40 根金条，才将张伯驹救出（参见张伯驹，《烟云过眼》）。

张大千天价收名画

张大千是绘画大家，也是独具眼光、收藏颇丰的收藏家、鉴赏家。早年张大千拜师曾熙，后又在上海拜李瑞清为师，学习碑帖、诗文、书画鉴赏，积累了对古书画的鉴赏、鉴定以及仿制经验，他曾模仿古代名画，技巧之高，可以乱真，以致很多收藏名家都无法辨别真假。张大千大量收藏古代书画，见到稀世珍宝，往往不惜花费巨资购买。他曾经舍弃一座已交付订金的前清旧王府，以黄金1500两的天价购回三幅绝世珍品，即五代董源的《江堤晚景》《潇湘图》和顾闳中的《韩熙载夜宴图》。

王府哪及《夜宴图》

1946年，张大千在北京看好了一座前清的旧王府，准备买下自己居住，并且已向房主缴纳了订金，不日交付房款，搬迁。某日，张大千从一位古玩商口中得知，南唐顾闳中的《韩熙载夜宴图》到了北京玉池山房，他坐立不安，急切地想看到这幅名画。此画乃稀世珍宝，中国古代四大名画之一，素为历代帝王珍藏，秘不示人。末代皇帝溥仪曾携其至东北长春伪满宫，抗战胜利后，溥仪被解往苏联，这幅画遂流落民间，辗转来到北京玉池山房。作者顾闳中系南唐翰林院画待诏，以善画人物著称。他奉南唐后主李煜之命，调查大臣韩熙载设宴饮酒寻欢的生活，回去后凭记忆绘了这幅画，人物神态栩栩如生，非常传神，线条流畅，工整细致，设色艳丽，是一幅传世的精品。

对于《韩熙载夜宴图》，张大千仰慕已久，无奈此画为宫中收藏，根本没有机会观赏。如果不是溥仪被驱出故宫，携走此画，它也不可能落入民间。遇到这千载难逢的机会，张大千岂肯放过？当晚，张大千来到北京南新街一位姓萧的朋友家，托他打听详细消息，他有将此画收入囊中的念头。

说来也巧，那天天色已晚，玉池山房却还亮着灯，尚未打烊，换作平日，早

顾闳中《韩熙载夜宴图》(局部)

就关门了。老掌柜马霁川正在打算盘，整理当天账目。见到张大千，马上站起来拱手相迎。张大千略作寒暄，开门见山："听说柜上收得一幅好字画，可否让我一看？"马掌柜深知张大千的人品，毫不隐讳地告诉张大千："您来得正是时候，'夜宴图'刚到，尚未寻到买家。"说着从紫檀木大立柜中取出一个用锦缎层层包裹的包袱，轻轻地放在写字台上，小心翼翼地打开三层锦缎，一件尺余高的手卷呈现在张大千面前。张大千迫不及待地展开画卷观赏。过去只是耳闻，从未见过《夜宴图》的真迹，今天算是大开眼界了。人物神态，舞者舞姿，用笔、设色，都堪称一流，真的是绘画极品。"好画，好画，不虚此行，大饱眼福。"张大千拍手叫好。"价格如何？"昔日皇宫的珍藏名画，张大千知道价格必定不菲。老掌柜伸出五个指头，并强调此画辗转到他手上不容易。

千金易得，一画难求，机会难得，稍纵即逝。对于老掌柜索价 500 两黄金，张大千不假思索就答应了，名画极品，世间独此一件，值这个价。与老掌柜谈定后，张大千表示两天之后付全款，不过画需要带回去，再仔细端详、研究，以确定是真品。民国时做生意讲究信誉，对于张大千的人品，马霁川掌柜清楚得很，他知道张大千有这个实力收藏此画，因此同意张大千把《韩熙载夜宴图》带走。张大千带着画卷来到朋友家，与朋友再次欣赏这件稀世名画，经过认真观摩鉴定，两人认为是真品无误。尽管短时间筹齐 500 两黄金并非易事，但张大千还是决定买下此画。他将购买王府一事放缓，与房主说明，房子不买了，订金也不要了，他说"房子以后还有，而此图一纵即失，永不再返"。于是多方筹集资金，次日就将 500 两黄金交付玉池山房，捧回了国宝级的文物《韩熙载夜宴图》。

对于《夜宴图》，张大千是珍爱有加，他将此画携带在身边，经常观赏，揣摩，研习、临摹。为此张大千专门刻了一枚印章"东南西北，只有相随无别离"，加盖在图卷上，从此这幅画再没有离开过张大千，一直到 1952 年转手故宫博物院。

千两黄金换两幅名画

后来，张大千又在南京一家古董店见到五代南唐画家董源的《潇相图》，尺寸 50.2 厘米 ×140 厘米，画面展开是山水相间，不见水纹，山头亦多留空白，朦胧的远树，典型的江南风光。张大千一见此画就非常喜欢。店掌柜见大千喜欢，就说还有董源的另外一幅《江堤晚景》，问他可有兴趣，不过价格不菲。张大千让掌柜拿画过来，价钱好商量。于是掌柜将《江堤晚景》送上来。董源善画山水，其山水以江南真山实景入画，疏林远树，平远幽深，山头苔点细密，水色江天，云雾显晦，峰峦出没，汀渚溪桥，率多真意。其绘画笔力沉雄，被尊为南派山水的开山大师，与李成、范宽并称为北宋三大家。所画人物皆设青、红、白等重色，与水墨皴点相衬托，别有古趣。张大千善画山水，也绘人物，喜好重彩，所创泼墨山水自成一家。张大千见到这两幅名画，爱不释手，最后以 1000 两黄金的价格将画买回，从此它们与《韩熙载夜宴图》，成为张大千大风堂的镇宅之宝。

张大千在《江堤晚景》中题写：

八年前，予客故都时，曾见此董源双幅画。自南北沦陷，予间关归蜀。数年来，每与人道此。咨嗟叹赏，不能自己。去秋冬虏瓦解，我手降于南京，其冬予得重履故都，亟亟谋睹此图。经二阅月，始获藏于大风堂。劳神结想，慰此迟年，谢太傅折木屐良喻其怀。米元章尝论，董源画天真烂漫，平淡多奇，唐无此品在毕宏上。今世欲论南宗，荆、关不可复见，遑论辋川，惟此董源为稀世宝。绐予尚有淡设色《湖山欲雨图》，亦双幅，与此可谓延津之合，并为大风堂琼璧也。丙戌二月既望，昆明湖上雪复书，蜀人张大千爰。

沈从文夜市寻古玩

沈从文在昆明

1937 年卢沟桥事变后，抗日战争全面爆发，很多单位南迁昆明。沈从文与杨振声所在的教育部教材编审委员会，也来到昆明，在云南大学附近租了民房做办公室和住宅。沈从文只身一人，未带家眷，住在一座临街房屋楼上的一间。

当时昆明的福照街设有夜市，摊主摆地摊，经营家用电器、电料、五金、衣服等旧货。战争时期，气氛压抑，短时间内，昆明一下子涌入很多外乡人，淘旧货的生意也火了起来。有钱人聚在达官贵人家打麻将，穷教授、窘学者就逛夜市，买点便宜货。沈从文与在云南大学任教的施蛰存原本是熟人，白天在沈从文住所聊天，夜晚吃过饭，就去逛福照街夜市。

沈从文对古董古玩颇有兴趣，早年他在军队中作书记官，见识过很多古董。某天，沈从文与施蛰存去夜市闲逛，借着月光和路边店铺的灯光，挑选旧货。在一个摆着坛坛罐罐盆盆碗碗的瓷器地摊前，沈从文停留下来，挨个看，在一堆盆碗杯盏之中，有一件小小的瓷碟，跃入他的眼帘，这件与众不同的小碟，瓷质洁白，碟壁很薄，上绘一匹青花的奔马。沈从文拿起小碟，眯着眼仔细端详，两指轻叩碟体，发出清脆的声音。听这声音，沈从文就知道是件有年头的瓷器，看图案与色泽，可以判断是青花瓷。古人画马，虽有单马，但是在瓷器制作方面，以马为图案的则倾向于成双结对，根据马的造型，以及对瓷器的了解，沈从文认定这个瓷器应是八件一套，绘制的是八骏图，这个小碟上面是一匹马，也就是八骏中的一匹。尽管没有找到八件一套的瓷碟，能够发现其中的一件，保存完好，品相也好，也是非常幸运的。沈从文暗暗高兴，但是在与摊主商讨价格时，并没有流露出太多的喜悦。花费了 1 元中央币就买下了。当时云南还在使用地方发行的滇币，分为新旧两种，中央币 1 元换旧滇币 10 元、新滇币 2 元。

买下青花小碟之后，沈从文告诉施蛰存，他收了不少古瓷器，其中偏爱盆、碟。因为盆碟是实用器，不如花瓶、壶等高贵、高雅，而且碟子是小件，器形小，收藏者往往轻视，其实盆碟也很有价值。他在北京的家中，已经有几十个明清时期的瓷盆，碟子还不多，没想到来昆明逛夜市，捡漏了。

又是一天的夜市，沈从文与施蛰存来到了估衣摊前，在一堆旧衣裳中，沈从文的眼睛又亮了起来，原来是两方绣品，两掌大小，绣品边上有丝线毛头，好像是朝褂上拆下来的，沈从文对施蛰存说："这是补服的补子，可以买下，值得。"又说："外国妇女喜欢中国有文物味道的丝织品，拿回去做壁挂，这两块绣品是真货，绣工也好，可以带回上海，卖给洋人。"沈从文对丝织品是行家，施蛰存听他这么一说，发现这两件绣品确实精美，一番讨价还价，以 4 元中央币的价格买下了。后来施蛰存回上海，将这两块补子绣品，送给了外国文学研究专家林同济教授的美国夫人，林太太喜欢中国文化，她把这两方绣品做成了茶几垫子，喝中国茶，品中国味道，赏中国绣品。

受沈从文的影响，施蛰存也喜欢上了逛夜市，福照街夜市中的几个古董摊子是他们必逛的摊点，有古书、文房四宝、玉器、漆器、琥珀、玛瑙。施蛰存读清人笔记，常常见到云南人去缅甸经商，携带缅刀、缅盒的记录，缅刀送男子，缅盒送女子。缅盒就是出自缅甸的化妆盒，中国古代称奁具，缅盒是漆器，做得精细，小的如盒，大的如桶。缅刀钢质柔软，刀锋锋利，男子行商时佩戴，可以沿途砍伐灌木，清理路障，也可以用于防身。沈从文曾在夜市上见到一件朱漆细花的缅盒，有三格，颇似六朝时期的奁具。到 1942 年时，沈从文已经收藏了十多个大大小小的缅盒了，青花八骏图小碟也收到了两只。此后，因为昆明屡遭日军飞机侵扰，大学师生疏散到乡下，夜市也消失了。昆明物价暴涨，收入跟不上物价飞涨，沈从文的收入，不允许他继续购买文玩，即便是价格低廉的文玩，青花八骏图小碟，沈从文终究没有收全。

宗白华得名佛头宗

南京是六朝古都，佛教圣地，佛教禅宗的一支牛头宗就诞生在南京。美学家、诗人宗白华以研究哲学、美学著称，在南京任教时期也有"佛头宗"的美名，他的"佛头宗"之名与他收藏的一尊佛头有关。

1925 年宗白华从德国留学归来，在东南大学（中央大学前身）任教，喜欢古玩；胡小石是国学名家、书法家，对古玩也在行。两人时常结伴逛夫子庙觅古玩。有一次，宗白华与胡小石逛到一家古玩店，看到一尊佛头石像，雕刻精美，佛像庄严，面容慈祥，宗白华很是喜欢。一番砍价，宗白华以不高的价格请回了这尊佛头，供奉在家里。朋友闻听宗白华请回了一尊佛头，纷纷来住处观看。宗白华回家看到这尊佛头，心情也非常舒畅。

抗战爆发，中央大学南迁，宗白华匆匆随学校迁往重庆，尽管他很喜欢这尊佛头，考虑到战争时期携带不方便，存放在住宅里又得不到保障，思来想去，宗白华就将佛头埋在了自家的院子里，期待回来时再见。抗战胜利后，中央大学迁回南京，宗白华回到原先的住处，室内书画已经荡然无存。挖开院子里的土，所幸佛头还在，宗白华感到欣慰。拂去佛头上的浮土，轻轻擦拭，又看到了佛像慈祥的面庞，宗白华又将佛头供奉在家里。宗白华喜爱佛头，劫后余生，佛头重现天日，宗白华因此得名"佛头宗"。

文人雅集在中国是有传统的，魏晋时期会稽山兰亭曲水流觞，留下了千古名帖《兰亭帖》，好文《兰亭集序》，以及王羲之等文人的佳话。民国时期的文人也喜欢雅集。

豁蒙楼联句

1924 年因母亲生病，胡小石回到南京，应聘中央大学，他在南京过了十年比较安定的日子。中央大学中文系当时人才济济，汇集王伯沆、吴梅、汪东、黄季刚、胡小石、汪辟疆等诸多名师。他们各有所长，又善于作诗填词，常举办诗社雅集，或分韵、联句为游玩助兴。

"春分后一日社集玄武湖，分韵得'满'字、'春'字""戊辰上巳北湖湖神庙祈禊联句"，参加者有黄季刚、王晓湘、汪旭初、胡小石、汪友箕、汪辟疆等。几位先生身着月白大褂，手摇折扇，徙倚于山石之间，大有竹林七贤之风范。

南京鸡鸣寺有豁蒙楼，是当年晚清四大名臣之一的张之洞为其门生、戊戌六君子之一的杨锐所建。1929 年，国学大师黄季刚（侃）先生到南京中央大学和金陵大学任教后，曾邀约当时金陵各大学的教授陈伯弢（弢）、王伯沆（沆）、胡翔冬（翔）、胡小石（石）、王晓湘（晓）、汪辟疆（辟）等齐聚豁蒙楼，写成豁蒙楼联句，传诵一时。其联句云：

> 蒙蔽久难豁（弢），风日寒愈美（沆）。
>
> 隔年袖底湖（翔），近日城畔寺（侃）。
>
> 筛廊落山影（辟），压酒潋波理（石）。
>
> 霜林已齐缬（晓），冰花倏缬绮（弢）。
>
> 旁眺时开屏（沆），烂嚼一伸纸（翔）。

人间急换世（侃），高遁谢隐几（辟）。

履屯情则泰（石），风变乱方始（晓）。

南鸿飞鸣嗷（弢），汉腊岁月驶（沆）。

易暴吾安放（翔），乘流今欲止（侃）。

且尽尊前欢（辟），复探柱下旨（石）。

裙屐异少年（晓），楼堞空往纪（弢）。

浮眉抱晴翠（沆），接叶带霜紫（翔）。

钟山龙已堕（侃），埭口鸡仍起（辟）。

哀乐亦可齐（石），联吟动清沘（晓）。

类似的雅集，胡小石、陈中凡召集过多次，场所并不固定，有时在秦淮河上泛舟，有时在老万全酒家聚餐，东郊也是文人雅士常做雅集的地方。

张大千沪上五十大寿

清末民初，在上海出现了近代中国绘画中的一个重要流派——海上画派。与娄东画派、虞山画派、松江画派等以区域为特征的画派不同，海上画派之"海"不是区域，而指海纳百川之"海"，因此，海上画派代表上海开埠时期，多种文明与艺术在此地交汇，文化互补与价值融合的一种状态，程十发说"海派无派"，正是海上画派的显著特点。当时来自全国各地的画家寓居在上海，代表人物有任伯年、吴昌硕、虚谷、赵之谦、蒲华等。

清道人李瑞清挂印辞官后，寓居上海，也属于海派。与前清进士曾熙（农髯）关系笃厚，两人同时在上海鬻书卖画。书法上，两人皆好魏碑，而魏碑分为南北两宗，曾熙本来南北兼擅，而此时李瑞清以北魏享誉全国，于是曾熙不再写北魏，以南魏闻名，当时有"南曾北李"之说。

1920年初，张大千来到上海，拜在以诗书闻名的书法家曾熙门下，后经曾熙引荐，又拜在李瑞清门下，得两位书法大家真传，不仅书法尽得其妙，诗词和文物鉴赏方面也深受其益。20世纪20年代末，张大千在画坛上已经崭露头角，到了30年代画名大盛，1935年于非闇发表文章，将张大千与北方画坛领袖溥心畬等量齐观，称为"南张北溥"，张大千至此成为在全国有影响的名画家。

1947年张大千50岁，监察院院长于右任在上海为其庆寿，举办雅集，邀请齐白石、吴湖帆、郑曼青、傅抱石等海上多位画家出席。于右任是美髯公，张大千蓄长须，齐白石也留有长髯，上海小报以胡子长短称谓他们，大胡子于右任，中胡子张大千，小胡子齐白石。

吃完酒席，大家到隔壁一间屋中作画助兴。中间大案上摊开了一张丈二宣纸，请大家挥毫泼墨，合作一张。大家互相推让，谁也不愿先画。

这时候郑曼青（1902~1975）出来说："很对不起，我今天还有急事，只好占先了。"说完话，拿起笔在左下角画了一丛水仙花。郑曼青是张大千的同学，当时的老师李梅庵、曾熙都认为他比张大千成绩好。1931年他与黄宾虹等创办中国文艺学院，任副院长，他还擅长太极拳。郑曼青画完了匆匆离去，大家还是不愿意先画，又推来推去，最后公推吴湖帆先画。吴湖帆（1894~1968）是吴大澂孙子，在海派画家中知名度较大，20世纪三四十年代与吴待秋、吴子深、冯超然并称为"三吴一冯"，善于画没骨荷花。吴拿起笔走到郑画的水仙花处看了看，皱了皱眉头，到纸的右上角画了几块石头，边画边说："我们就各画各的吧。"

这时出来一个叫陈方的，画不出名但官大，国民政府机要秘书，郑曼青的好朋友。他看不惯吴对郑的不敬不合作，走到纸的左下角水仙花处说："咱们重庆来的画这边。"陈与郑抗战八年都在重庆，抗战胜利后来到上海，瞧不惯抗战时住在上海的人。他这话打击面不小，因为属于海派画家群的，都以上海为"根据地"，居住在上海，作画卖画，这等于把海派画家与其他画家对立起来，好在参加雅集的画家都与于右任、张大千熟悉。郑画水仙，吴画石头，正好配了起来。有了郑曼青、吴湖帆的领头，其他画家陆续挥毫。

已经在画坛上赫赫有名的傅抱石也参加了宴请，与会画家或画树，或画花，或题写，唯独傅抱石没有在画上点染。傅抱石不习惯当众挥毫，也不喜欢那种应景的作画，因此他得罪了不少人，大家都认为他傲气（参见傅抱石纪念馆编《其命惟新——傅抱石百年诞辰纪念文集》）。

惜馀春雅聚

惜馀春是 20 世纪 20 年代初，开设在江苏扬州教场的一座陈设简陋的饭店，店面不大，仅一间半，店后为厨房。店老板高乃超是驼背，人称"高驼子"，为人豪爽侠义，喜欢结交文人雅士，常常接待赊账的食客，因此店内经常高朋满座。

室内仅三五张桌子，陈设古色古香。墙壁上除了一些字画，还张贴顾客唱和的诗稿，还有顾客征诗、征联的启示。征稿有了结果后，奖品别致而风雅。第一名茶一壶，面一碗；第二名茶一壶，干丝一碗；第三名茶一壶；第四名以下是信封几只，信纸几张。

扬州惜馀春遗址

惜馀春的饭菜是家常口味，价格低廉，一碗粥，铜圆一枚；一碟春茶炒蚕豆，铜圆两枚；一碟辣椒酱，铜圆两枚。对于来料加工的鱼虾之类，也就收点柴火钱。因为惜馀春的文雅，作客他乡的扬州文人如梁公约、方地山（袁世凯家庭教师）、凌仁山（国会议员）返扬州时，必定来惜馀春相聚，饮酒作诗。

扬州冶春诗社常借惜馀春之地开壶碟会（又称蝴蝶会）。每人各备酒一壶、菜两碟，菜肴要精致，社友群聚分食，类似今日的抬石头，西方称之为 AA 制。聚餐前，社友要作七唱（嵌字吟诗）。写有小说《广陵潮》的作家李涵秋，当年赴会，衣着光鲜，手提鸡油黄水磨擦漆鸟笼，笼内配有霁红鸟食碗，养着一只柳穿小鸟（又名绣眼）。

高驼子其貌不扬，却颇有豪情，喜欢舞文弄墨，结交文人，心地善良，遇到手头拮据的顾客，提出赊账，也不好意思拒绝。顾客中竟然有半数是赊账的，顾客多，赊账的亦多，小本经营，资金周转越来越困难，亏本是必然。惜馀春原先还自制卤菜、酱菜，拌糟虾、卤肫肝、醋熘变蛋、醋熘鲫鱼、口蘑锅巴、五丁卤面都比较有名，后来只能炒点肉丝、烧个豆腐。"日渐吟诗开，风气异刚劲。往来多诗仙，谈笑半酒圣。"有些一时手头不方便的文人，经济状况好了，依然赖账，时常躲着惜馀春。遇到一些拖欠饭钱不还的落魄文人，高驼子的爽直、风雅、乐于助人倒成了缺点。直到高驼子死时，食客在账簿上欠下的三千多吊钱的烂账仍没有偿还。

高驼子十分乐观，时常在柜台里一边拣菜，一边吟诵诗词，或者与客人对对联。曾以扬州俗语入诗，成七律百首，可惜原稿未及出版，已经散佚。对于冶春诗社的雅集，高驼子也是尽力提供方便。臧雪溪有诗："两间矮屋且容身，除却驼翁俗了人。写上青帘最凄绝，销魂三字惜馀春。"（参见杜召棠，《惜馀春轶事》）

二十四 听曲看戏

　　民国是京剧、昆曲、电影的繁荣时期，民国初年至 20 世纪 20 年代，尽管军阀割据，但听曲唱戏的并不少，北京、上海等大城市里歌舞升平。张恨水《啼笑因缘》里对曲艺人的描述，可以说是当时演艺圈的生活写照。20 世纪二三十年代是中国电影的黄金期。一向被正统文人斥责为"淫词小曲"的艺术也堂而皇之地走进了高等学府，成为一门学问。

吴梅的演唱教学法

　　对于戏曲教学来说，除了教授理论知识，还要传授戏曲的唱法，才能理论与实践相结合，学以致用。吴梅是近代戏曲教育名家，全能曲家，度曲谱曲皆极擅长，尤精于元曲。当代中国戏曲研究若干名家都出自其门，如卢冀野、王玉章、任讷、唐圭璋、王焕镳、钱绍箕、王起、汪经昌、赵万里、常任侠、游寿、潘承弼、陆维钊、胡士莹等。吴梅也是第一个把昆曲这一民间艺术带入大学的教授。民国时期的戏曲与经学相比，地位并不高，经学家往往瞧不起戏曲，认为是雕虫小技。训诂名家黄侃非常轻视戏曲，他与吴梅同在东南大学任教，有一次遇到吴梅，火气很大，质问："你凭什么坐在这里？"吴梅理直气壮地回答："凭元曲。"

吴梅教授戏曲很有特点，把唱功与理论结合在一起。上课时学生围在他身边，他一边讲授，一边演示，长调短吟，学生如临其境。学生们边学边唱，这在当年的东南大学很有特色。

吴梅教学并不局限于校园、教室，夫子庙也是教学的地点。一群学生跟在吴梅先生身后，参观大石坝街李香君故居媚香楼。李香君是孔尚任《桃花扇》中的主角，虽为秦淮名妓，却有爱国热情，痛斥卖国求荣的侯方域，血溅桃花扇。

词曲大家吴梅

秦淮河上的画舫也时常载着吴梅与他的学生，随波逐流，吴梅吹着洞箫，演示曲调，让学生们在十里秦淮的优雅氛围中填词谱曲，演绎秦淮风月，寓教于乐。学生们的兴趣提高了，艺术灵感也被激发了，心领神会，文如泉涌，下笔流畅。

民国时期，教授们请学生下馆子打牙祭是常事，教授们也喜欢借吃饭之名与学生相聚，考核学生。

吴梅让学生组织了文学社团潜社。不定期在夫子庙老万全等酒家聚会，一方面是改善学生的伙食，另一方面是通过聚会来检验学生的学习成绩。吃饭前有功课，吴梅出题指定词牌（如水调歌头、念如娇）或曲牌（如折杨柳、步步娇）。词牌或曲牌写在一张纸条上，由学生认领，吴梅点上一支香，香烟慢慢升腾，香气盈室。吴梅静坐沉思，学生们按照领到的词牌、曲牌，填写文辞。

一炷香焚尽，也就是限时交卷的时间。吴梅对学生们的答卷一一批改，选出最佳者三名，然后答卷交学生传阅，互相揣摩，品味。限时作答，临场发挥，谁优谁劣，一试就清楚。然后吴梅再进行点评，同学们一下子就掌握了要领，进步很快。功课做完后就是放松的时刻，大家开怀畅饮，其乐融融。

潜社的活动也可划入文人雅集活动，吃饭只是活动的一个借口，或者说聚会的一个项目，雅集讲究雅，但是也不能饿着肚子吟诗作赋。

名票张伯驹

张伯驹一生雅好很多，金石、书画、诗词、收藏无不涉猎，尤其收藏名扬海内外。张伯驹还是一位京剧名票，早年张伯驹在盐业银行任职，京剧须生余叔岩常来盐业银行存钱，一来一往，彼此熟悉起来，两人在金石书画方面又有共同的爱好，成为挚友。

余叔岩是名须生，余派老生创立者，与杨小楼、梅兰芳在当时京剧界三足鼎立，并称"三大贤"，代表了 20 世纪 20 年代老生的最高艺术水平。

与余叔岩交往后，31 岁的张伯驹对京剧产生了浓厚的兴趣，余叔岩也对张倾囊相授。余叔岩弟子极少，教戏非常保守，对弟子孟小冬只传授了"三出半戏"，即《捉放曹》《失空斩》《搜孤救孤》和《红鬃烈马》一折；但是对张伯驹却毫不保留，先后教了《奇冤报》《战樊城》《定军山》《空城计》《群英会》《珠帘寨》《四郎探母》《打渔杀家》等近 40 出大戏。张伯驹对此非常自得，常对人言："叔岩戏文武昆乱，传予者独多。"张伯驹的须生做派、做功，得余派之真传，加上张伯驹文学功底深厚，对余派艺术又进行了归纳和研究，使得余派艺术发扬光大。

1930 年冬，张伯驹与袁寒云、溥桐等名票，与名角王凤卿在天津开明戏院联袂义演。张伯驹与溥桐主演《战宛城》，袁寒云与王凤卿联手折子戏《审头刺汤》。名角与名票，水平都很高，演出非常精彩。

余派唱腔，声音美，以字正腔圆、声情并茂、韵味清醇而著称于世。张伯驹

余叔岩与张伯驹

张伯驹唱戏

的唱腔曲折自如，顿挫有致，抑扬动听；舞台形象端庄大方、深沉凝重，富有儒雅的气质。张伯驹虽为票友，其唱功已经登堂入室，唱出了余派的韵味，嗓音不靠亮度取胜，而有厚度、挂"味儿"。

痴迷昆曲的张家四姊妹

张元和、张允和、张兆和、张充和，这张家四姊妹琴棋书画样样精通，而且能唱曲。大姐张元和嫁给了昆曲名家顾传玠，琴瑟和鸣。四妹张充和（1914~2015）自幼研习昆曲，通晓音律，能度曲，每有佳作，辄玉笛吹奏，年轻时曾请戏曲大家吴梅先生为她改词。

张家喜欢看戏，其父亲张吉友是戏迷，在上海时，张家在戏园长期包下第三排的全部座位，按月结账。遇到好戏，全家出动，连尚在襁褓中的婴儿也不例

唱昆曲的张允和

外，全部去戏园子。大姐张元和组织了家庭剧社，充当编剧导演兼演员。演过四出戏《三娘教子》《探亲相骂》《小上坟》《小放牛》。

1935年张充和在北京患上肺结核，大姐张元和放下在海门的工作，到北京接小妹回到苏州。病养好了，接下来的两年，两姐妹专心学习昆曲，着了魔。经常去朋友家参加曲会，凌晨两点才回家。张元和向周传瑛学习昆曲，在一次义演中遇到了顾传玠，两人同台演出，碰擦出爱情的火花，昆曲是他们的媒人。

张充和从小学昆曲，在几百人面前演出，从不怯场。1940年，张充和在重庆主演昆曲《游园惊梦》，文化界为之轰动，章士钊先生特赋七律一首志感，诸诗人纷纷唱和。

抗战时期，张大千曾画过张充和表演昆曲时的身段。画中的她只有一个纤细的背影，身着昆曲的戏装，云髻广袖，似要凌风飞去，寥寥两笔，飘逸非凡。年少的时候，张充和在苏州的兰舟上唱昆曲，后来她与洋丈夫去了美国，在耶鲁大学执教，传授昆曲，成为昆曲文化的传播者。

四大名旦与四小名旦

京剧分为生、旦、净、末、丑、副、外、武、杂、流十行，在京剧发展中，涌现了一批名角，如程长庚、谭鑫培、王瑶卿等。到了20世纪20年代，梅兰芳等新人崭露头角，大有后来居上之势。

1921 年天津《大风报》创刊号，刊发沙大风的文章，称四位旦角梅兰芳、程砚秋、尚小云、荀慧生为"四大名旦"。《顺天时报》还将梅兰芳选为"伶界大王"，又捧为"四大名旦"之首。

四位名旦各有流派——梅派、程派、尚派、荀派，各有特点。梅派唱腔醇厚流丽，质朴中见俏丽，妩媚中显大方，代表作《贵妃醉酒》《宇宙锋》《霸王别姬》《天女散花》等。程派唱腔缜密绵延，低回婉转，起伏跌宕，节奏多变，代表作《武家坡》《文姬归汉》《锁麟囊》。尚派唱腔字正腔圆，善用颤音，拖长板眼，一气呵成，以刚劲见称，代表作《昭君出塞》

程砚秋旦角造型

《四郎探母》等。荀派唱腔柔媚婉约，代表作《红娘》《红楼二尤》《金玉奴》等。

四大名旦地位的确定，使得京剧走向繁荣。随后，青年旦角演员不断涌现。1936 年秋天由北京《立言报》主持，对京剧界花旦角进行评选。李世芳得票 5800 张，毛世来得票 5000 张，张君秋得票 4800 张，宋德珠得票 3600 张，被称为京剧"四小名旦"，轰动一时。

李世芳 1936 年拜梅兰芳为师，扮相华丽大方，眼睛灵活传神，嗓音甜润明亮，舞姿准确优美，有"小梅兰芳"之誉。毛世来先后拜梅兰芳、尚小云、荀慧生为师，嗓音清亮、甜润，道白清丽干脆，扮相娇小玲珑、妩媚动人。他眉目颇似尚小云，做工近似荀慧生，享有"小筱翠花"之誉。张君秋拜王瑶卿和四大名旦为师，气度大方，嗓音娇媚脆亮，音域宽，音色好，眼神灵活。宋德珠先后拜程砚秋、王瑶卿等为师，武功坚实，扮相俏丽，动作灵巧，

身手轻捷，

1940 年，北京《立言画刊》在长安剧场组织四小名旦合作演出《白蛇传》，李世芳、宋德珠合演《金山寺水斗》，毛世来演《断桥·合钵》，张君秋演《祭塔》。

因李世芳飞机失事遇难，宋德珠暂别舞台，"四小名旦"出现空缺。1947 年北京《纪事报》发起选举"新四小名旦"，结果得票 20 万张，张君秋得票 35730 张，名列榜首；毛世来得票 27256 张，陈永玲得票 24309 张，许瀚英得票 23578 张，为了和前"四小名旦"相区别，陈永玲、许翰英被称为"后四小名旦"或"新四小名旦"。

选举后，他们在华乐剧院同台合作演出《白蛇传》。许翰英演《游湖借伞》，陈永玲演《水漫金山》，毛世来演《断桥·合钵》，张君秋演《状元祭塔》。连演三天，场场爆满，一时传为梨园美谈。

电影的黄金时代

1895 年，电影诞生于法国，很快便传入中国。1922 年，中国电影业开创者张石川、郑正秋拍摄了中国第一部故事片《难夫难妻》。1925 年左右，电影公司如雨后春笋般出现，仅上海一地就有 140 多家。从无声到有声，从黑白到彩色，电影像一个魔力球，吸引着成千上万的观众，涌现出胡蝶、阮玲玉、王人美、陈燕燕、陈云裳、周璇、金焰、金山、赵丹、郑君里等一批电影明星。

上海、北京、南京、青岛等大城市的影戏院非常发达。南京有大华、新都、中央等影戏院。位于夫子庙的首都大戏院，座位有 1357 个，规模在全国数一数二。它是中国将电影从室外引入室内放映的第一批影院之一，被称为"东方最富丽的天国，首都最堂皇的剧场"，当年放映过阮玲玉主演的《新女性》等影片。位于中山路的新都大戏院，内部安装了从美国订购的冷暖气设施，夏天放冷气，这在当时的中国是第一家。

南京大华影剧院

　　民国电影的大本营在上海，中国著名的联华、明星等电影公司都在上海，电影投资人、名导演、大腕明星也都在上海。1930 年之后，几乎每隔一个月，上海就有一家影戏院诞生。

　　对电影的痴迷，还表现在对影星的追捧。追星一族在民国时期就已存在，同样疯狂。1931 年 12 月 15 日，位于青岛中山路的首家中国人投资的影院开业，放映胡蝶主演的中国第一部有声电影《歌女红牡丹》，邀请胡蝶从上海到青岛剪彩，青岛影迷为了一睹胡蝶芳容，聚集在中山路上，交通一度中断。

　　20 世纪 30 年代，上海影院采用的是放映轮次分级制，根据影片的品质等级，标出不同的价格，出价高的影院得到首映权和专映权，并以此分为头轮、二轮、三轮直至七轮、八轮。比如一部影片在头轮大光明影院放映时，最贵时票价 2 元，辗转几个月后到了恩派亚、共和、万国等影院时，票价降到 2 角、1 角。在一担米六七元钱，一个月生活费七八元钱的年代，电影票的价格不算低，一张电影票就是工薪阶层一两天的生活费。因此，看电影在当时属于时尚之举，是热恋中的青年男女的最爱。

张爱玲、张恨水都是超级影迷，两人都爱看电影，而且参与电影编剧、写影评。张爱玲 1947 年撰写过两个电影剧本《未了情》《太太万岁》。《太太万岁》的导演是桑弧，主演包括上官云珠、韩非、石挥，由文华影业公司出品。

张恨水的言情小说当年风靡一时，连鲁迅母亲都是张恨水小说的拥趸。看电影是张恨水的爱好，写影评既是他的工作，也是他的喜好。张恨水的小说也多次搬上荧幕。1931 年上映的《银汉双星》，根据张恨水《春明外史》改编。《啼笑因缘》在 1932 年和 1941 年两度拍成电影。1932 年，明星影片股份有限公司摄制了六集无声故事片《啼笑因缘》，胡蝶扮演沈凤喜，郑小秋扮演樊家树。1941 年艺华影业公司再拍《啼笑因缘》，李丽华、余琳、文逸民、梅熹主演，导演孙敬。

《夜半歌声》电影海报

《啼笑因缘》电影广告

帝后评选

电影的繁荣，衍生出了电影节，以及年度电影评选活动，获得最佳男演员称号的习惯上称为影帝，最佳女演员则称为影后。

1928 年影后评选，张织云一举夺魁，得 2146 票。获奖之后，张织云迅速走红，主演《空谷兰》获得 13 万元的票房。

1924 年，毕业于上海务本女中的胡瑞华考入了中华电影学校，半年后胡瑞华毕业，1925 年她在电影《战功》跑龙套，这是芳龄 17 岁的她第一次触电，第一次使用艺名胡蝶。观众记住了她甜甜的微笑，一颗新星在上海滩冉冉升起。与此同时，阮玲玉也登上了上海滩的银幕，1926 年她在电影《挂名夫妻》中初演成功，女主角悲凉哀怨的情感打动了观众，人们记住了她的名字阮玲玉。随后《故都春梦》一炮打响，到了《野花闲草》，阮玲玉声名鹊起。

1932 年，《电声日报》举办大型评选活动，胡蝶得 13582 票，名列榜首；有"全能演员"美誉的阮玲玉得 13490 票，屈居第二名，第三名金焰得 13157 票。

影星的评选，让电影商看到了商机，电影商开始关注、操作影星评选，为公司旗下的明星造势，为新影片做宣传。

1933 年，《明星日报》创办人陈蝶衣发起了评选电影皇后的活动，明星公司的胡蝶以 21334 票获得第一名，被尊为电影皇后。天一公司的陈玉梅得 10028 票，名列第二，联华公司的阮玲玉得 7290 票获得第三名。有研究者说，胡蝶获得电影皇后，即与明星公司的操作有关。

1938 年，上海新华公司拍摄《木兰从军》，陈云裳一举成名。1940 年，上海电影杂志《青青电影》举办"影迷心爱的影星"

电影皇帝金焰

选举活动，陈云裳成为新一届"电影皇后"，上海滩随即出现了"云裳热"。

出生于韩国的金焰，1930 年与阮玲玉合作《野草闲花》一举成名，给中国银幕带来健康、富有朝气、思想进步的新男性形象。俊美潇洒、风流倜傥的金焰成为影迷崇拜的偶像。1932 年，金焰在《电声日报》评选中，获得"电影皇帝"殊荣，1934 年又获得"观众最喜爱的男明星""最漂亮的男明星""观众最愿和他做朋友的男明星"三项桂冠。

电影界还评选过四大名旦，1926 年，上海《新世界》杂志举办电影皇后选举，结果当时的四位女星张织云、杨耐梅、王汉伦、宣景琳脱颖而出，成为中国电影界早期的"四大名旦"。到了 20 世纪 30 年代，中国电影进入了成熟繁荣阶段，又有陈燕燕、胡蝶、袁美云、陈云裳并称为影坛"四大名旦"，她们在中国银幕上留下了令人难忘的形象。

银幕第一悲旦王汉伦

中国最早的电影明星是王汉伦，王汉伦原名彭剑青，早年是四明洋行的打字员，因为朋友介绍去明星公司试镜，被张石川录用，签订了演员合同，规定片酬500 元，每月 20 元津贴。由于兄嫂反对，彭与家庭脱离关系，改名王汉伦。王汉伦初涉影坛，1924 年拍摄了《孤儿救祖记》，一炮走红，由此带动了国产电影的繁荣。

在明星公司拍摄了《玉梨魂》等三部影片后，王汉伦跳槽到长城画片公司，接连拍摄了《弃妇》《摘星之女》《春闺梦里人》。又与胡蝶、吴素馨合作，在天一影片公司拍摄了《电影女明星》，轰动一时。因为王汉伦扮演的角色，大多为悲剧人物，因此有"银幕第一悲旦"之誉。

王汉伦主演的片子叫座，收益却仍然是每月 20 元津贴，大把的票子被公司老板拿走了。一气之下，王汉伦自组汉伦影片公司，拍摄了影片《盲目的爱情》，影片在全国巡回放映，电影拷贝卖了不少，王汉伦因此获得一笔可观收入。1930年王汉伦告别影坛，改行经营美容院。

金嗓子周璇

说起金嗓子，民国时的影迷没有不知道的。金嗓子就是周璇，周璇 1932 年进入明月歌舞团，以一曲《民族之光》崭露头角。1934年在上海《大晚报》举办的"播音歌星竞选"中，以"如金笛沁入人心"，获得"金嗓子"称号。周璇的歌声甜美委婉，音质细腻，她在电影《马路天使》中演唱的《四季歌》《天涯歌女》，是经典之作，流传很广。

金嗓子周璇

金嗓子周璇也出演过多部影片，处女作是《美人恩》，代表作有《马路天使》《回忆江南》《夜店》《清宫秘史》。

1939 年，周璇为艺华公司拍摄的《影城记》客串歌唱，当年的《艺华画报》刊登大篇幅报道，宣传该片。对于周璇有如此介绍："影城中第一条金嗓子周璇客串，高歌一曲，绕梁三日。"

情爱

在中国传统社会里，师生关系体现人伦精神，"天地君亲师"，给予老师与君王、父亲一样的尊崇，因此有"一日为师，终身为父"之说。尊师重教一直是中国社会推崇的教育理念。同时，老师呵护学生也成为师道尊严另一方面的内容，"得天下英才而育之，一乐也"是为师者最为得意、最为自豪的事情。韩愈说："千里马常有，而伯乐不常有。"老师就是欣赏学生、发掘学生才能，最直接的伯乐。民国时期的名师，大多有发现人才、提携后学的善举，如李瑞清对胡小石的提拔，胡适对顾颉刚、吴晗的赏识，为师者品行伟大，为社会培养了栋梁之材。

胡适与罗尔纲

胡适不仅是新文化运动的主将，也是一位爱学生，提携学生的伯乐。罗尔纲、顾颉刚等知名学者当年都得到过胡适的指导与提携。

1930 年夏，罗尔纲从上海中国公学毕业，他选择了研究历史为业，但是如何才能找到合适的岗位，他写信向校长胡适求助。胡适是中国公学的校长，对罗尔纲颇为欣赏。考虑到当时上海并无历史研究院，中央研究院历史语言研究所又远在北京。胡适便邀请罗尔纲到自己家来工作，名为家庭教师，其实就是提供一个可以让罗尔纲继续研究的环境，又有一份酬金，维持生计。就这样罗尔纲住进了胡适家，每天抄录胡适父亲胡铁花先生遗集，辅助胡适两位公子胡祖望、胡思杜读书。

1930 年 11 月，胡适全家从上海迁往北京，罗尔纲随同前往，继续在胡家抄录太老师遗集，并整理胡适的藏书。

罗尔纲在胡适家时，虽为抄写人员、家庭教师，胡适与夫人江冬秀，却把他视同子侄，爱护、体恤。胡适家经常高朋满座，在这种情况下，罗尔纲不免有自卑感。胡适考虑到这点，每与客人相遇时，他会把罗尔纲推介一下，并夸奖几句，让客人不致太忽视这位无名无位的青年人。在胡家工作一年半后，罗尔纲回广西贵县老家省亲，准备留在家乡教书。胡适闻听后，认为家乡不适合做研究，去信再度邀请他回北京，寄去 100 元车费，并许诺每月给他增加 40 元酬金。

在中国公学时，罗尔纲写过《春秋战国民族考》，到胡适家后，准备写一部《春秋战国民族史》。胡适看过两章后，提出意见："用有问题的史料来写历史，最危险。近年来有人喜欢用有问题的史料研究中国上古史，非常不好。"胡适建议罗尔纲研究中国近代史，因为近代史史料丰富，也容易鉴别真伪。两年后，罗尔纲整理《光绪贵县志》残本，发现记录太平天国军的史料中，两位作者记述矛盾，谁正确谁错误需要比较、考证，由此引发了他对太平天国史的研究兴趣。1934 年起，罗尔纲陆续发表相关研究论文。

对于罗尔纲的论文，胡适毫不客气地指出其中的错误，要求甚严。他对罗尔纲说："治史者可以大胆的假设，然而决不可以作无证据的概论。"并且建议罗尔纲发表文章，用真名，可以给他一个学术地位。罗尔纲计划研究清代军制，胡适认为不妥，"不要先编《湘军制》，而且把湘军一段放下来，先去看看湘军以前是否真没有'兵为将有'的情况。我可以大胆地告诉你：一定有的。"

1937 年春，罗尔纲出版《太平天国史纲》一书，胡适看后指出："你这部书，专表扬太平天国，中国近代自经太平天国之乱，几十年来不曾恢复元气，你却

没有写。做历史家不应有主观，须要把事实的真相全盘托出来。"（参见罗尔纲，《师门五年记》）

罗尔纲在北京大学考古室做了两年，还是助理，因为北大文科研究所升迁很慢。中央研究院社会科学研究所所长陶孟和专门向胡适说及此事，希望胡适提高罗尔纲待遇。但是胡适在北大一向不用私人，安排罗进考古室已经破例。1936年清华大学文学史学系主任蒋廷黻出任苏联大使，清华文学院院长冯友兰向胡适提出，请罗接手蒋留下的中国近代史课，尽管自己的学生得到了清华的赏识，胡适很是高兴，但他还是替罗尔纲辞谢了清华的聘任。朋友闻听此事，都很气愤，有朋友甚至要找胡适理论。他们建议罗尔纲不要理睬胡适，并又帮他联系外聘，谷霁光向南开大学经济研究所推荐，汤象龙、梁方仲向中央研究院社会科学研究所推荐，5月底，两家机构都发来聘书。罗尔纲去胡适家辞行，因为已经有两个月没来胡府，胡家人以为罗尔纲生病了，只有胡适明白为什么。

胡适对罗说："我不让你到清华去，为的是替你着想，中国近代史包括的部分很广，你现在只研究了太平天国部分，如何去教人？何况蒋廷黻先生是个名教授，你初出书如何就接到他的手？如果你在清华站不住，你还回得到北大来吗？"停顿了一会，他又说："我现在为你着想，还是留在北大好，两处都不要去。你到别个机关去，恐怕人家很难赏识你。"听了胡适的一席话，罗尔纲热泪盈眶，此时此刻他才明白为什么胡适

20世纪30年代罗尔纲（左）与谷霁光合影

老师不让他去清华代课，是为他的能力，以及前途考虑，老师用心良苦，自己却错怪了老师。

随后，北大按照胡适的要求，提升罗尔纲为助教，加薪 20 元，考古室增加助理、书记各一人，协助罗工作；同时，罗尔纲从中央研究院社会科学所领津贴 50 元，研究清代军制。到了第二年夏天，助理工作上轨道后，北大批准罗尔纲辞职转入中央研究院工作。

丰子恺绘《护生画集》

李叔同在盛年时出家为僧，法名弘一。他是画家丰子恺的启蒙老师，也是丰子恺一生最敬仰、最尊重的师长。

李叔同的突然出家，让丰子恺大受刺激，丰子恺曾经一度想割断尘缘追随老师出家，但弘一法师告诫他，出家也有出家的烦恼，大可不必如此。丰子恺这才断绝了出家托身佛门的念头。李叔同教育他："文艺应以人传，不可人以文艺传。"

弘一法师与丰子恺、刘质平

1927 年，弘一法师云游到上海，住在丰子恺家。两个月的朝夕相处，丰子恺身上的佛性受到激发，他皈依佛门，成为在家修行的居士，法名"婴行"。在弘一法师的引领下，丰子恺打坐念佛。这时，弘一法师建议两人合作一本《护生画集》，"以艺术作方便，人道为宗趣"，规劝人们戒杀护生、慈悲为怀。画册模仿《二十四孝图》的形式，仅有画作 24 幅，由丰子恺作画，弘一法师配诗。等到准备出版时，出版商觉得画作少了，要求增加。此时是 1929 年，而 1930 年弘一法师 50 岁，丰子恺想何不画成 50 幅，以祝贺老师的生日？同年，《护生画集》出版，收画作 50 幅，国学名家马一浮作序。《护生画集》发行后，大受欢迎，数次加印，累积印刷 20 多万册。

转眼到了 1938 年，丰子恺想到老师即将进入花甲之年，应当再作护生画作。在艰苦的抗战时期，丰子恺克服重重困难，又完成了 60 幅护生画作，他将 60 幅画作，寄给远在泉州开元寺的弘一法师，弘一法师感到十分欣慰，配上诗歌于 1940 年出版。他给丰子恺去信："朽人 70 岁时，请仁者作护生画第三集，共 70 幅；80 岁时，作第四集，共 80 幅；90 岁时，作第五集，共 90幅；100 岁时，作第六集，共 100 幅。护生画功德于此圆满。"希望丰子恺能将《护生画集》做下去。丰子恺接到老师来信后，想到老师八九十岁时，自己也已进入耄耋之年，还能坚持下去吗？他感谢老师对自己的厚爱，复信时说："世寿所许，定当遵嘱。"但是弘一法师没有活到七八十岁。1942 年，弘一法师身体多病，极度虚弱，自知来日无多，心里放不下《护生画集》的事，遂给有关好友写信："务乞仁者垂念朽人殷诚之愿力，而尽力辅助，必期其能圆满成就，感激无量。"不久，弘一法师圆寂，而他委托的朋友也相继过世，但丰子恺没有忘记《护生画集》功德圆满的使命。1949 年初，丰子恺专程来到泉州，拜谒弘一法师圆寂之地。老师的 70 冥寿就要到了，丰子恺决定绘制《护生画集》第三集。他在厦门住了三个月，暂停润例，闭门谢客，专心进行护生画创作。等到第三集全部画稿完成时，离弘一法师圆寂已有七个年头了。新中国成立后丰子恺又进行了《护生画集》第四集 80 幅、第五集 90 幅、第六集 100 幅的绘制。这是后话。

《护生画集》看起来是要人们关爱动物，不要伤及它们的生命，实际上是宣扬护生就是护心，救护禽兽虫鱼只是手段，倡导仁爱和平是目的。丰子恺坚持护生画集六集的创作，也是对老师弘一法师的纪念。

曾昭橘住进胡小石家

博物名家曾昭橘系出名门，她是晚清重臣曾国藩四弟曾国潢的长曾孙女。1929 年，曾昭橘考进中央大学外文系，此时的中央大学文学院外文系与国文系名家云集，外文系有郭斌龢、范存忠、楼光来等名教授，国文系有王伯沆、汪辟疆、胡小石、吴梅、黄侃、汪东等饱学之士。胡小石开设了甲骨文和金文课，其他系的学生时常来旁听，曾昭橘家学渊源，文史有基础，她很喜欢考古、金石课程，胡小石讲课引证渊博，说理缜密，曾昭橘越听兴趣越浓，只要有胡小石的课必定去听。第二年干脆由外文系转入国文系，拜在胡小石门下。

胡小石在城北将军巷自筑小楼一所，号为愿夏庐。曾昭橘与同学经常登门求教，曾昭橘不仅聪明，文史基础深厚，又非常用功，字写得也很秀气，深得胡小石的赏识。胡小石手写声韵表及说文双声字例，都让她誊写一遍。

得知曾昭橘上学费用靠哥哥供应后，胡小石就让曾昭橘来愿夏庐居住。曾昭橘在愿夏庐一住就是三年。胡小石住在二楼北室，称北楼，是他挥毫作书之所。阁楼是胡小石女儿胡令晖的住所，曾昭橘与胡令晖同居一室。胡小石的家中，经常有学生前来求教，讲授时间晚了，回住所不方便时，女生就在胡令晖的床上对付一夜，胡小石的另一位学生游寿也有这样的体验（参见南京博物院编《曾昭橘纪念》）。

曾昭橘随胡小石专攻古文字学、书学和中国文学史，并学习书法，初学钟鼎文，不习字帖，她的书法因此避免了落入圆熟陈套的窠臼。三年阁楼居住，曾昭橘得到胡小石言传身教，潜心学习，打下了深厚的文史基础，成为精通辞赋诗词的诗人和擅长书法的书法家，她的书法工整端庄。

1933 年，曾昭橘以优异的成绩毕业于中央大学，又进入胡小石执教的金陵大学国学研究所学习，并在金陵大学附中任教，教高三国文。1935 年，曾昭橘自费留学英国，进入伦敦大学研究院，攻读考古学专业。曾昭橘对胡小石，始终怀有敬意和感激。

顾颉刚对钱穆的知遇之恩

顾颉刚以"古史辨"研究蜚声史学界，1926年秋赴厦门大学国学院出任研究教授，此后又在中山大学做教授。

钱穆出身贫寒，中学时就辍学，长期在中小学任教。1929年4月23日，顾颉刚由中山大学转任北京燕京大学，兼在北大上课，主编《燕京学报》。这回家乡苏州小住期间，来到钱穆任教的苏州中学演讲，做报告，由此结识了钱穆。看到钱穆撰写的《刘向刘歆父子年谱》，大加赞赏。顾颉刚建议钱穆结束中学教职，到大学教历史，他推荐其去中山大学，并嘱托其为《燕京学报》撰稿。钱穆做此年谱，本意是打破康有为《新学伪经考》对今文经学的迷惘，而且这种观点正与顾颉刚观点相左，尽管两人学术观点不同，但顾颉刚并不在意，仍然坚持在《燕京学报》刊发此文，并推荐钱穆到燕京大学任讲师。一个乡间的教师，就这样走进了北京高等学府执掌教鞭。这种胸襟让钱穆很受感动。学术界也赞扬顾颉刚"气魄大"。

在燕京大学授课不到一年，钱穆辞去燕京教职，原因在于燕京大学是教会大学，钱穆讲国学，在燕京多感不适，又不通外语，生活中不免尴尬，时常受到奚落。但是顾颉刚始终未忘记钱穆，他一直欣赏钱穆的学识。1931年3月18日，顾颉刚给北大文学院院长胡适去信，极力推荐钱穆代替自己，到北大任教。信中说："他如到北大，则我即可不来，因为我所能教之功课他无不能教也，且他为学比我笃实，我们虽方向有些不同，但我尊重他，希望他常对我补偏救弊。故北大如请他，则较请我为好……他所作《诸子系年》，已完稿，洋洋三十万言，实近年一大著作，过数日当请他奉览。"

经过顾颉刚的推荐，1931年夏，钱穆接到北京大学的聘书和清华大学的兼课邀请。此后，钱穆在北大任教十年，讲授中国上古史、秦汉史、近三百年学术史、中国通史等课程，奠定了他在学术界的地位。钱穆非常清楚，他一个没有学历的乡间教师，能够为学术界所接纳，能够安心研究，成为大学教授，离不开顾颉刚的赏识与推荐。顾颉刚赏识钱穆的才华，知道他一心治学，因此帮助他进入高校平台，使其能够安心研究学问。

晚年钱穆写《师友杂忆》，对顾颉刚的知遇之恩念念不忘。

二十六 亲情

君君臣臣，父父子子，是中国传统社会的伦常秩序。进入民国，共和之风吹拂中国大地，深受传统文化熏陶的开明家长，也接纳了西风浩荡的冲击，一批学子走出国门，接受海外的教育。回国之后，他们身上集纳了中华传统文化与西方文明，他们有开明的思想，又深爱中华文明，体现在亲情上也有别于传统的亲情关系。

胡适的心头之痛

学术大家胡适成就非凡，他的一生也提携了很多学子，但是他有两位公子，成绩并不大，尤其是次子，一直是他心头之痛。

胡适与江冬秀婚后育有三子。长子祖望，女儿素斐（早年夭折），次子思杜。胡思杜生于 1921 年 12 月 27 日，排行老三。

胡思杜少年时患有肺病，时读时辍，胡适请家教对其辅导，胡适的高足罗尔纲当时住在胡适家，兼胡思杜的家庭教师。少年时的胡思杜顽皮聪慧，但是成年后，却变得喜欢玩乐，好交朋友。抗战开始后，胡适赴美出任中华民国驻美大

胡适一家人

使。胡思杜则随母亲江冬秀避难上海，胡适委托一位竹姓朋友照看他。1939 年，在西南联大学习航空机械专业的胡祖望去美国留学，进入胡适曾就读过的康奈尔大学。而此时的胡思杜则沾染了纨绔子弟的嗜好，与长兄拉开了距离。1940 年11 月 9 日，竹姓朋友写信给胡适："小二在此读书，无甚进境，且恐沾染上海青年恶习，请兄赶快注意。"1941 年 5 月，胡适托人将胡思杜带去美国。胡思杜在国内学的文科，曾先后在上海大学、东吴大学读社会科学。到美国后，胡适将他送进教会学校海勿浮学院就读历史。因为在美国染上了吃喝的恶习，荒废了学业，胡思杜在美国连续上了两个大学，但均未毕业，被学校驱逐回国。

　　1948 年夏，胡思杜回到北京。尽管学业未成，无所成绩，但碍于胡适的面子，仍有若干大学向胡思杜发出任教邀请，包括山东大学历史系，均被胡适以"思杜学业未成，不是研究学问的人才"为由拒绝，为此儿子与老子发生了争执。胡适向儿子做了解释："以你的能力，无法胜任大学教职，他们聘你完全是因为我的面子。如果贸然接受，不仅误人子弟，对你也没有帮助。做学问还是要踏踏实实，现在努力还来得及。"

胡适将胡思杜安排进北京大学图书馆工作，薪水比山东大学副教授低很多。真因为爱子之深，希望他能改掉陋习，脚踏实地，胡适才会坚拒教职而安排儿子在图书馆工作，因为图书馆是读书做学问的好地方，在北大图书馆，胡思杜一改往昔作风，开始埋头读书，似乎有"浪子回头"的迹象。

1948 年 12 月，解放军包围了北京，平津形势危急。胡适联系了专机到北京"抢救"名流学者，其中有辅仁大学校长陈垣、清华大学校长梅贻琦，以及陈寅恪等人。结果，陈垣不愿意离开北京，就连胡思杜也不愿随父母南行，他说："我又没有做什么有害共产党的事，他们不会把我怎么样的。"胡适放在东厂胡同几大间屋的书籍带不走，就托付给胡思杜看管，随身带走了一部 16 回残本的《石头记》抄本和《水经注》稿本。走前，胡适对胡思杜说："你现在这样，将来会后悔的。"（参见罗尔纲，《胡适琐记》）

1957 年 9 月 21 日晚上，与父亲胡适断绝了父子关系、曾撰写《对我父亲———胡适的批判》的胡思杜"畏罪自杀"，年仅 36 岁。

"五马"执教

"鄞县五马"的马姓五兄弟，以二哥马裕藻为首，以做过故宫博物院院长、西泠印社社长的四弟马衡知名度最高。

马衡系上海五金大王叶澄衷的东床快婿，与叶家二小姐叶薇卿结婚后，马衡住在上海洋房里，在叶氏公司挂职，每月支取薪水 6000 银洋（外国发行的银圆，价值略低于中国发行的银圆），衣食无忧。但是他无意于商海经营，而是沉醉于碑拓善本，也时常在地处上海江湾的叶家花园里，与妻舅们骑马游园。二哥马裕藻出任北京大学国文系主任时，为学校网罗人才，举贤不避亲，1920 年，他拉四弟马衡来北大做国文系讲师，同时鲁迅也被马裕藻聘为北大国文系讲师。开始，北大并不清楚马衡金石学上的造诣，看他骑术不错，就让他做体育老师，教学生骑马。马裕藻未做申辩，他知道四弟志趣不在骑马，他也明白马衡的金石学水平已具大家水准，显山露水只需要一个契机。不久，马衡的金石造诣展露出来。1922年后任史学系教授兼国学门导师，讲授金石学。马衡还受蔡元培校长委托，与沈尹默成立了北京大学书法研究会，指导学生书法。北大考古学研究室、考古学会，都是马衡领衔主持。放弃月薪6000元职位，去做月薪120银元的大学教授，马衡的妻子叶家二小姐很不理解，经常挪揄他："又不是银行行长，这破教授有什么可当的？"1925年成立故宫博物院时，马衡当选为理事兼古物馆副馆长，1934年任故宫博物院院长。

五弟马鉴先后任燕京大学国文系主任、图书馆委员会主席，对图书馆建设贡献很大，桃李满天下。七弟马准，以民间风俗研究见长，任北京大学教授，讲授文字学和目录学。九弟马廉，北京大学教授，擅长明清小说，精于戏曲古籍的收藏，他经常与钱玄同、刘半农、郑振铎结伴，去北京琉璃厂访书。他曾购得海内孤本———明万历年间王慎修刻本四卷二十回《三遂平妖传》，遂将书屋取名"平妖堂"。因所藏戏曲、小说等通俗文学，在诗词为正统的时代，不为学术界重视，他戏称自己的藏书为"不登大雅文库"，将书室戏称为"不登大雅之堂"。对于他对戏曲、小说版本的收藏，鲁迅、郑振铎都是肯定的，鲁迅还经常去看书。1935年马廉因脑溢血病逝在北大讲台上。

张家四姐妹

这里说的张家四姐妹指的是张元和、张允和、张兆和、张充和四姊妹，她们的名字中都有"两只脚"，元和夫君是名昆顾传玠，允和夫君是语言学家周有光，兆和夫君是作家沈从文，充和夫君是汉学家傅汉思。如果算上兄弟，张家兄妹共有十人。

四姊妹一母所生，长相却两黑两白，大姐、二姐白，三妹、四妹黑。读大学时，同学给她们取了绰号，张元和端庄秀美，穿衣得体，就读于大夏大学，雅号"大夏皇后"；张允和长得瘦小，好管闲事，喜欢穿绿色衣服，同学送其外号"绿鹦哥"；张兆和皮肤黑，胖乎乎的，绰号"黑凤"，据说这个绰号是沈从文取的；张充和喜欢戴小红帽，平时很调皮，同学称之为"小红帽"。

二姐张允和与三妹张兆和年龄接近，从小学到大学一直生活在一起，关系亲近，无话不说。但是姊妹的嘴仗却打了几十年，张允和身体不佳，脑子却好使，干什么事记得最清楚。她将兆和平时做的"坏事"全记在心里，有事没事就找兆和"撩事"，兆和不承认，两人就发生嘴仗。兆和就说允和专说自己的坏话，戳她的蹩脚。别看允和身体弱，小时候也"恃强凌弱"过兆和。到了成年时，允和也反省，当年怎么那么不讲理呢？

兆和恋爱时，与二姐允和，无话不谈，包括沈从文的事。当年追求兆和的男生不少，兆和日记中排为青蛙一号，青蛙二号……允和逗兆和："沈从文该排癞蛤蟆十三号吧？"在中国公学时，老师沈从文爱上了学生张兆和，疯狂地给兆和写情书。有一天兆和向校长胡适告状，胡适说："有什么不好，我和你爸爸是安徽同乡，是不是让我跟你爸爸谈谈你们的事？"兆和臊红了脸："不要讲。"胡适郑重地对兆和说："我知道沈从文顽固地爱你！"兆和脱口而出："我顽固地不爱他！"当年兆和将这些事情告诉允和，允和记得清清楚楚，可是到了后来，兆和却否认说过这样的话，又是允和将事情记录下来，揭兆和的短（参见张允和口述《张家旧事》）。

1935年四妹张充和在北京患上肺结核病，卧床不起，孤身一人在北京诸多不便。大姐张元和停下在江苏海门的工作，赴北京将小妹接回苏州老家，并在老家照顾小妹。这样一待就是两年，姐妹俩朝夕相伴，共同学习昆曲。昆曲不仅治好了充和的病，还加深了姐妹间的感情。她俩向周传瑛先生学昆曲，元和因此认识了上海昆曲当红小生，"传字辈"的顾传玠，坠入情网。

抗日战争爆发后，张家兄弟姊妹中，只有张元和顾传玠夫妇留在沦陷区上海，其他人或在汉口，或在四川。1946年，抗战胜利后，张家十姐弟在上海重逢。兄妹们在张元和家打地铺，连续住了几个星期，通宵达旦聊天，弥补几年来的分离。他们还搭了临时戏台，《游园》折子戏中元和扮演杜丽娘，允和扮演春香；《惊变》折子戏中元和扮演杨玉环，顾传玠扮演唐明皇。演完戏，宴请宾客，兄弟姊妹各奔前程，从此天南海北，生离死别，再也没有聚到一起。

　　从20世纪20年代末到30年代初，张家四姊妹组织了一个"水社"，编辑家庭内刊《水》。后来几个弟弟不甘落后，组建了一个"九如社"。为《水》杂志写稿的，除了四姊妹外，还有沈从文、周有光，她们组稿、撰稿、编辑、刻印、装订、发送，忙得不亦乐乎。若干年后，人们研究张家旧事时，《水》内刊刊发的文章，成了珍贵的资料。

张家四姊妹

二十七 爱情

西风东渐下的民国，社会风气开放开明，人们的恋爱观点也颇为超前，他们突破了传统礼教的束缚，大胆言爱，勇敢追求。社会对此也给予了宽容，当年梁启超在陆小曼婚礼上，对徐志摩的一顿训斥，也还是出于对爱徒的爱护。大师们并不都是冬烘的头脑，他们也懂人情世故，也尊重他人的情感选择。生在情感旋涡中的男女，他们用心用情，演绎出惊世骇俗的爱情故事，说明爱与恨未必就是对立的，不是恋人也可以是朋友。

林徽因的爱情

林徽因与梁思成，是青梅竹马，两小无猜。林家与梁家是世交，1913 年，进步党"人才内阁"成立，梁启超出任司法总长，段祺瑞任北洋政府内阁财政总长兼盐务总署督办，林长民则在段祺瑞内阁任司法总长。在梁思成与林徽因很小的时候，林长民与梁启超就订下了娃娃亲。

1924 年 6 月，林徽因与梁思成同时赴美留学，梁思成进入宾夕法尼亚大学学习建筑。在随父亲林长民游历欧洲时，受伦敦房东女建筑师的影响，林徽因立下了攻读建筑学的志向，本来她也要进建筑系的，然而宾大建筑系不收女生，林徽因只能改入美术学院，选修建筑系的课程，宾大毕业后，又入耶鲁大学戏剧学院学习舞台美术设计。

1928 年 3 月 21 日，梁思成与林徽因在加拿大渥太华梁思成姐夫任总领事的中国总领事馆举行婚礼。婚前，梁思成问林徽因："有一句话，我只问这一次，以后都不会再问，为什么是我？"林徽因答："答案很长，我得用一生去回答你，准备好听我了吗？"婚后，梁思成曾诙谐地对朋友说："中国有句俗话：'文章是自己的好，老婆是人家的好。'可是对我来说是，老婆是自己的好，文章是老婆的好。"

梁思成林徽因结婚后，赴欧洲参观古建筑。1929 年 8 月，林徽因夫妇回国，受聘于东北大学，创办了建筑系。从 1930 年至 1945 年，林徽因夫妇率领古建筑考察队，足履遍及中国 15 个省的 200 多个县，考察测绘了 200 多处古建筑物，中国现存最早的唐代建筑五台山佛光寺、世界最早的石拱桥赵州石桥、中国最早的木塔应县木塔等古建筑，都是因为他们的考察走向了世界，为世人所知晓。

林徽因 16 岁游历欧洲时，在英国伦敦遇到了留学英伦的徐志摩。徐志摩知识渊博、优雅谈吐、外形俊美，让情窦初开的林徽因顿生崇拜之感。而情感丰富的诗人徐志摩也爱上了林徽因。林徽因写新诗，应该是受到徐志摩的影响。1923 年，徐志摩等人成立新月社，林徽因经常参加新月社的活动。还与徐志摩同台演出印度诗人泰戈尔的诗剧《齐德拉》。

徐志摩追求林徽因，却遭到他的老师梁启超先生的反对。林徽因是梁任公为长子梁思成选定的儿媳妇，岂能让他人掠美？再者梁任公对这个诗人弟子才华欣赏，却不赞同他的见异思迁。在徐志摩与陆小曼的婚礼上，梁启超对徐志摩的移情别恋一通臭骂。

尽管林徽因崇拜徐志摩，与徐志摩的友谊很深，是知心的好朋友，但是在爱情选择上，林徽因没有选择徐志摩，而是选择了梁思成。

我们都记得徐志摩为林徽因写过的诗句，"我是天空里的一片云，偶尔投影在你的波心，你不必讶异，更无须欢喜，在转瞬间消灭了踪影。"徐志摩乘飞机失事，其缘由是为了到北京为林徽因的建筑讲座捧场。在徐志摩死后，林徽因捡了失事飞机的一块残片，摆在床头，以此纪念徐志摩。

　　哲学家金岳霖是梁思成、林徽因的好朋友。金岳霖早年毕业于清华大学，后留学美国、英国，回国后执教于清华大学、北京大学、西南联大。他认识林徽因是徐志摩介绍的。他们是邻居，金岳霖生活西化，家里有西厨烤制面包，面包口感好，每天早上就给林徽因家送过去。还经常在林家喝茶聊天。金岳霖身高一米八，喜欢穿西装，穿戴讲究，服装一丝不苟，极富绅士气度。林徽因太太客厅开张时，金岳霖是常客。金岳霖也极有才华，是一流的逻辑学家、哲学家，脾气还特别好。林徽因与梁思成争吵时，经常请金岳霖做评判，金岳霖很理性，对林徽因也是呵护有加。金岳霖对林徽因的人品与才华爱慕至极，林徽因对这位老大哥也十分敬重，彼此心灵有一种默契。一来二往，两人渐生情愫。

林徽因一家与金岳霖
（后排右一）、陈岱孙
（后排右二）等朋友合影

1931年夏天，梁思成从天津宝坻考察古建筑回来，林徽因告诉他自己同时爱上了两个人，不知道该怎样办才好。梁思成当然明白妻子说的两个男人是谁。当晚梁思成想了一夜，第二天他跟林徽因说："你是自由的，如果你选择了老金，我祝你们永远幸福。"当时梁思成与林徽因都哭了。当林徽因把梁思成的话告诉了金岳霖时，金岳霖沉思了片刻，说："思成能说这个话，可见他是真正爱着你，不愿你受一点点委屈，我不能伤害一个真正爱你的人，我退出吧。"

就这样，金岳霖的退出，解决了林徽因的困惑。他们彼此坦诚相待，毫无芥蒂，金岳霖也依然是梁家的座上客，林徽因的男闺蜜，却没有非分之想，三人仍然是无话不谈，肝胆相照的知心朋友。金岳霖也依然与林徽因毗邻而居，1932年，在徐志摩去世后，金岳霖干脆把家搬到北总布胡同3号"择林而居"，梁氏夫妇住大的前院，金岳霖住小的后院，前后院都单门独户。金岳霖说："一离开梁家，就像丢了魂似的。"到北京后还是邻居。在金岳霖和林徽因的心中，始终有一份柏拉图式的情感存在，彼此守望，心灵相通，却又不在乎是否拥有，他们相互信任，彼此尊敬。金岳霖此后终生未娶，一直到去世。

萧红的传奇之恋

才女萧红的经历颇为传奇，其婚姻更是不寻常。她幼年丧母，曾在哈尔滨就读第一女子中学。父亲将她许配给富商之子、小学教员汪恩甲，起初萧红对未婚夫并无反感，还经常通信。渐渐地萧红开始对汪恩甲不满，就想退婚，去北京念高中，遭到父亲的反对。萧红随表哥陆哲舜去了北京，进入北师大附属女一中高中。中学毕业，1931年1月回老家时被家人软禁，要求她完婚。为逃婚萧红再次离家出走，被未婚夫汪恩甲追上，原先厌恶婚姻的萧红，因为囊中羞涩竟然与汪恩甲在哈尔滨东兴顺旅馆同居了。这样的婚姻本没有爱情基础，更多的是出于物质的考虑。同居半年后萧红怀孕了，汪恩甲是背着家庭出来的，手上也没有钱，拖欠了旅馆约5万元，于是将怀孕中的萧红抛弃在旅馆，溜之大吉。

没有钱缴付食宿费，萧红被困在旅馆里，旅馆老板威胁她再不给钱，就将她卖到妓院。萧红只好向哈尔滨《国际协报》副刊编辑裴馨园写信求助，裴馨园与孟希、舒群等文学青年先后到旅馆看望萧红，又多次派编辑萧军到旅馆给萧红送书刊。两人日久生情，互相爱慕。

1934年萧红带着身孕嫁给萧军

1932年8月7日夜，松花江决堤，洪水泛滥，萧军趁夜租了一条小船，用绳子把萧红从旅馆救下来，萧红得以摆脱困境。不久萧红分娩，孩子生下后因无力抚养而送人。出医院后，这对文学志趣相投的青年男女住进了道里新城大街欧罗巴旅馆。同居后二人仅靠萧军当家庭教师和借债勉强度日，生活困窘。后来，二萧到了上海，得到鲁迅的指导与帮助，1934年萧红名著《生死场》出版，萧军在文学创作上也取得了成绩，二萧成为左联的实力作家。

正当萧红、萧军在上海的生活稳定下来，文学创作也步入正轨之时，二人情感却出现了裂痕，矛盾逐渐尖锐，萧红将感情天平倾向了作家端木蕻良。萧红与端木蕻良相识于1937年10月的武汉，因为端木蕻良也是东北人，彼此相处得很好，二萧与端木像兄弟姐妹，同吃同住。与萧军发生争吵时，萧红总能从端木那边得到宽慰，对萧红的才华，端木也是赞赏有加，端木的文质彬彬与萧军的粗犷野气形成鲜明对比，萧红的感情悄悄滑向一边。

1938年2月，在山西临汾，萧红与同居6年的萧军分手，与端木蕻良随丁玲率领的西北战地服务团来到西安，4月，萧红与端木蕻良一起回到武汉，5月，两人在武汉成婚。1940年1月底，他们到了香港，萧红患上了肺结核。在日军占领香港的第三天，萧红病情加重，住进香港跑马地养和医院，因庸医误诊而错动喉管，手术致使萧红不能饮食，身体衰弱。一周后的1942年1月22日，萧红去世，年仅 31 岁。

在萧红临终时，心里仍然牵挂着已经分手的萧军，希望萧军还会像当年在哈尔滨那样来救他。萧红虽有才女之称，一生的情感却跌宕起伏。她为了逃婚，离开未婚夫汪恩甲，却又与汪恩甲同居，结果被抛弃；与萧军同病相怜，惺惺相惜，彼此又不相容；嫁给了端木蕻良，心里又想着萧军，在临死前还渴望萧军前来救赎。她曾经对胡风说："我和端木蕻良没有什么罗曼蒂克的恋爱历史。是我在决定同三郎（即萧军）永远分开的时候才发现了端木蕻良。我对端木蕻良没有什么过高的希求，我只想过正常的老百姓式的夫妻生活。没有争吵，没有打闹，没有不忠，没有讥笑，有的只是互相谅解、爱护、体贴。"

胡适的婚外情

胡适是新文化运动领袖，学术大师，他与一位小脚女人江冬秀的婚姻维系了一生，没有纳妾，被视为婚姻的模范。但是胡适与江冬秀的婚姻并非没有出现过裂痕，他也有红颜知己，有过婚姻之外的风流艳遇。

胡适与江冬秀的婚姻是母亲包办的，胡适 13 岁时，母亲就为他订婚了，未婚妻江冬秀是胡适家乡安徽绩溪邻县旌德县的名门望族江家的千金，这位千金不识字而且裹着小脚。胡适 1910 年留学美国，接受了西方思想和文化后，对封建礼教和包办婚姻都有所批判，但是胡适又是一个受传统教育很深的人，对于母亲包办的婚姻，不敢反抗，默认了母亲的安排。1917 年胡适回国，在北京大学做教授，同年回安徽绩溪与江冬秀成婚。

作为五四新文化运动的健将，胡适倡导新文化不遗余力，对封建礼教口诛笔伐，抨击包办婚姻语言犀利，但是在自己的婚姻上，却选择了服从母命。在顾忌面子，维系道德形象的情况下，胡适始终保持着与江冬秀的婚姻。然而精神和肉体上的出轨都曾发生过，他与韦莲司、曹诚英都曾有过爱情的火花。

曹诚英是胡适三嫂的妹妹，他们第一次见面是在胡适与江冬秀的婚礼上。初次见面，胡适对这位比自己小 11 岁，年轻漂亮的伴娘就产生了好感。16 岁的曹诚英情窦初开，读过书向往美好生活的她，对五四新文化领袖，英俊潇洒的胡适早已仰慕，此时一见果然不同凡响，顿生情愫。曹诚英喜欢花草，胡适夫妇回北京之后，她常写信给胡适，要求寄些花籽给她，写的小诗也会寄给胡适评阅。两人经常书信往来。

1923 年 4 月，胡适到上海参加研究新学制课程起草委员会的会议。休会期间胡适到杭州游玩，顺便看望已经离婚的小表妹曹诚英。两人见面格外亲切。曹诚英向胡适述说这些年来的情绪。4 年前，由父母做主，17 岁的曹诚英嫁给了同村指腹为婚的胡冠英，两人没有共同语言，更没有爱情基础。婚后不久，曹诚英就离开丈夫、离开家庭，去杭州第一女子师范读书。婆婆对曹诚英离家读书颇为不满，让儿子纳妾。深受五四新思潮观点影响的曹诚英，毅然与丈夫离婚，一半是为了胡适，一半是为了自己的生活。对于曹诚英的婚姻不幸，胡适非常同情。原先两人关系就非常好，无话不谈，如今在杭州重逢，与小脚老婆相比，曹诚英更有活力，又有文化，自然得到胡适的青睐。相处了 5 天，曹诚英要回学校上课，胡适要去上海办事，两人暂作别离。

6 月份，胡适用北大教授五年一次的休假，再度来到杭州，租用了烟霞洞和尚庙的房子。当时杭州女师也放假了，曹诚英以陪伴胡适养病为名，来到烟霞洞与胡适同居一室。两人在西湖散步，手牵着手，同登西山共读月色，看日出，观海潮，谈论人生、理想、文学。曹诚英说那是他们之间一段快活如神仙的日子。

胡适在他的《西湖》中，述说了自己的情感："十七年梦想的西湖，不能医我的病，反使我病的更厉害了！然而西湖毕竟可爱，轻雾笼着，月光照着，我的心也跟着湖光微荡了。前天，伊却未免太绚烂了！我只好在船篷阴处偷觑着，不敢正眼看伊了……"

胡适还写了《暂时的安慰》《秘魔崖月夜》，表达对曹诚英的思念。"依旧是

胡适与曹诚英

月圆时，依旧是空山、静夜，我独自踏月归来，这凄凉如何能解！翠微山上的松涛，惊破了空山的寂静，山风吹乱了窗纸上的松痕，吹不散我心头的人影。"

1923 年 12 月，胡适离开杭州回北京，两人缠绵了一段时间，终于到了分手的时刻，依依不舍，曹诚英满怀希望，渴望与心爱的人能够永结同心。

胡适回到北京，向江冬秀提出离婚。江冬秀也听闻了胡适与曹诚英的事情，顿时火冒三丈，大骂曹诚英是狐狸精，并以杀死两个儿子相威胁，胡适便不敢再提离婚之事，忍气吞声。国学大师，青年楷模，大大的帽子戴在胡适的头上，光环笼罩着他，高处不胜寒。他只有把对曹诚英的思念埋藏在心里。曹诚英期盼着，等待着，等来的却是没有结果的信息，她只好将她与胡适的爱情结晶堕胎。曹诚英也曾一度悲观绝望，想到四川峨眉山万年寺出家，她的哥哥知道后劝阻了她。

1931年曹诚英毕业于中央大学农学院，随后进入美国康奈尔大学农学院，攻读农作物细胞遗传学专业。康奈尔大学是胡适的母校，是为了追寻恋人的读书轨迹，还是偶然的巧合，冥冥之中的安排？康奈尔大学让曹诚英触景生情，她有过后悔，或者埋怨吗？我们不得而知。但是在曹诚英进入康奈尔大学之后，胡适特意写信给他的美国朋友韦莲司关照曹诚英，在胡适的心里，他还牵挂着这位小阿妹。

两人一直保持书信来往，鸿雁从北京飞到康奈尔，又从康奈尔飞到北京，两人的情感在信笺上流淌。鸿雁频繁，行为却小心翼翼，胡适要顾忌自己的社会形象，也怕江冬秀的河东狮吼。曹诚英了解表姐江冬秀的泼辣，她也理解胡适，唯恐伤及她仰慕的胡适，给他增添麻烦。苦涩的婚外情，就这样在鸿雁传递中弥漫。

1943年6月19日，为纪念与胡适相恋20年，曹诚英填写了一首词《虞美人》："鱼沉雁断经时久，未悉平安否？万千心事寄无门，此去若能相见说他听。朱颜青鬓都消改，惟剩痴情在。廿年孤苦月华知，一似栖霞楼外数星时。"

杭州紫霞洞一别，胡适与曹诚英除了书信往来，一直没有机会见面。直到1949年2月，胡适经上海准备离开大陆时，亚东图书馆老板汪孟邹请胡适吃徽州饼，请来在复旦大学任教的曹诚英作陪，这是他们25年后的再次见面，也是他们最后一次见面。当时曹诚英劝胡适留下来，或许她期盼这次重逢，两人的恋情会得到转机。胡适只是微微一笑，没有接受曹诚英的挽留，他去意已决，他飞去了台湾。从此，曹诚英与胡适相隔一条海峡，没有再相见。在曹诚英的心中，只有一个胡适，再也装不下其他的男人，她把对胡适的爱、情、恋，装在心里，终身未嫁。

石评梅和高君宇的生死恋

民国四大才女之一的石评梅，1921 年在一次同乡会上，与高君宇相识。对于高君宇的名字，石评梅早有耳闻，因为高是父亲石鼎丞的学生，父亲多次夸奖过这个学生。此时的石评梅也是北京诗坛上小有名气的女诗人。两人相见，非常惊喜，从此书信往来频繁，友情日深。

1923 年石评梅从北京女高师毕业，留校任该校附中女子部主任兼国文、体育教员。高君宇也摆脱了旧式婚姻的束缚，全心全意地爱着石评梅。但是石评梅对高君宇曾经有过婚姻，心存芥蒂。高君宇曾在红叶上题诗表白自己的情感，却遭到了石评梅的拒绝。她抱定独身主义宗旨，固守着"冰雪友谊"的藩篱，不肯和他谈论婚嫁。高君宇为此十分痛苦，他给石评梅写信，诉说衷肠："你的所愿，我愿赴汤蹈火以求之；你的所不愿，我愿赴汤蹈火以阻之，不能这样，我怎能说是爱你！请相信，我是可以移一切心与力专注于我所企望的事业的……"一副侠骨柔肠！初恋挫折在石评梅心里留下了很深的创伤，她对人生产生迷茫。但是几年的交往，她对高君宇又有依恋，彼此产生了真挚情感。

1924 年 10 月，远在广州的高君宇买了两枚象牙戒指，一枚寄给北京的石评梅，另一枚戴在自己手上——他是以象牙戒指的洁白坚固来象征他们之间的冰雪友谊的。石评梅内心的坚冰渐渐被高君宇炽热的情感融化，但是在婚姻上却还没有允诺。

1925 年 3 月，高君宇积劳成疾，一病不起，此时石评梅才真心相许，然而，高君宇没能等到大红灯笼高高挂的时刻，病逝时年仅 29 岁。依照生前遗嘱，石评梅把他安葬在北京陶然亭畔。高君宇的死，让石评梅痛悔交加，她时常来到高君宇墓前，抱着墓碑悲悼泣诉。她决心把自己的青春和爱，全部献给死去的高君宇。

在高君宇的墓碑上镌刻着石评梅的一段话：

我是宝剑，

我是火花。

我愿生如闪电之耀亮，

我愿死如慧星之迅忽。

这是君宇生前自题像片的几句话，死后我替他刊在碑上。君宇！我无力挽住你迅忽如彗星之生命，我只有把剩下的眼泪流到你的坟头，直到我不能来看你的时候。

评梅

三年中石评梅无时无刻不怀念着高君宇，她的心里只有一个高君宇。1928 年 9 月 18 日，石评梅猝患脑膜炎，医治无效，于 9 月 30 日死于当年高君宇病逝的北京协和医院。她死后，友人们根据其生前曾表示的与高君宇"生前未能相依共处，愿死后得并葬荒丘"的愿望，将其埋葬在君宇墓旁。

婚姻

　　古代中国的婚姻大多遵循"父母之命，媒妁之言"的程式，很多爱情被婚姻扼杀，梁山伯与祝英台的爱情无法逾越世俗的界限，只能以化蝶来寄托美好的愿望。民国时期的婚姻观依然保守，但是由于"西学东渐"的影响，一些接受过西方文化熏陶的青年人，为了自己的幸福，勇敢地挑战封建礼教，演绎出了一段段曲折的动人故事。

丁玲的三人行

　　8 岁时，丁玲与表哥解除了婚约。1922 年初，丁玲中学毕业后来到上海，进入平民女子学校学习，1923 年经瞿秋白介绍，进入上海大学中国文学系学习。1924 年，丁玲到了北京，秋冬时节，遇到了北漂一族的胡也频。胡也频送她一束黄玫瑰，在花中夹了一张纸条："你，一个新的弟弟所献。"当时丁玲的弟弟刚好夭折，对这位比自己小 1 岁，送上门来的小弟，毫无感觉。丁玲随手把花放在了一边。

　　那时候的北漂日子也不好过，丁玲一度因为生活艰难，离开北京返回湖南老家。没想到同样穷困的胡也频借钱买了车票，追到了湖南。蓬头垢面地出现在丁玲面前，身上几乎分文不剩。情感丰富但情感尚未有归宿的丁玲，被胡也频的痴情感动了，他们同居了。尽管穷困潦倒，但两颗年轻的心却是炽热的，穷却穷得开心。他们住在山上，购买物品需要下山进城。有一次胡也频独自下山，丁玲发现后，立马追下山。回来时，天色已黑，不慎陷进一片淤泥地，走不出来了。他们又不敢折腾，只好站在淤泥里，数着天上的星星，说着悄悄话。过了好一阵，来了一个过路人，才把他们拉了出来。浑身上下尽是淤泥，脸上也污秽不堪，两人相视而笑。

1925 年，丁玲与胡也频在北京同居，一个小编辑，一个穷作家，手头拮据，生活时常没有着落。身边值钱的东西都进了当铺，冬天胡也频衣裳单薄，无以御寒，丁玲花 7 块钱买了两块棉布和两斤棉花，亲手给他做了一件棉袍，但是不合身，只好把新棉袍送进当铺换回 4 块钱。丁玲又买了 1 块钱的棉花，把胡也频的一件旧袍子拆了塞进棉花，这才对付了一个冬天。尽管如此，两人的心却很暖。但是在与胡也频同居时，丁玲的情感却发生了变化，她遇到了湖畔诗人冯雪峰，不可救药地爱上了冯雪峰。她的感情天平在胡也频、冯雪峰之间摇摆，最后选择了胡也频。

1928 年，丁玲与胡也频同赴上海。秋天的时候，他们遇到了沈从文，三人成了要好的朋友，经常在一起吃饭。两人吵架时，她便会向沈从文诉苦。清官难断家务事，沈从文对两人的争吵，也只是做个好的听众，倾听他们的诉说。而后三人群租在一个屋檐下，先是租住在汉园公寓，后来三人又搬到上海法租界萨坡赛路（今淡水路）一家牛肉店的楼上。三人计划办一个文艺刊物《红与

丁玲与胡也频

黑》。当时施蛰存与戴望舒、刘呐鸥住在北四川路，办了第一线书店（后改名水沫书店），胡也频将一部稿子交给水沫书店出版。丁玲、胡也频出门时，沈从文就在屋里写文章、编刊物。丁玲善交际，爱说爱笑，胡也频偶尔说几句，帮衬丁玲。

据说胡也频曾怀疑丁玲情感出轨，移恋沈从文，但丁玲与沈从文的情感没有发展到爱恋，丁玲青睐的是冯雪峰。

1928年初，丁玲做了个匪夷所思的决定，她与胡也频、冯雪峰一起去杭州共同生活，以此决定取舍。冯雪峰在西湖葛岭山找了处有独立院子的房子，三人朝夕相处，开展了一场三角恋。两个男人虽然没有争斗，但内心却不平静，他们等着丁玲的艰难抉择。住了一段时间，胡也频熬不住了，跑回上海，找沈从文商量，在沈的劝说下，第二天胡回到了杭州。这次是冯雪峰离开了，结果胡也频再次胜出，胡也频、丁玲又回到上海，继续他们的文学创作，编辑杂志的工作。

主办刊物不仅没有改善他们的经济生活，还背了一身债，杂志社倒闭了，胡也频远赴济南，在山东省立高中教书，筹款还债。丁玲与胡也频短暂分开。一个月后，难忍相思之苦的丁玲也去了济南。

胡也频在济南言辞激烈地批评政府，遭到当地政府的通缉。1930年5月，胡也频、丁玲被迫离开济南，乘船由青岛回到上海。1931年1月17日，胡也频被捕，他留下纸条，请沈从文帮助营救。沈从文除了四处托人，还陪丁玲去龙华监狱探监，这是他们最后一次见面。营救最终没有成功，2月7日，胡也频与柔石、殷夫、李伟森、冯铿五人在上海龙华遇难。

蒋碧微和张道藩只同居不结婚

徐悲鸿与蒋碧薇私奔，曾经在宜兴掀起轩然大波。他们曾经是一对冲破禁锢、勇敢追求幸福的恩爱情侣。经历了风雨洗礼，生活逐渐安定下来，徐悲鸿的事业也得到了很大发展。他们在南京傅厚岗建了公馆，就在一切都顺风顺水之时，徐悲鸿爱上了自己的学生孙多慈，与蒋碧薇的婚姻触礁搁浅。

对于徐悲鸿的出轨，蒋碧薇非常气愤，彼此的争执，更是加剧了裂痕。有一次，徐悲鸿与蒋碧薇斗气，跑到上海，寄回一封信说："吾人之结合，全凭于爱，今爱已无存，相处亦已不可能，此后我按月寄两百元，直到万元为止，两儿由你抚养。总之你亦在十年，应可自立谋生。"这让蒋碧薇很是伤心。对于徐悲鸿的移情别恋，吴稚晖也写信给徐悲鸿，劝他自爱。信云："尊夫人仪态万方，先生尚复何求？倘觉感情无法控制，则避之不见可乎？弟家中亦有黄脸婆，坡亦自足，使弟今日一摩登，明日一摩登，侍候年轻少艾，吾不为也。"然而，徐蒋的婚姻最终还是以分手落幕。

离婚后的蒋碧薇与追求她很多年的张道藩走到了一起。尽管张道藩也有夫人，但是蒋碧薇与张道藩有了肌肤之亲，他们感情炽热，情意绵绵，时常写信寄托牵挂。

蒋碧薇去重庆时，临行前一晚，想到此一别不知何时再相见，她给张道藩写了一封信："宗鉴：两个月来倍承怜爱，梦寐难忘，此后茫茫，忧患正多，自度将永沦苦海，而不能自拔矣！惟冀天可怜吾，予吾以勇气，再赓续此无聊生涯，以尽吾未了之职责。念人生得一知己，可以无憾，抑天之遇吾，又何尝云薄哉！长天帐望，愁入云环，漫书尽素，和泪寄君，惟愿相敬相爱相怜惜，

曾经恩爱的徐悲鸿与蒋碧薇

287

而相失勿逾也。"

1941 年，徐悲鸿刊登在报纸上的一则与蒋碧薇女士脱离同居关系的消息，彻底击垮了蒋碧薇，断然关上了面向徐悲鸿的情感大门，彻底倒入了张道藩的怀抱。1945 年 12 月 31 日，徐悲鸿与蒋碧薇签订了离婚协议。蒋碧薇恢复了自由身，堂而皇之地成为张道藩的情人。她与张道藩生活在一起很多年，同居而没有结婚，有夫妻之实，无夫妻之名。

冯玉祥征婚

改革开放初期，中国的报纸上出现了征婚广告，轰动一时。其实早在 20 世纪初，征婚广告就出现了。1902 年 6 月 26 日，天津《大公报》就刊登过，征婚者摈弃"父母之命，媒妁之言"，通过广告寻求佳偶，乃婚姻方式的创举。今天对于征婚、离婚，大家司空见惯，社会也认同，但在民国时期，尽管社会接受了很多西方思想，但是婚姻观念还是比较保守的，远不如现在坦然。当时做个征婚仍然是惊世骇俗之举，在报纸上刊登征婚广告更是需要巨大的勇气。

民国时期的西北军首领冯玉祥将军，就在北京的报纸上刊登过一则征婚广告。1923 年冬，时任陆军检阅使兼西北边防督办的冯玉祥的原配夫人刘德贞因病不治去世。膝下子女尚小，冯玉祥公事繁忙，无暇照顾。同僚、属下、朋友都劝冯玉祥续弦，也有很多人家找上门来。冯玉祥清楚很多人看重他位高权重，希望借助他享受荣华富贵。他请朋友在报纸上刊登了一则征婚广告，明确续娶女子："不穿绫罗绸缎，只能穿粗布衣裳，吃粗茶淡饭；能纺纱织布，会自食其力；必须抚养前房子女。"就是这样的条件，依然有不少应征者。冯玉祥亲自面试，他向这些女子提问："你们为什么要和我结婚？"应征女子大多掩饰真实意图，回答也很俗套，"不看重钱财，看重人品""可以吃苦耐劳"，还有人回答："冯将军官大，名气大，跟着能享福。"冯玉祥频频摇头，很不满意。只有一个衣着普通的小学女教师的回答与众不同。她说："老天怕你在人间做坏事，特意让我来管着你。"这让冯玉祥为之震动。

冯玉祥与李德全

　　这位女子叫李德全，毕业于北京贝满女中、北京私立协和女子大学，参加过五四运动。在面试前，冯玉祥见过这位女教师在群众聚会上的演讲，语言犀利，口才出众，给冯玉祥留下深刻印象。如今的回答又是非同一般，可见此女子有思想，有魄力。冯玉祥很欣赏女教师的胆识与才气，于是托朋友保媒，与李德全缔结良缘。婚后，李德全问冯玉祥："那么多美女、大家闺秀，你不选、为什么喜欢上我呢？"冯玉祥哈哈一笑："我看你天真烂漫，又有胆识，竟然声称代表上天来管我，不同凡响。"

赵元任和杨步伟的新式结婚

赵元任是清华国学研究院四大导师中最年轻的一位，尽管当时他还没有成婚，但是在他 14 岁时家里为他订了一门亲。在一次参加表哥家中聚会时，他认识了表哥的留日同学李贯中及杨步伟。

杨步伟出身皖南名门望族，虽是女子，但不曾裹脚，是个大脚板的姑娘。曾经拒绝父母的包办婚姻，孤身一人跑到上海读书，又远渡东瀛，在东京帝国大学获得博士学位后，回北京与李贯中合开了一家森仁妇产科医院，开女子兴办实业之风气。

赵元任与杨步伟相识后，赵经常来医院看望杨步伟，彼此都有好感，尤其是杨步伟婚姻自主，独立创业的行为给赵元任印象深刻，他从心里佩服杨步伟有胆有识的风格。杨步伟也很欣赏赵元任的才识。情愫暗生，彼此心照不宣。终于到了水到渠成的时候，两人谈婚论嫁。

赵元任与陈姓女子有娃娃亲的婚约，赵元任去陈家商谈解除了婚约，女方家先是不同意，直到 1921 年 5 月下旬，陈家才同意解除婚约，条件是赵元任提供陈女士学费 2000 元，作为补偿。杨步伟也将妇产医院转让给朱徵，他们租用老北京东城小雅胡同 49 号的一处宅院作为新房，一楼一底，屋顶有花园。在两人定情的中央公园自拍了照片，选择在格言亭的一张作为结婚照。

两人结婚的方式很特别，很是新潮。他们草拟并印制了结婚通知书，发给亲朋好友，上面写道："接到这项消息的时候，我们已在 1921 年 6 月 1 日下午三点钟东经百二十度平均太阳标准时结了婚。"贺礼绝对不收，只有两种例外，一是书信、诗文、音乐曲谱等，二是捐给中国科学社。

他们又自拟并手书结婚证书，为了合法化，贴上四毛钱印花。1921 年 5 月 31 日，赵元任和杨步伟布置好房屋后，当晚请来好友胡适和女医生朱徵共进晚餐，饭后拿出结婚证书请两位朋友作为结婚证人签名，至此完成了他们的婚礼，也有了婚姻的见证人。

第二天，北京《晨报》以特号大字标题刊登消息——《新人物的新式结婚》。婚后，杨步伟舍弃了自己的医学事业，全力支持丈夫，担起了相夫教子的责任，与赵元任和睦相处，白头偕老。

叶浅予的四段婚姻

画家叶浅予一生有四段婚姻，第四段与王人美的婚姻发生在20世纪50年代。

1930年冬季，因父母之命媒妁之言，叶浅予在浙江桐庐老家与罗彩云完婚。婚后，叶浅予想将新婚妻子留在老家侍奉公婆，然而新娘不肯，非要与他回上海，闹得死去活来，叶浅予只好将罗彩云带回上海。生了一双儿女之后，罗彩云学会了上海少奶奶的作风，孩子交给奶妈，家务全靠娘姨，她自己什么也不管，除了逛大街外，整天泡在麻将桌上。当时叶浅予画漫画，收入不高，非常苦恼，经常借酒消愁，这时女画家梁白波闯进了他的生活，时间是1935年初。

梁白波系菲律宾华侨，当时从菲律宾回国，向画报投稿，与叶浅予相识。这一年春天，叶浅予与梁白波应津浦铁路局邀请，参加卫生宣传列车活动，北上北京，两人得以单独相处，感情升温。活动结束后，两人在北京金鱼胡同一家公寓住了下来。白天游故宫、天坛、颐和园，晚上看京剧名角儿演出，快活如神仙，叶浅予早将上海的妻儿忘记在脑后。

没有不透风的墙，叶浅予与梁白波的私情很快被罗彩云发现，罗采取跟踪追击的方法，如同缉私巡警一般盯梢。1936年叶浅予与梁白波被罗彩云"抓获"两次，一次是在上海亭子间，另一次是在南京。叶浅予向罗彩云提出离婚，遭到罗的断然拒绝。罗说她是明媒正娶，没犯族规家法，不能休妻；如果确实要离婚，必须按照上海的习俗，支付一笔终身赡养费，而叶浅予当时的经济状况，根本无力做到。叶浅予理亏在先，又离不起婚，两人的婚姻就凑合着。没多久，上海小报刊登了《"王先生"失踪》，说及《王先生》漫画作者叶浅予的感情突变，离

叶浅予与戴爱莲

家出走，叶得知此信息是罗彩云传递出去的，非常恼火，家庭矛盾升级，叶浅予索性一不做，二不休，带着梁白波到南京去另外寻了一个"窝"。然而之后叶浅予被罗家父女在南京堵上，"押"回上海。离婚不成，后由一位律师朋友出面，叶同罗达成了分居协议，叶按月向罗提供赡养费。一直到 1946 年，在儿子的劝导下，罗彩云和叶浅予办理了离婚手续。

与罗彩云分居之后，叶浅予与梁白波的感情也未能修成正果。1938 年，叶浅予与梁白波、张乐平组成漫画宣传队，在武汉抗日救亡。梁白波与一位空军英雄一来一往有了感情，拒绝了叶浅予。两人在武汉分手，从此梁白波脱离漫画群体，追求家庭幸福去了。

1940 年春季，叶浅予在香港戴爱莲表演会认识了从英返港的华侨舞蹈家戴爱莲，一周以后，他和戴爱莲成了朋友，感情发展得很快，半个月后，两人开始谈情说爱。这年，叶浅予 33 岁，戴爱莲 24 岁。不久两人结伴去了延安，两人约定结婚。在一次募捐义演活动后，叶浅予与戴爱莲在宋庆龄办公室举行了简朴的婚礼，主婚人是宋庆龄。这段婚姻，维持了 10 年。叶浅予与王人美的第四段婚姻开始于 1955 年，1956 年戴爱莲也与丁宁开始了第二段婚姻，那是后话。

参考文献

包铭新，马黎等：《中国旗袍》，上海：上海文化出版社，1998。

车辐：《川味杂谈》，北京：三联书店，2012。

陈平原，凌云岚：《茶人茶话》，北京：三联书店，2012。

陈文：《闻一多》，石家庄：河北教育出版社，2001。

晨舟：《王世襄》，北京：文物出版社，2005。

邓云乡：《鲁迅与北京风土》，北京：文史资料出版社，1982。

邓云乡：《水流云在琐语》，沈阳：辽宁教育出版社，1996。

丁言昭：《悲情陆小曼》，上海：上海人民出版社，2008。

窦应泰：《破译宋美龄长寿密码》，北京：作家出版社，2007。

杜召棠：《惜余春轶事　扬州访旧录》，扬州：广陵书社，2005。

范用：《文人饮食谭》，北京：三联书店，2012。

方方：《到庐山看老别墅》，武汉：湖北美术出版社，2001。

丰子恺：《丰子恺散文》，杭州：浙江文艺出版社，2000。

傅抱石纪念馆：《其命惟新——傅抱石百年诞辰纪念文集》，郑州：河南美术出版社，
2004。

黄强：《衣仪百年——近百年中国服饰时尚之变迁》，北京：文化艺术出版社，2008。

黄强：《消失的南京旧景》，上海：复旦大学出版社，2014。

黄维钧：《阮玲玉画传》，贵阳：贵州人民出版社，2004。

黄延复等：《清华风流人物（1911—2011）》，济南：济南出版社，2011。

季季，关鸿：《永远的张爱玲》，上海：学林出版社，1996。

贾梦玮：《往日庭院——南京老公馆》，天津：百花文艺出版社，2005。

姜德明：《梦回北京——现代作家笔下的北京（1919—1949）》，北京：三联书店，2009。

金安平著，凌云岚，杨早译：《合肥四姊妹》，北京：三联书店，2013。

李洪涛：《精神的雕像——西南联大纪实》，昆明：云南人民出版社，2001。

梁实秋：《雅舍谈吃》，长沙：湖南文艺出版社，2013。

刘仰东：《去趟民国——1912—1949 年间的私人生活》，北京：三联书店，2013。

刘东平：《宋庆龄图传》，北京：中国青年出版社，2006。

林徽因等：《百年情书》，武汉：长江文艺出版社，2012。

陆衣言：《南京游览指南》，南京：南京出版社，2014。

鲁迅：《鲁迅全集》，北京：人民文学出版社，1981。

落尘：《民国的底气》，北京：中央广播电视大学出版社，2013。

罗尔纲：《师门五年记》《胡适琐记》，北京：三联书店，2012。

南京民国时期经典菜肴编委会：《南京民国时期经典菜肴》，南京：江苏教育出版社，2009。

马嘶：《百年冷暖——20 世纪中国知识分子生活状况》，北京：北京图书馆出版社，2003。

潘文龙：《苏州名人古踪》，苏州：苏州大学出版社，2012。

钱穆：《八十忆双亲　师友杂忆》，北京：三联书店，2012。

宋路霞：《上海滩名门闺秀》，上海：上海科学技术文献出版社，2009。

孙冰:《沈从文印象》，上海：学林出版社，1997。

石评梅:《石评梅文集》，海拉尔：内蒙古文化出版社，2000。

石三友:《金陵野史》，南京：江苏人民出版社，1985。

杉娃:《蝶舞红尘》，北京：新星出版社，2006。

王德滋等:《南京大学百年史》，南京：南京大学出版社，2002。

汪峰:《张大千的传奇与风流》，北京：东方出版社，2008。

王慧:《梅兰芳画传》，北京：作家出版社，2004。

王利民:《平屋主人》，杭州：浙江人民出版社，2005。

王映霞:《王映霞自传》，合肥：黄山书社，2008。

王世襄:《京华忆往》，北京：三联书店，2011。

汪曾祺:《岁朝清供》，北京：三联书店，2010。

汪曾祺:《汪曾祺散文选集》，天津：百花文艺出版社，1996。

谢其章:《梦影集》，北京：北京图书馆出版社，2005。

邢建榕:《车影行踪》，上海：上海文化出版社，2007。

徐城北:《谁是美食家》，北京：中华书局，2013。

徐永龄:《张恨水散文》，合肥：安徽文艺出版社，1995。

杨永生:《记忆中的林徽因》，西安：陕西师范大学出版社，2004。

叶宗镐:《傅抱石年谱》，增订本，上海：上海书画出版社，2012。

俞允尧:《秦淮古今大观》，南京：江苏科学技术出版社，1990。

郁新琳:《怀乡思亲集》，南京：江苏文艺出版社，1986。

元俊:《冯玉祥在开封》，开封：河南大学出版社，1995。

袁啸波，张磊:《老电影》，上海：上海古籍出版社，2004。

张伯驹、潘素文献整理编辑委员会:《回忆张伯驹》，北京：中华书局，2013。

张恨水:《写作生涯回忆》，北京：人民文学出版社，1982。

张纪:《我所知道的张恨水》，北京：金城出版社，2007。

张竞琼:《西"服"东渐——20世纪中外服饰交流史》，合肥：安徽美术出版社，2002。

张允和口述，叶稚珊整理:《张家旧事》，济南：山东画报出版社，1999。

张占国，魏守忠:《张恨水研究资料》，天津：天津人民出版社，1986。

朱成梁，王跃年:《老照片·社会百业》，南京：江苏美术出版社，1999。

朱成梁，王跃年:《老照片·民俗风光》，南京：江苏美术出版社，2000。

朱千一:《林徽因和她客厅里的先生们》，合肥：安徽人民出版社，2013。

图书在版编目(CIP)数据

趣民国 / 黄强著. --北京：社会科学文献出版社，
2015.12（2018.6重印）
ISBN 978-7-5097-8305-4

Ⅰ.①趣… Ⅱ.①黄… Ⅲ.①中国历史－民国－通俗
读物 Ⅳ.①K260.9

中国版本图书馆CIP数据核字（2015）第261621号

趣民国

著　　者 / 黄　强

出 版 人 / 谢寿光
项目统筹 / 杨　轩
责任编辑 / 杨　轩

出　　版 / 社会科学文献出版社·北京社科智库电子音像出版社（010）59367069
　　　　　 地址：北京市北三环中路甲29号院华龙大厦　邮编：100029
　　　　　 网址：www.ssap.com.cn
发　　行 / 市场营销中心（010）59367081　59367018
印　　装 / 三河市龙林印务有限公司

规　　格 / 开　本：880mm×1230mm 1/32
　　　　　 印　张：9.75　字　数：274千字
版　　次 / 2015年12月第1版　2018年6月第7次印刷
书　　号 / ISBN 978-7-5097-8305-4
定　　价 / 38.00元